アジア太平洋地域のメガ市場統合

長谷川 聰哲 編著

中央大学経済研究所
研究叢書 69

中央大学出版部

序　文

　第二次大戦後60年に亘り続いてきたGATT-WTO主導の多角的自由貿易の時代から，世界貿易の秩序は，EUやNAFTAなどで知られる地域貿易協定によって結ばれる地域的拡大自由市場を目指す時代に変化してきた。世界の自由化の流れは，GATT-WTOの軌道の延長から，地域としてのメガ市場統合の時代に入ってきたと大部分の世界の政策や経済学に携わる人々は考えていた。本書の執筆が2016年春に完了後，英国のBREXITを巡る国民投票におけるEUからの離脱派の勝利，そして米国の大統領選挙における候補者で大統領に選ばれることになったトランプ氏のNAFTAの見直し発言に対する国民の支持は，市場の原理を主導する経済と考えられてきた英国と米国において多数派を形成することになった。欧州では，さらにそうしたポピュリズムとも呼ばれるような勢力が勢いを増し，国民投票によるEU離脱の声がこれまでになく高まっている。そうしたこれまでの外向きの通商政策が，各国の国民的合意として，内向きの通商政策を選択する国民主義的政策に重点を置く指針が支持されることになってきた。

　とは言え，このような国際政治の環境の変化とは別に，WTO，世界銀行，OECDをはじめとする国際機関の発信する指針は，市場を統合する制度的変革は，加盟国経済間の分業を促進し，それによる雇用創出，国民経済の効率的資源利用をもたらすことを謳うものとなっている。

　『アジア太平洋地域のメガ市場統合』と題することにした本書は，長年，アジア経済圏研究会を中心に研究を進めてきた研究者による上記のような世界の時代に差しかかっている日本と他のアジア経済が，地域市場統合によりもたらされる影響を，理論的，歴史的，実証的に，かつ制度的に精査し，日本をはじめ，アジア地域における進むべき指針を再確認するものである。

　第1章の長谷川聰哲による「地域貿易協定と付加価値貿易」では，地域市場

の統合は広義の貿易費用を軽減することを目指し，これによって，地域の付加価値貿易が促進されることになることの論拠を説明している。付加価値貿易は，OECD-WTOにより構築されたデータベースにより入手可能で，伝統的貿易統計では遡及できなかった最終価値の生産工程に隠れた付加価値のオフショアリング（国際調達）を知るうえで，今日の国際経済統計では最も重要な概念である。この付加価値貿易に影響を及ぼすのが，貿易費用である。これまでは地理的距離が国際貿易の流れを説明する要素として用いられてきたが，これに代わり，UNESCAPの構築した貿易費用についてのデータベースは，国境を越えたフラグメンテーションを説明する新しく定義されたデータである。これら二つのデータを関連付けて，地域貿易協定の意義を強調したのが本論文である。

第2章の馬田啓一による「ポストTPPの米中関係と世界経済秩序」では，TPP締結・発効に至る経緯で，米国の対中国姿勢がどのように変化してきたかを鳥瞰する。米国が世界経済秩序を構築する重要な枠組みとTPPを位置づけるのに対して，中国が独自に一帯一路を進める構想が，どのように国際社会と折り合いがつけられるべきなのかを考察している。

続く第3章における石川幸一の「TPPのASEANへの影響」では，一足先に地域市場の統合に向かう協定を発効したASEANが，今後TPPの枠組みとどのように関わるべきかを論じる。TPPの協定の合意内容を検討し，その高い自由化率を誇ることになるTPPに比べて，ASEANの諸国にはいまだ保護的な政策が色濃く残っているのが現状である。TPPが発効するに伴って，ASEANのデメリットを解消し，アジア市場の統合へのプレイヤーとして，TPPとの協調を図っていく可能性を指摘している。

アジア太平洋地域には，二つのメガFTAの構築が進んでいる。TPPとRCEPがそれである。これらの枠組みの目指すところは，貿易の拡大，投資の拡大，産業競争力の改善，そして国民生活の厚生の改善である。第4章の大木博巳による「日本のTPP貿易とRCEP貿易　―TPPによる対米輸出への影響―」では，日本がそれぞれの枠組みに関わり，対米国輸出での視点でその影響がどの

ようなものとなるかについて分析する。これまで日系企業の在外拠点の多くがすでに中国に展開しているが，TPP の設立は中国＋1 としての戦略の転換が進むことを指摘する。

　自由貿易協定の目指すものとして貿易費用の軽減については，第 1 章ですでに取り上げてきた。第 5 章の前野高章・羽田翔による「知的財産権保護と技術移転　―ASEAN 諸国の貿易データを使用した実証分析―」は，制度の国際協調を促進するためのさらなる内容として，知的財産権保護の枠組み整備が貿易拡大に寄与するとの分析がなされている。とりわけ所得格差の存在する地域経済統合における保護水準の格差と ASEAN 域内輸入との関連を分析する。分析には，法整備の度合いが貿易にどのように影響するかを，重力モデルにより，法整備が進む国ほど特許技術の体化された財貨が貿易されていることを検証し，ASEAN のさらなる経済発展には，技術移転を促す法整備の重要性を主張する。

　アジア経済のなかでの大きなプレゼンスをもつに至った中国の経済発展と産業構造の転換とが貿易構造とどのように関係してきたかを分析したのが，徐贇の第 6 章「中国の経済成長における対外貿易の影響分析　―産業連関の視点から―」である。中国の経済にとって，対外開放政策を推進するため，資源や生産技術を海外に依存する中で，加工貿易を推進するために対内直接投資の誘致を図ってきた。これに対して，国内需要の拡大には輸入の内生化を図る必要性を指摘する一方で，内外での競争力を高める技術水準の改善の必要性を訴えている。

　第 7 章の岡本信広による「中国の都市化と経済成長へのインパクト」は，中国経済の持続的発展には，発展モデルとしての生産型拠点から消費型拠点への転換を目指すことが国家的課題として認識されている。このための課題が都市化による消費主導経済成長を図ることであると位置づけ，産業連関モデルによる地域化の手法で都市化が経済成長に及ぼす影響を分析した。北京，天津，上海，重慶の直轄市を対象とした分析から，中国経済の中核を担う上海が，製造業からサービス業へ，生産拠点から消費拠点への転換が行われ，上海が自由貿易都市として国内外の需要により支えられることに成功することが，中国経済

の持続的発展への牽引の役割を果たすことになるとしている。

　第8章の「アジア太平洋での経済圏形成の動きとASEANの対応」では，助川成也はTPP協定にASEAN加盟国が4カ国参加する一方で，ASEAN中心主義を維持できるのか，TPPの協定始動を睨んで，単一市場としてのASEANが製造・輸出条件や投資環境整備をASEANとして足並みをそろえることの課題を分析している。

　石川利治による第9章「工場団地の性格の相違による生産工程の立地変化」は，国際的に進む製造系企業の生産工程の細分化がどのように立地され，その立地体系が形成されるかを分析する。生産工程の立地体系を，石川は市場地と原料地に分離，分散される型と市場中間に工程が分割される拡散型，国境を挟む並存型，さらに市場地での集積型に分類する。そうした企業の立地を誘引する工場団地が国境に隣接する市場地近傍に設置されるケースや，規模の経済性を目指す都市近傍型のケースについての理論的な比較検討を行う。

　最後の第10章「アジアにおける環境サービスと環境企業の現状と展望」において，佐々木創は，国際社会の目標としての国連ミレニアム宣言に即して，環境の持続可能性確保についての視点から，アジアにおける環境ビジネスの拡大が不可欠であることを論じる。環境ビジネスの国際的展開とは，サービス貿易を内包するものであり，その地域経済連携協定とのかかわりを概観する。そこで，環境貿易の自由化度の計測を行う。また，環境ビジネスの外国資本の参入状況を論じたうえで，この国際展開の在り方と政策的な含意を考察する。

　10篇の論文からなる本書は，世界の中で大きな変動を自ら生み出すアジア太平洋地域における経済活動と市場の変化を考察する一方で，今後さらにそのメガ市場の枠組みと地域的サプライ・チェーンの課題をどのように克服し，構築する必要があるかを考察したものである。

2017年1月5日

アジア経済圏研究部会

主査　長谷川　聰哲

目　　次

序　　文

第 1 章　地域貿易協定と付加価値貿易 …………………長谷川聰哲…1
　1. WTO に通告された世界の地域貿易協定 …………………………1
　2. 世界経済の 4 割を占める TPP の経済規模 ………………………3
　3. GVC（国際価値連鎖）を発展させる貿易費用の削減 …………5
　4. 付加価値貿易を変える地域貿易協定………………………………7
　5. 貿易費用削減が促進するフラグメンテーション ………………10

第 2 章　ポスト TPP の米中関係と世界経済秩序 ………馬田啓一…21
　1. はじめに ………………………………………………………………21
　2. 新型大国関係をめぐる米中の思惑 ………………………………22
　3. 米国の対中戦略と TPP 大筋合意の意義 …………………………24
　4. 中国の一帯一路構想と AIIB 設立の含意 …………………………28

第 3 章　TPP の ASEAN への影響 ………………………石川幸一…33
　1. はじめに ………………………………………………………………33
　2. TPP 合意の概要 ……………………………………………………34
　3. ASEAN にとっての TPP の意義 …………………………………37
　4. TPP の主要な規定の影響 …………………………………………40
　5. 日本企業のビジネス機会の拡大 …………………………………47
　6. おわりに ………………………………………………………………48

第 4 章　日本の TPP 貿易と RCEP 貿易
　　　　　——TPP による対米輸出への影響—— ……………大木博巳…51
　1.　はじめに …………………………………………………………………51
　2.　TPP と RCEP ……………………………………………………………52
　3.　日本の貿易構造変化，TPP 貿易から RCEP 貿易へ ………………55
　4.　米国の対日輸入の衰退，中国の対日輸入の凋落 …………………60
　5.　TPP の影響 ………………………………………………………………66

第 5 章　知的財産権保護と技術移転
　　　　　——ASEAN 諸国の貿易データを使用した実証分析——
　　　　　…………………………………………前野高章・羽田　翔…77
　1.　はじめに …………………………………………………………………77
　2.　知的財産権保護と技術移転に関する研究の動向 …………………79
　3.　アジア地域における特許申請と知的財産権保護の現状 …………81
　4.　知的財産権保護が技術移転に与える影響 ……………………………85
　5.　おわりに …………………………………………………………………93

第 6 章　中国の経済成長における対外貿易の影響分析
　　　　　——産業連関の視点から—— ……………………徐　　　贇…97
　1.　はじめに …………………………………………………………………97
　2.　分析モデル ………………………………………………………………100
　3.　経済成長と産業構造変化の要因分析 ………………………………111
　4.　中国のスカイライン分析 ………………………………………………119
　5.　おわりに …………………………………………………………………130

第 7 章　中国の都市化と経済成長へのインパクト ……岡本信広…135
　1.　はじめに …………………………………………………………………135

2. モ デ ル……………………………………………………………137
　3. 実 証 結 果…………………………………………………………142
　4. お わ り に…………………………………………………………147

第8章　アジア太平洋での経済圏形成の動きとASEANの対応
………………………………………………………助川成也…151
　1. は じ め に…………………………………………………………151
　2. ASEAN経済共同体（AEC）の形成と日本 ………………………152
　3. AEC形成の現状とその目的 ………………………………………157
　4. メガFTAの登場で問われるASEANの一体感 …………………162

第9章　工場団地の性格の相違による生産工程の立地変化
………………………………………………………石川利治…167
　1. は じ め に…………………………………………………………167
　2. 生産性向上による工場の立地移動…………………………………169
　3. 工場団地の性格と工場立地の関係…………………………………178
　4. 生産工程の立地と立地体系…………………………………………184
　5. 要約と結論……………………………………………………………187

第10章　アジアにおける環境サービスと環境企業の現状と展望
………………………………………………………佐々木創…191
　1. は じ め に…………………………………………………………191
　2. アジアにおける環境サービスの現状………………………………193
　3. アジアにおける環境ビジネスの現状………………………………198
　4. お わ り に…………………………………………………………206

第 1 章

地域貿易協定と付加価値貿易

長 谷 川 聰 哲

1．WTO に通告された世界の地域貿易協定

　WTO に通告された地域貿易協定（RTA）は 1990 年代に増加期を迎え，2016 年時点で発効しているものは 419 を数える。2001 年に WTO は，あらたにドーハ・ラウンドを立ち上げ，多角的自由貿易の拡大に向けて，市場のルール作りを開始してきた。しかし，今日に至っても，ドーハ・ラウンドの最終合意は達成されていない。グローバルな自由化の実現のための合意は，多数の利害が衝突する WTO の場において，きわめて困難であった。こうした背景の中で，世界の国々は利害を地域的に調整できる地域貿易協定の締結に，貿易拡大のための拠り所を求めてきた。

　地域貿易協定の WTO における位置付けは次のように説明されている。「関税同盟や自由貿易協定は通常，WTO の互恵主義に違反する。ただし，一定の基準を満たせば，特例として地域貿易協定を認める」[1]。EU は域内関税を撤廃し，域外を共通関税とする関税同盟である。NAFTA（北米自由貿易協定）や TPP（環太平洋経済連携協定）は，加盟国に域外に対するその関税政策を拘束しない自由貿易協定である。そのため，加盟国同士の貿易障壁を軽減，あるいは撤廃

1）　WTO, "Understanding the WTO"；https://www.wto.org/english/thewto_e/whatis_e/tif_e/bey 1_e.htm

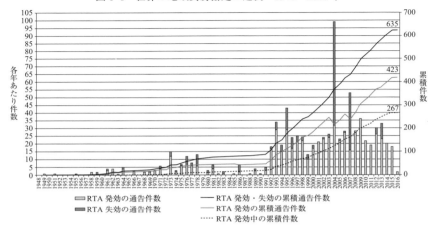

図 1-1　世界の地域貿易協定の進展　1948－2016年

（出所）WTO, http://www.wto.org/english/tratop_e/region_e/regfac_e.htm

する一方で，第三国に対して貿易障壁を引き上げないことが条件となる[2]。

域内加盟国への特恵関税率の適用は，特恵協定加盟の輸出国にとって価格競争上の優位的な地位を確保できる。このため，輸出される物品がその加盟国の「国籍」を満たすものであるかを判断するために，原産地規則が定められる。原産地規則には，第三国が加盟国を迂回して輸出されることを防止することが必要となるのである。ここで，締約国が原産地であることを認定するために，「原産地認定基準」として，1. 完全生産品基準，2. 実質的変更基準を満たすものであるかが輸入国において判断されることになる。こうした物品が特恵関税としての関税率が適用されるために，物品の原産地を証明する書類にその物品がどの関税対象となるのかの HS コード番号の記載が必要とされる。WCO（世界税関機構）は 1952 年に設立された国際機関で，「主たる目的は，関税分類や税関手続に関する諸条約の作成・見直し，その解釈を示す」ことにある。このWCO により定められる関税分類としての HS コードは，WTO 加盟国はこのコードに従って自国の関税率を WTO に報告する義務がある。付加価値貿易と

---

2) 経済産業省（2015）『不公正貿易報告書』2015 年版，経済産業省通商政策局編を参考にした。

いう意味を理解する上で，こうした実務的な（ビジネス上の）ルールに則って，輸出入申告が行われる際の関税率の認定に，原産地規則が関わってくることの意味を理解すべきである。

2. 世界経済の4割を占めるTPPの経済規模

ここで対象とする経済は，アジア太平洋地域における地域貿易協定が2015年末に締結され，加盟各国の批准の段階に入っているTPP協定（環太平洋戦略的経済連携協定）および政策フォーラムとしてのAPEC（アジア太平洋経済会議）加盟国であり，一部，参考のための経済としてインド，ドイツなどの経済も含んでいる。

表1–1で示されたTPP加盟経済（国家）は，世界経済のGDPで測るとおよそ4割を占める経済規模を擁するメガ市場になる。一方，APECはTPP加盟国を含む21カ国の経済地域から構成されるが，APECは協定により組織だてられたものではなく，そこでの合意が必ずや厳守されるべき規制はない。APECの構成国でも，TPPに加盟していなく，経済，貿易規模で大きな影響力をもつ中国や韓国といった経済もある。本章では，TPPのもつ影響力を貿易費用の削減と位置付け，その客観視できる指標とその変化の可能性について示すことにする。

WTOのロベルロ・アゼベド事務局長は，貿易円滑化協定を締結することを訴えて，最近，次のような説明をしている。「途上国の貿易費用は，平均で，219％の輸入関税に相当します。製品を作るためのコストが1ドルについて，開発途上国の消費者にそれを届けるために，さらに$2.19かかります。高所得国では，このコストは$1.34，それでもかなりの費用がかかります。1％の貿易費用の削減は，3％〜4％の貿易成長をもたらすので，世界中の劇的な効果を及ぼすことになります。」[3] こうした言及は，WTOとして，貿易円滑化が進み，貿易費用が削減されるような合意を歓迎することの表れである。

3） Roberto Azevêdo (22 June, 2016), "Global Trade Policy - What's Next?", the International Trade Policy Conference, Copenhagern, Denmark.

表 1-1　TPP 加盟経済（国家）

単位：米百万ドル

		GDP	GDP シェア	輸出額	輸入額	総貿易額	FDI 流入額 (ストック)	
オーストラリア	AUS	1,474,849	1.9%	188,445	208,419	396,864	564,608	
ブルネイ	BRN	14,971	0.0%	6,600	2,585	9,185	6,219	
カナダ	CAN	1,786,670	2.3%	408,475	436,372	844,847	631,316	
チリ	CHL	258,358	0.3%	63,362	63,039	126,401	207,678	
日本	JPN	4,586,748	5.9%	624,939	648,494	1,273,433	170,615	
マレイシア	MYS	326,113	0.4%	199,869	175,961	375,831	133,767	TPP
メキシコ	MEX	1,279,305	1.7%	380,772	405,280	786,053	337,974	
ニュージーランド	NZL	202,169	0.3%	34,359	36,563	70,922	76,791	
ペルー	PER	201,251	0.3%	34,157	37,850	72,007	79,429	
シンガポール	SGP	301,193	0.4%	350,506	296,745	647,251	912,355	APEC
米国	USA	17,526,951	22.6%	1,504,914	2,307,946	3,812,860	5,409,884	
ベトナム	VNM	186,599	0.2%	162,107	166,103	328,210	90,991	
中国	CHN	10,066,674	13.0%	2,274,949	1,681,951	3,956,900	1,085,293	
香港	HKG	288,695	0.4%	510,596	559,427	1,070,023	1,549,849	
インドネシア	IDN	848,025	1.1%	150,282	142,695	292,977	253,082	
韓国	KOR	1,415,934	1.8%	526,755	436,499	963,254	182,037	
パプアニューギニア	PNG	16,383	0.0%	5,520	3,400	8,920	3,877	
フィリピン	PHL	285,098	0.4%	58,648	69,920	128,568	57,093	
ロシア連邦	RUS	1,865,328	2.4%	340,349	194,087	534,436	378,543	
台湾	TWN	529,660	0.7%	285,421	237,549	522,970	68,636	
タイ	THA	405,533	0.5%	214,375	202,654	417,029	199,311	
インド	IND	2,041,085	2.6%	267,147	391,977	659,124	252,331	
ドイツ	DEU	3,852,273	5.0%	1,329,469	1,050,025	2,379,494	743,512	
世界	WOR	77,450,910	100.0%	16,483,921	16,671,238	33,155,158	24,626,455	
ASEAN	ASEAN	2,463,263	3.2%	1,162,637	1,090,843	2,253,480	1,687,136	
EU 28	EU 28	18,498,059	23.9%	5,387,311	5,213,105	10,600,415	7,759,428	
NAFTA	NAFTA	20,592,926	26.6%	2,294,161	3,149,598	5,443,759	6,379,173	
TPP	TPP	28,145,178	36.3%	3,958,505	4,785,357	8,743,862	8,621,627	
APEC	APEC	43,866,508	56.6%	8,325,400	8,313,539	16,638,939	12,399,347	

（出所）UNCTADSTAT, http://unctadstat.unctad.org／データをもとに筆者が作成。
GDP および FDI 流入額（ストック）は 2014 年の数値，輸出額，輸入額，総貿易額（＝輸出額＋輸入額）は 2015 年の数値を示している。

　貿易費用の広義の定義には，政策障壁（関税 tariffs と非関税障壁 non-tariff barriers），輸送費用（運送費 freight cost と時間コスト time cost），通信コスト，その他の情報コスト，販売促進費用，執行費用 enforcement costs，為替レート・コスト，法的・規制コスト，及び現地流通コストが含まれる。従価税等価で表示すると，Anderson 等（Anderson and van Wincoop, 2004）[4]による試算では，WTO の計算よりも控えめの国際貿易費用として 74％ に相当し，現地流通コストは 55

％に相当すると推計している．明らかに，国際貿易において物品が国境を超えて取引されるにあたり，関税や輸送費をはるかに上回る費用がかかることを示している．

3．GVC（国際価値連鎖）を発展させる貿易費用の削減

近年の地域貿易協定は，貿易費用の削減により，市場の連結性を高め，統合市場域内におけるフラグメンテーションを促進することに主眼が置かれるようになってきた．勢い，貿易障壁の撤廃，軽減としての関税措置よりも，非関税措置 Non-Tariff Measures の重要性が意識されるようになった．従来一般に利用されてきた用語としての非関税障壁 NTB（Non-Tariff Barriers）に代わって，最近では非関税措置と呼ばれる方が一般的になっていて，OECD では非関税措置の世界の経済におけるデータベースが作成，公表されるようになった．しかしながら，OECD のデータベースにおける非関税措置の内容は定性的なもので，各国の保護，市場閉鎖性を相対的に比較することができるような定量化が充分進んでいない．OECD はこうした貿易円滑化指標 TFI（trade facilitation indicators）を開発しているものの，貿易統計との関係において，整合的な分析に役立つには十分ではない[5]．

貿易に対する関税障壁に限定して TPP 加盟国の現状を示してみよう．関税政策のウエイトを TPP 加盟国について知っておくために，図 1-2 では，TPP 12 加盟国の全産業，農業，及び製造業についての貿易にかかる実行関税率について描いたものである．

---

4) James E. Anderson and Eric van Wincoop (2004), "Trade Costs", Journal of Economic Literature, Vol.42, No.3, pp.691-751.

5) OECD Trade Facilitation Indicators: Asia ― Pacific Economic Cooperation (APEC)
http://www.oecd.org/tad/facilitation/oecd-tfi-apec-july-2015.pdf
OECD の TFI を用いた APEC 加盟国についての分析から，これまでの関税措置の水準を用いた分析と比較してみると興味深い．TFA（貿易円滑化協定）によって，香港，韓国，日本，米国，シンガポール，台湾などが 11％ 削減にとどまるものの，潜在的に APEC は平均して 14％ の貿易費用を削減できるという分析結果が報告されている．

図 1-2　TPP 加盟国の単純平均実行関税率　2014 年

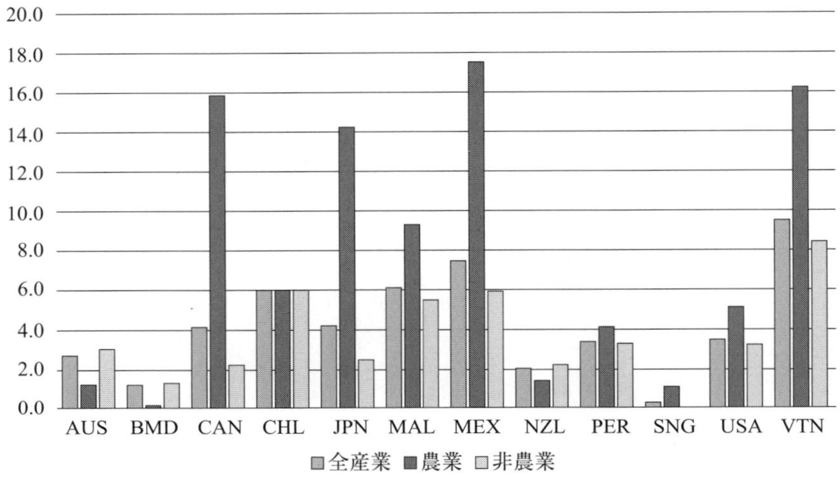

（出所）WTO-UNCTAD (2015), World Tariff Profile により，筆者作成。

　TPP 加盟国の農産品への関税率が高い国は，メキシコ，カナダ，ヴェトナム，日本の 14% を上回る水準である。一方，工業品への関税率はヴェトナム，チリ，メキシコ，マレイシアであるがヴェトナムの 8% 強の高さがあり，他は 6% 以下に留っている。高所得の日本とカナダにおいても，農産品に係る関税率は高い水準にある。

　最近の英エコノミスト誌（2016 年 3 月 12−18 日号）「ビジネスのための市場開放」に，NAFTA（北米自由貿易協定）にコミットしてきたメキシコにおける地域経済統合に対する国民感情が論じられている。このレポートによると，メキシコの人々の 4 分の 3 は将来に対して楽観的な見方をしていて，グローバリゼーションを標榜して，44 の貿易協定を締結している。その市場開放度は，ブラジルの 26%，中国の 42% に比べて，メキシコは 66% になっている。1994 年に NAFTA が創設されると，「エル・ノルテ；約束の地」（1983 年アメリカ映画）の中でのメキシコを植民地に貶めるヤンキーの陰謀であると当時の左翼が主張したが，今日では世界のトップ 15 の工業国の一員となって，自動車の生産台数の世界のトップ 5 に入り，1994 年の 110 万台から 2012 年には 290 万台

（2014 年は 337 万台：自動車工業会データ）の生産を達成している。

　最近の英国における国民投票による BREXIT（EU からの英国の離脱）の決定や米国大統領選挙におけるトランプ氏やヒラリー・クリントン氏の両候補者の発言にみられる内向きの外交政策の風潮とはまったく逆の潮流を，エコノミスト誌はメキシコにおける国民の対外政策について報道しているのである。

4. 付加価値貿易を変える地域貿易協定

　TPP 協定は，上述した広義の貿易費用を削減する。これにより，国際生産ネットワーク，そして付加価値貿易に大きな変化が期待される。一例として，今日の象徴的，かつ日本の最大の産業である自動車産業についての国際的な調達についてを付加価値貿易という視点から呈示すると，年と共に調達先（原産国）が劇的に変化していることを示すことができる。EU の中のドイツの自動車産業と較べてみたのが，次の 4 つの図と 2 つの表（表 1-2，表 1-3）である。

　ここで用いたデータは，WTO-OECD の TiVA（付加価値貿易：Trade in Value-Added）のデータベースで，これをツリー・マップという全体を 100 にして，それぞれの構成分の面積を色分けして描くものである。日本の 2000 年における調達先の主要部分を担ったのは米国（39％）である。これに次ぐサプライヤーはドイツの 9.1％ であった，ところが，2013 年には，中国 37％，ドイツ 9.4％，タイ 9.4％，そして韓国 9.0％ が調達先になり，米国からの調達は 7.2％ へと後退する。地域としても，北米依存から，アジア地域への依存に移行してきたことが示されている。これに対して，ドイツの調達網はどうであろうか。2000 年を見ると，圧倒的に，フランス，英国，イタリアなどの EU の中核を担ってきた国からの調達が行われていた。2013 年には，チェコ，ポーランド，ハンガリーなどの東欧が加わるものの，欧州域内における調達のシェアは大きく変わらないことがわかる。拡大 EU としての域内市場における調達網が整備されていることを示すものである。

　TPP 域内，APEC 域内市場の相互の調達網がどれほど進んできたかを俯瞰す

図1-3　日本自動車産業の輸入部品の原産地　2000年

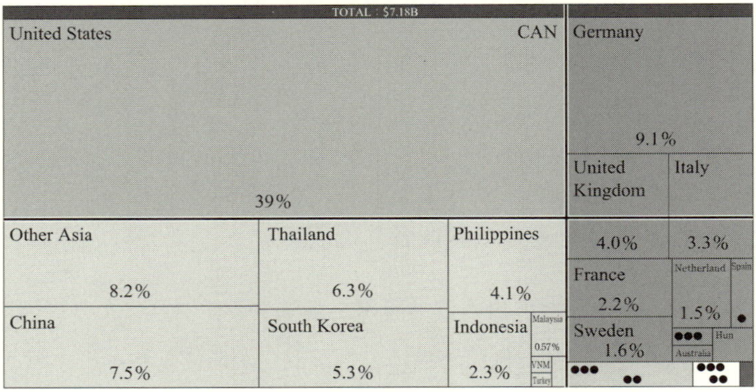

United States 39%			CAN	Germany 9.1%	
				United Kingdom 4.0%	Italy 3.3%
Other Asia 8.2%	Thailand 6.3%	Philippines 4.1%		France 2.2%	Netherlands / Spain 1.5%
China 7.5%	South Korea 5.3%	Indonesia 2.3%	Malaysia 0.57% / VNM	Sweden 1.6%	・・・ / Australia / Hun ・・・

（出所）図1-3，1-4は，OECD-WTOのTiVA databaseをもとに筆者作成．

図1-4　日本自動車産業の輸入部品の原産地　2013年

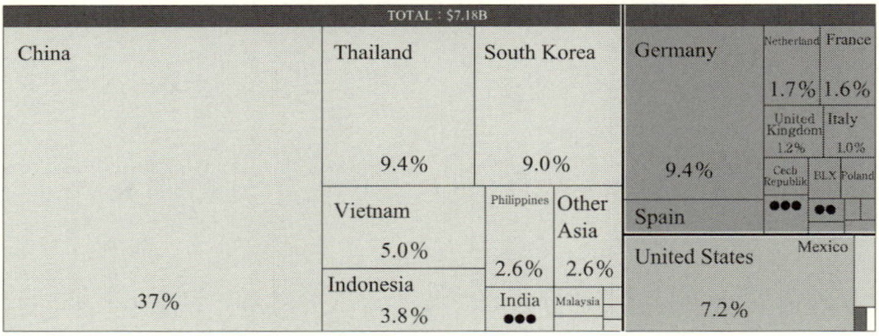

China 37%	Thailand 9.4%	South Korea 9.0%		Germany 9.4%	Netherlands 1.7%	France 1.6%
					United Kingdom 1.2%	Italy 1.0%
	Vietnam 5.0%	Philippines 2.6%	Other Asia 2.6%	Spain	Czech Republic	BLX / Poland
	Indonesia 3.8%	India ・・・	Malaysia	United States 7.2%	Mexico	

（出所）図1-3，1-4は，OECD-WTOのTiVA databaseをもとに筆者作成．

表1-2　日本の自動車産業の輸入部品の原産地　　　（単位：100万米ドル）

2000 原産地	輸入額	輸入シェア	2013 原産地	輸入額	輸入シェア
USA	832,741,264	39.0%	CHN	2,626,094,050	37.0%
DEU	192,482,329	9.1%	DEU	675,775,708	9.4%
XXB	173,701,442	8.2%	THA	674,105,587	9.4%
CHN	159,079,084	7.5%	KOR	649,251,282	9.0%
THA	134,616,887	6.3%	USA	515,036,282	7.2%
KOR	113,580,556	5.3%	VNM	357,265,646	5.0%
PHL	86,776,283	4.1%	IDN	271,569,513	3.8%
GBR	84,738,017	4.0%	PHL	184,149,441	2.6%
ITA	69,338,451	3.3%	XXB	183,684,842	2.6%
IDN	47,933,636	2.3%	ESP	123,932,624	1.7%
合計	2,125,297,982	100.0%	合計	7,176,419,961	100.0%

（出所）OECD-WTOのTiVA databaseをもとに筆者作成．

図 1–5　ドイツ自動車産業の輸入部品の原産地　2000 年

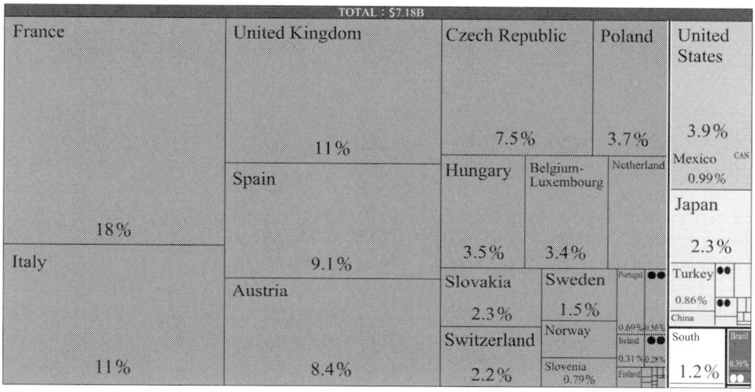
TOTAL：$7.18B
France
18%
Italy
11%
United Kingdom
11%
Spain
9.1%
Austria
8.4%
Czech Republic
7.5%
Poland
3.7%
Hungary
3.5%
Belgium-Luxembourg
3.4%
Netherland
Slovakia
2.3%
Sweden
1.5%
Switzerland
2.2%
Norway
Slovenia
0.79%
Portugal
0.69%
0.56%
Ireland
0.31%
0.28%
Finland
United States
3.9%
Mexico
0.99%
CAN
Japan
2.3%
Turkey
0.86%
China
South
1.2%
Brazil
0.39%

（出所）図 1–5，図 1–6 は，OECD-WTO の TiVA database をもとに筆者作成。

図 1–6　ドイツ自動車産業の輸入部品の原産地　2013 年

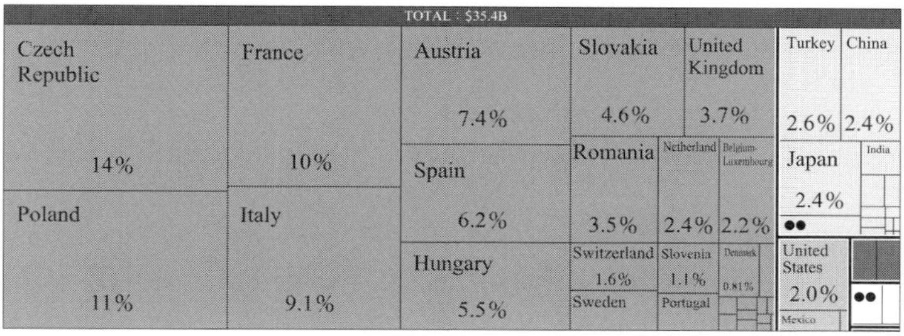
TOTAL：$35.4B
Czech Republic
14%
Poland
11%
France
10%
Italy
9.1%
Austria
7.4%
Spain
6.2%
Hungary
5.5%
Slovakia
4.6%
United Kingdom
3.7%
Romania
3.5%
Netherland
2.4%
Belgium-Luxembourg
2.2%
Switzerland
1.6%
Slovenia
1.1%
Denmark
0.81%
Sweden
Portugal
Turkey
2.6%
China
2.4%
Japan
2.4%
India
United States
2.0%
Mexico

（出所）図 1–5，図 1–6 は，OECD-WTO の TiVA database をもとに筆者作成。

表 1–3　ドイツの自動車産業の輸入部品の原産地　（単位：100 万米ドル）

2000 原産地	輸入額	輸入シェア	2013 原産地	輸入額	輸入シェア
FRA	1,989,159,492	18.0%	CZE	4,832,455,575	14.0%
ITA	1,235,975,562	11.0%	POL	3,997,493,075	11.0%
GBR	1,232,177,544	11.0%	FRA	3,641,202,998	10.0%
ESP	990,108,686	9.1%	ITA	3,211,504,514	9.1%
AUT	917,839,627	8.4%	AUT	2,606,036,868	7.4%
CZE	819,489,906	7.5%	ESP	2,194,361,964	6.2%
USA	422,353,901	3.9%	HUN	1,935,924,759	5.5%
POL	401,510,052	3.7%	SVK	1,622,615,419	4.6%
HUN	381,983,583	3.5%	GBR	1,313,154,419	3.7%
BLX	374,724,740	3.4%	ROU	1,253,824,918	3.5%
合計	10,927,710,349	100.0%	合計	35,442,606,154	100.0%

（出所）表 1–2 と同じデータベースをもとに筆者作成。

るために，TiVA のデータをもとに貿易マトリックスを作成し，その変化を見ることにする。表 1-4 は，総輸出に占める付加価値がどこの経済から調達されているかを示す 1995 年と 2011 年時点の原データの増減の変化（（$VAX_{2011}-VAX_{1995}$）/VAX_{1995}）を筆者が計算し，それを俯瞰できるようにマトリックス表示したものである。マイナス値が観察されている個所は調達が減少していることを示すのだが，ほんの一部の経済（国家）間でしかこうした減少が見られない。この表は，一部の経済間を除いて，国際的な調達 outsourcing，すなわち付加価値貿易が増加してきたことを示している。このような付加価値貿易の増加が，ここで対象にした経済地域内で増大してきたことこそ，この TPP および APEC 地域の付加価値貿易の成長を示す指標ということができる。

5．貿易費用削減が促進するフラグメンテーション

　付加価値貿易が，今日のグローバル化された国際経済取引の特徴であるとすると，その付加価値貿易を進展させる動因は何であろうか。慣例的な貿易論では，重力（グラビティー）・モデルが貿易の強度を説明するものとして，伝統的に利用されてきた。ポール・クルグマンの代表的テキストでも，その第 2 章の「世界貿易：概観」[6]において，「世界の貿易を全体としてみると，(中略) 2 国間の貿易量をもかなり正確に予測できることを経済学者は発見した。(中略) 貿易における重力モデルとして知られ，この名前はニュートンの万有引力の法則に由来する。2 つの物体間の引力がそれらの貿易の積に比例し，距離とともに減少するように，2 国間の貿易も，他の条件が同じなら，それらの国の GDP の積に比例し，距離とともに減少するのである」と解説する。この重力モデルの定式化についての解説は，Head（2000）[7]による論文に詳述されてい

---

6) P. R. クルグマン，M. オブズフェルド著（2010）『クルグマンの国際経済学』第 8 版，ピアソン桐原。Paul R. Krugman and Maurice Obstfeld (2009), International Economics, Theory & Policy, 8th edition, Pearson Education Inc.

7) Keith Head (2000), "Gravity for Beginners", presented at Rethinking the Line: The Canada-U.S. Border Conference, Vancouver, British Columbia, October 22, 2000.

る。

　貿易の障壁としての関税政策についての説明は，これまでの貿易政策の議論において中心的な役割を果たしてきた。実際に，WTOにおける求心力として働いていた多角的，あるいは2国間による貿易交渉による貿易自由化に向けての実績は多大なものがある。ところが，ドーハ・ラウンドの立ち上げ以降から，WTO中心としての貿易協定に，経済発展格差の存在する国が一緒になって合意することの困難があることが顕在化してきた。同時に，すでに，貿易障壁の大きな部分は，関税政策から非関税障壁 NTB に重点が移ってきたのが今日の世界貿易とその貿易をめぐる交渉の姿である。

　ここで，TPP加盟国を対象に単純平均実行関税率を比較してみることにしよう。図1-7は，全産業，農業，そして非農業の貿易に対する関税率をTPP加盟国について比較したものである。この図から，農業部門において高い関税がかけられていることがわかる。とりわけ，TPP加盟国の農産品への関税率が高い国としては，メキシコ，カナダ，ヴェトナム，日本の14％を上回る水準が観察される。一方，工業品への関税率はヴェトナム，チリ，メキシコ，マレイシアであるがヴェトナムの8％強の高さがあり，他は6％以下に留まる。

　上述したように，貿易政策の分析において，貿易統計と整合する包括的な貿易費用に関するデータの必要性が，国際機関や各国の貿易政策に携わる人々により，早くから高まっていた。Novy (2008)[8]の提起した貿易費用の指標は，現在，ESCAP World Bank の貿易指標として作成，公表されている。米国とNAFTAの締結によりパートナーとなったカナダとメキシコとの間での貿易費用を，Novyは自身が開発した相互的貿易費用の手法で計算した結果である。この指標と，他の米国との貿易パートナーとの間の貿易費用の変化を比較してみると，カナダとメキシコとの間の貿易費用の縮小は，他の国との間のトレンドよりもはるかに大きな割合で生じていることがわかる。この貿易費用の削減こそが，地域貿易協定が目指すものである。NAFTA締結による貿易費用の削減は

---

[8] Dennis Novy (2008), "Gravity Redux: Measuring International Trade Costs with Panel Data", Economic Inquiry 51(1).

表 1-4 総輸出に占める海外付加価値比率

原産地	部材輸入国	AUS	BRN	CAN	CHL	JPN	MYS	MEX	NZL	PER	SGP	USA
Australia	AUS	3.31	0.50	1.59	5.73	5.13	2.47	14.56	0.79		2.88	2.61
Brunei Darussalan	BRN	123.71	4.13	6.25	18.35	6.55	5.31	19.78	334.37		−0.05	4.03
Canada	CAN	2.06	4.35	1.58	5.72	1.85	2.61	6.28	1.35		3.34	2.72
Chile	CHL	11.94	2.64	10.72	3.26	4.30	2.95	12.85	0.77		2.16	4.49
Japan	JPN	0.90	0.86	0.42	1.51	0.67	1.52	2.93	−0.23		0.01	−0.06
Malaysia	MYS	11.53	1.30	1.38	6.29	4.07	2.39	7.74	3.29		0.55	0.42
Mexico	MEX	11.78	5.03	3.82	3.02	3.36	5.80	2.75	0.63		2.60	3.89
New Zealand	NZL	3.10	0.74	0.99	0.36	2.31	2.16	6.20	1.66		5.89	1.88
Peru	PER											
Singapore	SGP	4.78	1.75	1.65	3.24	1.97	4.94	4.28	2.27		2.22	0.36
United states	USA	2.01	4.46	0.64	4.33	1.28	3.52	1.69	0.53		1.07	1.38
Viet Nam	VNM	15.51	9.48	17.06	30.75	8.35	30.94	28.90	14.66		2.30	28.51
China	CHN	22.96	9.75	18.79	56.49	17.50	30.29	95.74	11.33		14.33	15.81
Hong Kong	HKG	3.03	1.13	2.01	0.67	1.28	1.65	4.54	1.23		1.95	1.19
Indonesia	IDN	8.05	3.45	3.07	3.61	4.34	12.31	7.77	2.60		3.50	2.14
Korea	KOR	1.60	0.69	1.45	1.97	2.49	3.28	8.12	0.36		1.08	0.93
Papua New Guine	PNG											
Philippines	PHL	3.45	2.12	1.41	4.78	3.79	7.60	11.19	1.94		2.38	0.18
Russia	RUS	26.68	4.49	4.91	8.67	7.66	7.20	4.31	23.08		8.73	5.88
Thailand	THA	4.92	0.66	1.09	2.51	2.93	5.57	6.18	1.56		0.90	0.68
Chinese Taipei	TWN	0.98	1.28	1.00	1.26	2.07	3.55	5.14	0.34		1.59	0.31
India	IND	8.07	8.19	9.21	9.78	5.81	14.12	16.61	4.07		15.77	10.13
Germany	DEU	1.81	0.13	1.93	2.43	1.86	3.11	4.32	1.31		1.80	1.62
APEC	APEC	3.36	4.02	1.48	3.35	0.78	2.77	2.85	1.63		1.91	1.41
EU 28	EU 28	1.89	1.10	1.61	3.00	1.98	2.55	4.43	0.75		2.81	1.66

Dataset : Origin of value added in gross exports
（出所）OECD-WTO, Statistics on Trade in Value-Added をもとに，筆者が変化率を計算し，マトリッ

着実に功を奏し，加盟国間の貿易拡大に貢献してきたことがわかる．1990年代半ばのNAFTAの締結，発効により，米加，米メキシコ間の貿易費用はさらに下落した．他の主要貿易パートナーとの関税等価率を比較すると，表1-5をみれば，明らかにその自由貿易協定の貿易費用削減に与えた影響が大きかったかがわかる．

ESCAP（国連アジア太平洋経済社会委員会）と世界銀行の共同のプロジェクトによる Novy方式の貿易費用データベースの構築が進められてきた．このデータベースにより提供されている指標の高さは，関税よりもはるかに高い水準の非関税障壁を反映する指標が示されていて，この貿易費用の高さが貿易の流れに影響していると考えることができる．ちなみに，この貿易費用が低ければ低

の変化：（単位：変化 1995－2011（％））

VNM	CHN	HKG	IDN	KOR	PNG	PHL	RUS	THA	TWN	IND	DEU	APEC	EU 28
50.66	22.39	1.19	1.43	8.30		1.68	14.68	8.73	5.44	34.64	5.06	3.80	3.63
147.50	31.83	0.21	99.67	8.65		5.21	15.13	0.91	2.88	533.96	5.16	7.91	9.55
30.37	11.11	0.91	1.38	5.02		1.19	6.03	3.67	2.11	16.87	3.95	2.09	3.97
92.45	35.84	2.32	2.47	7.79		3.02	13.96	6.71	2.46	45.58	3.45	2.97	4.00
10.29	7.23	0.04	0.49	2.61		−0.20	6.89	2.55	0.98	9.86	1.14	0.68	0.96
30.06	23.21	0.77	7.19	6.05		2.34	13.37	5.31	3.61	33.02	2.96	2.43	2.08
59.46	27.02	1.73	2.40	10.32		0.22	9.29	5.03	2.84	59.36	6.83	3.08	5.70
32.06	8.62	0.21	1.21	2.40		1.80	2.82	4.48	1.59	22.09	2.90	1.62	1.94
7.91	16.55	2.99	2.93	6.70		1.63	4.77	3.73	3.07	31.22	4.90	3.04	3.85
27.33	9.43	1.15	0.93	2.71		0.16	4.78	2.31	1.07	23.96	3.25	1.60	3.02
10.37	49.37	4.64	14.46	31.88		1.72	35.61	10.13	8.55	196.23	16.65	12.53	15.49
113.47	12.98	2.51	18.02	25.37		15.90	57.81	28.34	18.44	182.92	26.38	20.29	30.04
10.05	3.42	1.46	1.86	4.89		−0.04	15.55	2.93	1.32	16.64	3.66	1.32	3.20
31.29	14.34	2.92	2.87	8.37		4.23	11.09	13.59	5.09	59.02	3.44	3.80	3.74
12.66	11.30	0.06	1.59	2.10		0.67	6.33	4.08	2.60	20.86	3.70	2.50	3.58
30.87	41.97	0.21	5.06	6.28		2.05	18.24	7.40	4.34	84.36	3.80	2.63	2.77
30.75	9.46	2.16	7.07	14.31		5.84	5.26	9.56	3.13	16.04	8.55	5.14	9.54
20.01	15.93	0.42	7.02	6.88		1.85	16.94	1.99	2.06	24.03	2.16	2.31	2.02
8.77	7.38	0.28	0.79	6.41		0.74	10.10	2.58	1.22	25.19	1.73	1.05	2.19
78.20	63.61	10.30	12.08	20.20		10.97	7.31	13.08	12.32	8.72	17.17	17.49	17.08
19.26	13.28	1.65	0.20	4.78		0.03	4.19	2.38	1.23	13.79	1.31	3.84	1.74
12.11	12.13	1.39	2.82	2.63		1.74	5.38	2.43	1.47	29.54	4.16	2.62	4.13
17.88	12.16	1.30	0.58	4.54		0.22	4.39	2.74	1.45	15.99	1.44	3.70	1.75

クス表示した。

い国との間ほど，GVC（国際価値連鎖）の活動が高いという実証研究の結果が発表されている。

　Anderson-van Wincoop（2004）[9]により提起された貿易費用の測定方法には，データを入手するうえでの困難な問題が残されていた。この問題を解消し，貿易費用を2国当事者間の相互的なノイズと捉えて，SNAと産業連関表を利用したマクロ経済とミクロ経済データから算出する手法がNovy（2013）[10]により開発された。

9）　J. E. Anderson and E. van Wincoop (2004), 前掲論文.
10）　Dennis Novy (2013), "Gravity redux: measuring international trade costs with panel data", Economic Inquiry, Vol. 51, No. 1, pp. 101-121.

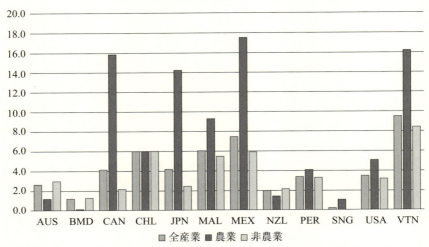

図1-7 TPP加盟国の単純平均実行関税率　2014年

（出所）WTO-UNCTAD (2015), World Tariff Profile のデータにより，筆者が作成。国名の略称は表1-6と同じ。

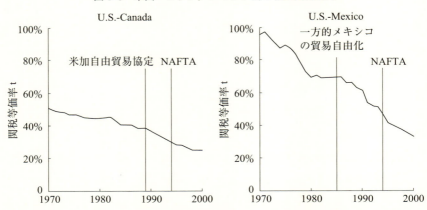

図1-8　米国−カナダ，メキシコ間の相互貿易費用

（出所）Dennis Novy (2008), "Gravity Redux: Measuring International Trade Costs with Panel Data", Economic Inquiry 51(1).

表 1-5　米国の相互的貿易費用

パートナー国	1970	2000	パーセンテージ変化
カナダ	50	25	−50
ドイツ	95	70	−26
日本	85	65	−24
韓国	107	70	−35
メキシコ	96	33	−66
英国	95	63	−34
単純平均	88	54	−38
貿易加重平均	74	42	−44

（出所）Dennis Novy（2008）

　Novy, D.（2013）は，相互的貿易費用指数 Bilateral Trade Cost Index をグラビティー指標の逆数として推計する。上記の世銀・UNESCAP のデータは，二国間の貿易と国民総生産を利用した各国の農業部門，工業部門，その二つを足し合わせた全貿易の 3 系列についての対称的相互貿易費用を公表する[11]。Novy の相互貿易の指標は，世界銀行と国連アジア太平洋経済社会委員会 UNESCAP の共同作業による相互的貿易費用データベース世界銀行・UNESCAP 貿易費用データベースとして貿易データと生産データを用いて作成，公表されるに至っている。この貿易費用データベースは，現在は 1995 年から 2014 年までの期間にわたる 180 経済（国家）を網羅する。

　相互的貿易費用指数の経済的な意味とは，市場の連結性 market connectivity の強度を示すものである。

　Novy の手法は時間の経過にしたがって，多角的な抵抗の変化（価格差）について測定するものとなり，重力モデルで使われた距離のような時間とは関係のない貿易費用の代理変数に依存することにはならない。重力モデルの定式の枠組みにおける「地理的距離」は，時間が経過してもコンスタントのままである。貿易自由化を目指す地域貿易協定の締結，発効に伴う貿易費用の削減が生じようとも，伝統的重力モデルによる貿易フローの推定には少しも変化するこ

11）　相互的貿易費用データベース the World Bank UNESCAP Trade Costs Database は，次のアドレスからアクセス可能である。

　　http://data.worldbank.org/data-catalog/trade-costs-dataset

表1-6 APEC地域の相互的貿易費用

T Relative Cost 2013		AUS	BRN	CAN	CHL	JPN	MYS	MEX	NZL	PER
Australia	AUS		226.48	126.08	131.34	88.99	71.77	162.19	52.93	206.97
Brunei	BRN	226.48		268.95		216.52	90.97	488.16	231.99	
Canada	CAN	126.08	268.95		104.64	99.57	112.16	77.8	135.29	100.06
Chile	CHL	117.07		104.64		111.14	142.48	92.78	182.53	74.78
Japan	JPN	89.43	231.14	99.57	113.51		69.92	120.42	109.47	158.04
Malaysia	MYS	72.12	91.38	112.16	139.27	69.92		143.3	93.9	201.93
Mexico	MEX	162.38	488.66	77.8	94.93	120.42	143.2		171.11	130.15
New Zealand	NZL	52.93	231.99	135.29	182.53	109.47	93.9	171.11		200.42
Pern	PER	206.97		100.06	74.78	158.04	201.93	130.15	200.42	
Singapore	SGP	115.21	139.44	189.04	255.29	122.48	58.24	210.47	153	345.34
United states	USA	93.8	231.4	30.32	75.76	73.91	80.48	34.52	114.4	93.89
Vietnam	VNM	78.99	178.87	123.79	111.78	61.33	48.15	137.69	123.41	152.63
China	CHN	80.27	189.74	92.47	79.68	67.12	60.76	114.99	109.66	119.41
Hong Kong	HKG	73.64	209.19	105.41	155.48	74.88	51.05	133.57	116.53	178.91
Indonesia	IDN	104.6	206.9	145.72	186.34	93.09	62.55	195.36	136.3	200.08
Korea	KOR	85.28	178.75	104.4	89.8	64.68	71.69	117.56	111.58	138.06
Papua New Gurnei	PNG	55.1		302.46		159.31	96.54		126.57	
Phillippines	PHL	133.64	228.09	149.22	216.2	83.07	84.86	193.18	152.2	279.9
Russian Federatioi	RUS	211.36		163.92	178.51	116.89	155.24	170	214.17	188.51
Thailand	THA	74.45	161.03	125.84	128.79	61.92	45.82	134.74	110.1	164.51
India	IND	121.2	278.53	140.62	151.51	118.89	80.83	157.84	168.62	177.43
Germany	DEU	112.59	253.7	105.26	113.37	90.87	82.31	98.52	131.94	129.96

(備考) データは ESCAP-World Bank trade costs database より抽出した。原則として，台湾を除出して，相対貿易費用マトリックスを作成した。
　　　データは，注記がない場合は原則として2013年についてのものである。2013年のデーCAN, NZL, PNG は2010年，CHL, PER は2012年の値を採用している。但し，BRN-CAN，また，AUS-USA, BRN-USA, AUS-HKG, BRN-HKG, BRN-JPN, BRN-RUSの値数値は，ISIC Rev.3 基準の農業・狩猟・林業・漁業および製造業を合計した部門の貿易

とはない。経済学における周知の経済変数を用いて価格差を推計した世界銀行・UNESCAPの相互的貿易費用は，経済変量のプロクシー（代理変数）として使われてきた。重力モデルの「地理的距離」よりも，当然ながら，通商上の制度やインフラの変化を反映した貿易の流れを説明することに相応しいものと言えるであろう。2011年12月に2010年についての貿易とGDPデータを利用した最初の指標が公表されることになった（ARTNet, June 2016）[12]。この世銀・UNESCAPの公表する相対的貿易費用データベースより，筆者がTPP, APEC

---

12) UNESCAP ARTNer (Asia-Pacific Research and Training Network on Trade)(2016), ESCAP-World Bank Trade Cost Database.
　　http://artnet.unescap.org/databases.html#first

2013年（単位＝従価税率換算表示％）

SGP	USA	VNM	CHN	HKG	IDN	KOR	PNG	PHL	RUS	THA	IND	DEU
114.63	94.44	78.15	80.24	80.36	105.16	84.85	55.1	125.56	210.89	75.7	121.2	111.25
138.76	226.99	177.53	189.66	210.58	207.71	178.07		227.77	997.34	162.87	278.53	251.71
189.04	30.32	123.79	92.47	105.41	145.72	104.4	302.46	149.22	163.92	125.84	140.62	105.26
285.3	74.58	115.77	78.06	159.54	181.66	86.1		215.92	194.6	123.02	159.61	115.34
122.48	73.91	61.33	67.12	74.88	93.09	64.68	159.31	83.07	116.89	61.92	118.89	90.87
58.24	80.48	48.15	60.76	51.05	62.55	71.69	96.54	84.86	155.24	45.82	81.07	82.31
210.47	34.52	137.69	114.99	133.57	195.36	117.56		193.18	170	134.74	157.83	98.22
153	114.4	123.41	109.66	116.53	136.3	111.58	126.57	152.2	214.17	110.1	168.62	131.94
345.34	93.89	152.63	119.41	178.91	200.08	138.06		279.9	188.51	164.51	177.43	129.96
	127.21	96.48	112.17	64.41	99.32	101.79	136.99	120.06	231.37	97.28	122.27	144.24
127.21		72.87	69.96	67.31	115.83	73.09	166.38	102.6	122.07	88.9	96.6	71.98
96.48	72.87		57.6	42.11	83.95	47.41	167.81	89.64	102.25	55.15	78.19	81.37
112.17	69.96	57.6		16.13	100.48	56.58	141.21	99.16	96.5	76.03	100.64	72.65
64.41	67.31	42.11	16.13		115.46	54.8	164.12	74.24	140.11	41.86	77.45	105.04
99.32	115.83	83.95	100.48	115.46		97.23	158.69	122.84	168.04	81.18	106.61	126.09
101.79	73.09	47.41	56.58	54.8	97.23		189.49	88.04	96.59	85.87	102.45	87.81
136.99	166.38	167.81	141.21	164.12	158.69	189.49		156.21	331.35	147.72	229.62	156.67
120.06	102.6	89.64	99.16	74.24	122.82	88.04	156.21		231.03	85.04	158.28	116.11
231.37	122.07	102.25	96.5	140.11	168.04	96.59	331.35	231.03		142.99	132.81	77.06
97.28	88.9	55.15	76.03	41.86	81.18	85.87	147.72	85.04	142.99		98.95	100.16
122.27	96.6	78.19	100.76	77.45	106.61	102.12	229.62	158.28	132.81	98.95		101.08
144.24	71.98	81.37	72.65	105.04	126.09	87.81	156.67	116.11	77.06	100.16	101.08	

いたAPEC加盟の20経済と，比較のためにインド，及びドイツを加えた経済間のデータを抽

タがない場合は直近のものを利用することにした。
BRN-NZLは2006年，PNG-CANは2004年の値を採用した。
は，2012年のものを採用している。
費用を従価率表示し，パーセンテージで示されている。

加盟国についての部分を抽出して，マトリックスで表記したものが表1-6である。関税率と較べて，貿易費用の水準ははるかに大きい水準にあることが俯瞰できる。NAFTA発効以前と較べて，北米の加盟国間にみられたように，TPPの協定締結により，この表左上のTPP加盟国間の貿易費用の変化を示す12×12のブロックが，TPP発効後に大幅に削減されることが期待されるのである。

今日の国際経済取引の特徴を説明する概念としての地域的生産ネットワークと呼ばれる考え方は，本章で強調してきた貿易費用の削減と密接に関連する。企業は最終的な商品価値を生み出す過程で，フラグメンテーション（一経済内での価値の創出から，その生産工程を国境を越えて細分化させること）を行い，地域の経済間で国境を越えた効率的なネットワークを重層的に構成する。R. ボー

ルドウィン (2011) は，このような地域的生産ネットワークの構築を説明するものとして，セカンド・アンバンドリングと名付けた。このようなセカンド・アンバンドリングという概念を用いて，ASEANにおける自動車産業について，木村・浦田 (2016) は分析を行っている[13]。

セカンド・アンバンドリングの構築の推進には，取引費用の削減が重要となる。地域的な生産ネットワーク，付加価値貿易の拡大には，地域的な貿易協定締結による貿易費用の削減こそが一義的な要因と考えられる。本章では，このような視点から，より適切な貿易費用の指標を用いてこそ，地域間付加価値貿易の変化を説明できるものであることを説明してきた。保護主義的な内向き，国内産業至上主義がもたらす長期的な国内経済への影響と世界貿易の発展への足枷は，産業革命以来の経済学と国際協力の発展の中で，防止的な枠組みを確立してきた。最近になって，内向きの通商政策を志向するBREXITやNAFTA見直しの議論が，さらにはTPP見直しに向かって，国内，国際的に高まりつつある。こうした論争における重要な視点は，国際的な生産ネットワークの発展により，貿易拡大と雇用拡大をもたらしてきたという経験である。

AEC（ASEAN経済共同体）は，2015年に発効した10の加盟経済からなる地域貿易協定である。TPPは協定締結が行われたものの，批准，発効は未だ成されていない。ASEAN地域の経済的コネクティビティーを高めるために，AECは単一市場としての制度的な枠組みを，財移動と投入財調達の自由を図るためにATIGA，シングル・ウインドウ，投資移動の自由を図るためにACIAを，サービス移動の自由を図るためにAFASを，熟練労働の移動の自由を図るためにMRA（相互承認の取り決め）ASEANコネクティビティーを，そして資本移動の自由を図るためにASEAN金融協力，ASEAN証券取引所，及びASEAN情報公開の枠組みを整備してきた。加盟国間に経済発展の格差や市場開放へのス

---

13) Baldwin, Richard (2011) "Trade and Industrialisation after Globalisation's 2nd Unbundling : How Building and Joining a Supply Chain Are Different and Why It Matters," NBER Working Paper, #17716.
　木村福成・浦田秀次郎「自動車・自動車部品と経済統合」，西村英俊・小林英夫 (2016)『ASEANの自動車産業』勁草書房（第1章として所収）。

タンスの違いがあることから，これから更なる制度の強化に向けた取り組みが課題になっている。こうした5つの大きな骨組みをもつ地域貿易協定としてのAECは，単一の市場と生産拠点に向けて，市場の障壁を削減し，さらなる相互依存に必要となる協力体制を構築しつつある。TPPの協定の骨子も，上記のAECにみることのできる精神の下で，地域12加盟国の生産ネットワークが円滑に発展するために，その協定には多くの協力措置の合意が成文化されている。

追記　本稿は，2015年中央大学特定課題研究費に基づく研究成果の一部である。

第 2 章

ポスト TPP の米中関係と世界経済秩序

馬 田 啓 一

1. はじめに

　米中関係が，ここにきて対立を深めている。2015 年 9 月，習近平国家主席が満を持して訪米，ホワイトハウスでオバマ大統領との首脳会談が行われたが，中国にとって成功だったとはお世辞にも言えない。12 月の COP 21（国連気候変動枠組み条約第 21 回締約国会議）のパリ合意に向けた米中協力を約束したものの，主要テーマとなったサイバー攻撃と南シナ海の岩礁埋めたて問題では対立の構図が浮き彫りとなった。

　一方，難航していた TPP（環太平洋パートナーシップ協定）交渉が 2015 年 10 月，米アトランタでの閣僚会合で大筋合意にこぎつけた。オバマは合意直後の声明で，「中国にルールをつくらせてはならない」と，アジア太平洋地域のルールづくりを主導した意義を強調し，アジアで存在感を増す中国を強く牽制した。

　中国が提唱する「新型大国関係」とは裏腹に，2016 年 11 月の米大統領選を控え，米中関係はますます先鋭化している。G 2 論の元祖である米国の対中姿勢の変化の背景に何があるのか。本章では，ポスト TPP を睨み，対立が深まる米中関係の深層について，変容する世界経済秩序の視点から鳥瞰したい。

2. 新型大国関係をめぐる米中の思惑

2–1　Ｇ２論は必然かそれとも幻想か

2009年1月，オバマ政権が発足すると間もなく米中Ｇ２論が登場した。Ｇ２論とは，米中両国が協力して経済から政治，安全保障までグローバルな重要課題に取り組み，世界を主導していくべきだという考え方である。Ｇ２論の背景には，中国を最重要視するオバマ政権の姿勢があった。

オバマ政権の意気込みは，2009年7月に開催された米中戦略経済対話（S&ED）の第1回会合で強く印象づけられた。オバマは「米中関係は21世紀の形を決める」と述べるなど，まさにＧ２時代の幕開けを思わせた。

しかし，中国の胡錦濤国家主席には，Ｇ２論は中国に過剰な国際的責任を負わせるための米国が仕掛けた罠かもしれないという穿った見方と警戒心があった。結局，CO_2削減をめぐり米中が激しく対立し，2009年12月の地球温暖化防止交渉であるCOP 15の決裂を境に，協調への期待は失望に変わった。Ｇ２体制への期待は1年目でしぼみ，2年目に入ると戦略的に重要な問題で次々と米中の対立が目立つようになり[1]，米国内における米中Ｇ２論は後退していった。

ところで，Ｇ２論については米国内でも賛否が分かれている[2]。ブッシュ政権の国務副長官で，オバマ政権の下では世界銀行総裁を務めたR.ゼーリックは，中国を「ステークホルダー（利害共有者）」と見なし，国際社会の中に積極的に取り込んで責任ある行動を取らせるような対中政策を提唱し，世界経済の問題解決には米中両国の先導的な協力が必要だと論じている。

しかし，Ｇ２体制の意義はともかく，実効性についてはかなり疑問視されている。米中の基本的な価値観の相違といった観点から，Ｇ２論を批判する意見

---

[1]　2010年1月から3月にかけて，米国の台湾向け武器売却決定，ダライ・ラマ14世とオバマ大統領の面会，人民元切り上げ問題など，米中の利害対立が表面化した。また，米下院外交委員会の公聴会でグーグル問題が取り上げられ，中国政府の言論弾圧に対する非難が相次いだ。

[2]　Ｇ２論争の詳細については，馬田（2012）参照。

は多い。米外交評議会アジア研究部長のE. エコノミーは，G2は幻想であって，米中の間には政治体制，価値観などに基本的な違いがあり，その違いを無視して協議を進めても不毛だと主張している。

これに対して，G2必然論を唱えるピーターソン国際経済研究所のF・バーグステンは，2009年9月の下院外交委員会の公聴会で，中国に圧力をかけるだけでは問題の解決につながらず，むしろ，米中によるリーダーシップの共有こそが中国を変えさせる最もよい方法だと述べている。

いずれにしても，中国の異質性を前提としたうえで，中国に国際社会の責任あるパートナーとして行動させるためにはどうすればよいのか，現実的な解決策が求められている。

2-2 「新型大国関係」は中国の一方通行

さて，習近平政権に代わると今度は中国版G2論とも呼ばれる提案が，中国側から米国に持ちかけられた。「新型大国関係」という概念がそれである。米国のアジア回帰（リバランス）とTPP交渉の進展によって，中国への警戒感が高まっていると判断した習近平は，米国との新型大国関係の構築によって，米国の圧力を回避しようとしている。

米中は，台頭する新興の大国と既存の大国の間で戦争が起こるという「トゥキディデスの罠」に陥るリスクに晒されているといえよう。「新型大国関係」の概念は，①衝突・対抗せず，②両国の国益を相互に尊重，③ウィンウィンの協力，という3つの原則から成る。対立を抱えながらも利害の一致する分野で協力を進めるというものだ。

しかし，米中間の協力関係を模索する一方で，中国が持ちかけた「新型大国関係」をそのまま米国は受け入れるつもりはない。様子見の構えである。なぜなら，中国が「核心的利益（core interests）」の尊重を求めているからだ。

中国の核心的利益は当初，台湾，チベット，新疆の3地域であったが，中国が南シナ海や尖閣諸島にも触手を伸ばしている。2014年4月には中国外交部が，釣魚島（尖閣）は中国の核心的利益に属すると発表した。米国が中国の核

表 2-1　最近の米中関係の主な動き

年月		出来事
2009 年	1 月	オバマが大統領就任，G2 論の登場
	7 月	第1回米中戦略経済対話がワシントンで開催
2010 年	7 月	クリントン国務長官が「南シナ海は米国の国益」と中国を牽制
2011 年	1 月	胡錦濤が訪米，首脳会談
2013 年	3 月	習近平が国家主席に就任
	6 月	習近平が訪米，「新型大国関係」を提案
	11 月	中国が尖閣諸島を含む東シナ海上空に防空識別圏を設定
2014 年	11 月	APEC 北京会合でオバマ訪中，気候変動問題で米中協力に合意
2015 年	2 月	中国による南シナ海・南沙諸島での岩礁埋め立てが発覚
	6 月	米政府の人事管理局にサイバー攻撃，政府職員の個人情報が流出，AIIB の設立総会
	9 月	習近平が訪米，首脳会談
	10 月	TPP 交渉が大筋合意
2016 年	11 月	米大統領選挙

（出所）筆者作成．

心的利益を尊重すれば，日米同盟を揺るがしかねない．

　また，南シナ海でも，2013 年 11 月に中国国防省が防空識別圏の設定を一方的に宣言し，2015 年 2 月にはスプラトリー諸島（南沙諸島）での岩礁埋めたて問題が浮上，現在，人工島の滑走路建設など軍事拠点化が進められている．この南シナ海の問題を米国が容認すれば，ASEAN との関係が損なわれる．

　力による現状変更を推し進める中国の動きを見過ごせば，オバマ政権のリバランス政策が破綻してしまう．このため，強硬姿勢に転じたオバマは，2015 年 9 月に行われた米中首脳会談でも習近平が提案する「新型大国関係」を無視し，包括的な共同声明発表にも応じなかった．米中新型大国関係の実現は，核心的利益がカギを握っている．

3. 米国の対中戦略と TPP 大筋合意の意義

3-1　土壇場で決着した TPP 交渉

　妥結かそれとも漂流か，交渉の行方が注目された TPP は 2015 年 10 月初，米アトランタでの閣僚会合で大筋合意に達した．今回もし決裂すれば，年単位で漂流しかねないという時間切れ寸前の際どい決着だった．

　「21 世紀型の FTA モデル」を目指して 2010 年 3 月に始まった TPP 交渉は，参加国の利害が対立し難航した．とくに揉めた分野は，物品市場アクセス（関

税撤廃），投資，知的財産権，競争政策（国有企業改革）など，各国の国内事情で譲歩が難しいセンシティブなものばかりであった。

TPP交渉の潮目が変わったのは，2014年11月の米議会中間選挙後である。上下両院とも自由貿易に前向きな野党の共和党が勝利したことで，レームダック（死に体）化しつつあるオバマ政権だが，皮肉にも，TPPに後ろ向きな与党民主党に代わって共和党の協力を取り付け，TPP交渉に不可欠とされた通商交渉の権限を大統領に委ねるTPA（貿易促進権限）法案を2015年6月下旬に，上下両院とも薄氷の採決であったが可決・成立させた。

TPA法案の成立を追い風に，日米関税協議も決着の見通しがつき，TPP交渉妥結への機運が高まるなか，7月下旬，12カ国は米ハワイで閣僚会合を開き，大筋合意を目指した。しかし，想定外の「伏兵」の登場で溝が埋まらず，交渉は物別れに終わった[3]。

米国の政治日程を考えれば，2016年の米大統領選の予備選が本格化する前に，TPP交渉を決着させる必要があった。レガシー（政治的な業績）が欲しいオバマにとっては，アトランタ閣僚会合が最後のチャンスであった。

漂流の懸念も高まるなか，TPP交渉は，医薬品のデータ保護期間，乳製品の関税撤廃，自動車・部品の原産地規則の扱いをめぐって土壇場までもつれたが，難産の末，大筋合意にこぎつけた。TPP交渉が漂流すれば，中国が一帯一路構想とAIIBをテコにアジア太平洋地域の覇権争いで勢い付いてしまうとの警戒心が，米国を大筋合意へと突き動かした。参加12カ国は大筋合意を受けて，協定の発効に向けた国内手続きに入った[4]。

3-2　中国はTPPに参加するか

TPPが大筋合意したことに中国が焦らない筈はない。米国はポストTPPを

---

[3] ニュージーランドが医薬品のデータ保護期間を人質に，乳製品の大幅輸入拡大を要求した。
[4] 米国ではTPAに従って署名は早くても90日後の来年1月の見込み。その後，議会でTPP法案が審議入りするのは2月以降になりそうだ。

睨み，将来的には中国も含めて TPP 参加国を APEC（アジア太平洋経済協力会議）全体に広げ，FTAAP を実現しようとしている。投資や競争政策，知的財産権，政府調達などで問題の多い中国に対して，TPP への参加条件として国家資本主義からの転換とルール遵守を迫るというのが，米国の描くシナリオである。

もちろん，中国がハードルの高い TPP に今すぐ参加する可能性は極めて低い。しかし，APEC 加盟国が次々と TPP に参加し，中国の孤立が現実味を帯びてくるようになれば，中国は参加を決断せざるを得ないかもしれない。

TPP への不参加が中国に及ぼす不利益（貿易転換効果）を無視できないからだ。2013 年 9 月に設立された「中国（上海）自由貿易試験区」は，中国が選択肢の一つとして将来の TPP 参加の可能性を強く意識し始めていることの表れだろう。

しかし，その一方で，TPP による中国包囲網の形成に警戒を強めた中国は，TPP への対抗策として，RCEP（東アジア地域包括的経済連携）の実現に動いた。2011 年 11 月の ASEAN 首脳会議で ASEAN が打ち出したのが，RCEP 構想である。中国は，ASEAN を RCEP の議長に据えるなど，「ASEAN 中心性」に柔軟な姿勢をみせた。米国がアジア太平洋地域への関与を強めるなか，米国に対抗するには ASEAN を自陣営につなぎ留めておくことが欠かせないと考えたからだ。アジア太平洋地域における経済連携の動きは，米中による陣取り合戦の様相を呈し始めている。

ASEAN＋6 による RCEP は，2012 年 11 月の東アジアサミットで交渉開始が承認され，2013 年 5 月に交渉開始，2015 年末までの妥結を目指した。しかし，関税撤廃も自由化率の目標設定という入口で躓くなど，交渉はまだまだ紆余曲折がありそうだ。

3-3　FTAAP への道筋をめぐる攻防

APEC は，2010 年の首脳宣言「横浜ビジョン」によって将来的に FTAAP の実現を目指すことで一致しているが，TPP ルートかそれとも RCEP ルートか，

さらに，両ルートが融合する可能性があるのか否か，FTAAPへの具体的な道筋についてはいまだ明らかでない。

このため，昨年11月のAPEC北京会合では，FTAAP実現に向けたAPECの貢献のための「北京ロードマップ」策定が主要課題となった。議長国の中国は，首脳宣言にFTAAP実現の目標時期を2025年と明記し，具体化に向けた作業部会の設置も盛り込むよう主張した。

しかし，FTAAPをTPPの延長線に捉えている日米などがTPP交渉への影響を懸念し強く反対したため，FTAAPの「可能な限り早期」の実現を目指すと明記するにとどまり，具体的な目標時期の設定は見送られた。

他方，作業部会については，TPPやRCEPなど複数の経済連携を踏まえFTAAPへの望ましい道筋についてフィージビリティ・スタディ（実現可能性の研究）を行い，その成果を2016年末までに報告することとなった。ただし，研究報告の後すぐにAPEC加盟国がFTAAP交渉に入るわけではない。研究とその後の交渉は別というのが，日米の立場だ。

習近平は，FTAAP実現に向けた「北京ロードマップ」を「歴史的一歩」と自賛した。しかし，北京ロードマップは米国によって横車を押され，当初中国が意図していたFTAAPのフィージビリティ・スタディの実施と2025年の目標期限は，完全に骨抜きにされた感は否めない。

FTAAPのロードマップ策定についての提案は，中国の焦りの裏返しと見ることもできる。TPP交渉に揺さぶりをかけるのが真の狙いだったようだ。TPP交渉が妥結すれば，FTAAP実現の主導権を米国に握られ，下手をすれば中国は孤立する恐れもある。そこで，TPP参加が難しい中国は，TPP以外の選択肢もあることを示し，ASEANの「TPP離れ」を誘うなど，TPPを牽制した。

FTAAPへの具体的な道筋について，中国としては米国が参加していないRCEPルートをFTAAP実現のベースにしたいのが本音だ。どのルートかでFTAAPのあり方も変わってくる。中国がFTAAP実現を主導するかぎり，国家資本主義と相容れない高いレベルの包括的なメガFTAは望めそうもない。

4. 中国の一帯一路構想と AIIB 設立の含意

4-1 一帯一路構想の曖昧さと危うさ

　APEC 北京会合以降の中国の動きを見ると，中国の対外戦略の主眼は今や「一帯一路構想」にあるといえる。中国が提唱する一帯一路の構想とは，現代版シルクロード構想とも呼ばれ，中国から中央アジアを経由して欧州につながる「シルクロード経済ベルト」と，東南アジアやインド洋，アラビア半島を経由する「21世紀海上シルクロード」の2つで構成され，前者を一帯（one belt），後者を一路（one road）と呼ぶ。

　習近平は，APEC 北京会合で中国が 400 億ドルの「シルクロード基金」をもって中央アジアや東南アジア地域でインフラ建設を推進すると発表した。中国の狙いは，アジアから欧州に至る広大な地域経済の一体化を目指し，シルクロード経済圏を構築することであるが，同時に，生産過剰の状態にある国内産業の新たな市場開拓と対外投資の促進を図りたいとする中国の経済的な思惑もある。

　この一帯一路構想は，中国にとって米主導の TPP に対抗する重要な手段と位置づけられる。21世紀海上シルクロード（一路）は，RCEP をベースにアジア太平洋地域にまで拡がる可能性がある[5]。習近平は 2013 年 6 月の米中首脳会談で，「太平洋は米中を収納するのに十分な大きさだ」と語り，アジア太平洋地域を米中両国で分割統治しようと暗に持ちかけた。しかし，オバマ政権は慎重姿勢を崩さない。アジア太平洋地域の主導権を中国に譲るつもりも，分かち合うつもりもないからだ。

　2015 年 7 月にロシアのウファで開催された第 15 回上海協力機構（SCO）首脳会議は，一帯一路構想を支持することで合意した。しかし，一帯一路構想は，少なくとも現時点では具体的なルールに欠けた「曖昧なビジョン」に過ぎない。TPP のように明確なルールや規定を持った経済連携とは異なる。一帯一

---

[5] 実際，昨年 11 月，習近平は APEC 北京会合で「亜太夢（Asia-Pacific Dream）」を掲げ，各国と協力して「一帯一路」の建設を推進していきたいと呼びかけた。

路が，どのような経済連携を目指しているのか，どういうルールなのか，不確定かつ不透明な点が多い。

このため，一帯一路の建設については前途多難が予想され，懐疑的な見方も少なくない。所詮は同床異夢，この構想がいずれ具体化していけば，中国とロシア，インドとの利害対立が表面化する可能性が高いからだ。

中露の蜜月がいつまでも続くとは考えにくい。旧ソ連の復活を夢見るプーチンのユーラシア経済同盟の創設と，シルクロード経済ベルト（一帯）の構想が重複している。現時点では中露関係を維持するため，曖昧な形のままプロジェクト建設で連携を進めようとしているが，中央アジアの支配をめぐる両国の思惑の違いは，大きな火種である。

インドも同様で，中国によるインド洋の支配を許すつもりは毛頭ない。中国の海洋進出を睨み，海軍力の強化を加速させている。「真珠の首飾り」とも呼ばれる21世紀海上シルクロード（一路）構想の下，港湾などのインフラ整備を通じて，中国が南シナ海やインド洋で影響力を増大させようとしていることに警戒を強めているからだ。

4-2　AIIBの設立──中国の思惑と米国の懸念

「一帯一路」と呼ばれる陸と海のシルクロード構想の資金源として目下最大の注目を集めているのが，AIIB（アジアインフラ投資銀行）である。AIIBは，2015年6月に設立協定を結び，2016年1月に本格的に業務を開始した。資本金は1,000億ドル，中国が最大の出資国となり，本部は北京，初代総裁はAIIB設立の立役者，中国人の金立群である。

AIIBの必要性については，すでにADB（アジア開発銀行）が存在していることを理由に屋上屋だとの批判もあるが，中国は，今後アジアのインフラ需要が高まるなかで世界銀行やADBだけでは対応しきれないと主張している。

しかし，それは建前で，中国がAIIB設立を提唱した背景には，IMF（国際通貨基金）や世銀など既存の国際金融機関が議決権や人事などで米国主導であることや，ADBも米国の同盟国である日本が取り仕切っていることへの不満が

あった。

　AIIB については，「中国による中国のための中国の銀行」だとして先進国には懐疑論も多い 2015 年 3 月末，ルー米財務長官が李克強首相と会談した際，「AIIB は運営で高い基準を維持し，既存の国際金融機関と協力すべき」と注文をつけ，現時点では AIIB に参加しない旨を伝えた。米議会は対中強硬派が多く AIIB への出資を認める可能性が低く，当面参加は難しいだろう。

　米国が AIIB の問題点として批判しているのは，組織の運営に関わるガバナンス（統治）の問題である。世銀や ADB とは異なり，本部に常駐の理事を置くことなく運営するとしている。しかし，常設理事会なしで運営のチェックができるのか。インフラ融資の優先度に関して合理的な判断ができるかは怪しい。既存の国際金融機関との融資条件の緩和競争が懸念され，融資案件が環境や人権への配慮を欠く恐れもあるなど，ガバナンスに関しては多くの問題がある。

　このため，米国は AIIB に参加し内部から影響力を行使することによって，インフラ融資を管理すべきだとの批判は少なくない。ではなぜ，米国は AIIB 参加に拒絶反応しているのか。それは，AIIB が中国の国際金融戦略上，極めて重要な役割を担っており，米国の国益を大きく損ねる恐れがあるからだ。

　中国の国際金融戦略の目標は，人民元の国際化である。AIIB の設立に向けた中国の動きは，人民元の基軸通貨化も視野に入っており，早晩，人民元建ての融資が増える可能性がある。この点こそ，米国が最も警戒しているところなのである。米国の金融覇権は，ドル基軸通貨体制の存続が前提である。したがって，ブレトンウッズ体制と呼ばれる IMF と世銀を中核とした戦後の国際金融システムの終焉の始まりとなるかもしれない AIIB の創設は，米国として受け入れがたいものであった。

　米国は，AIIB を米主導の国際金融システムへの挑戦と受け止め，G 7 のメンバーにも不参加を呼びかけた。日加は米国と共同歩調をとり参加を見合わせたが，英独仏伊の欧州 4 カ国は AIIB に参加，G 7 は仲間割れの形となった。

　欧州 4 カ国は一帯一路構想の下，インフラ開発が進むことで欧州にとって中

国市場が近くなり，そうした経済効果を期待してAIIB参加に踏み切ったのであろう。実利主義の視点から中国カードを切った。中国が一帯一路構想とAIIBによって欧州を取り込み，米国を牽制しようとしていることに，米国は苛立ちを隠さない。

　いずれにせよ，AIIBの設立は，米国が主導してきた戦後のブレトンウッズ体制に風穴をあけた。それは戦後70年を経て，国際金融システムも大きな転機を迎えていることを示唆するものである。

4-3　中国は国際社会の責任あるパートナーとなれるか

　2015年3月，北京で開かれた全国人民代表大会（国会に相当）で，習近平が「新型国際関係」という新たな概念を打ち出した。戦後70年が経ち世界経済秩序に大きな変化が生じているとし，これまでの国際的な枠組みを改善するための改革の必要性を強調した[6]。

　一帯一路構想を掲げる習近平の戦略は，AIIBをテコに周辺外交を強化するのが狙いだと考えられる。中国はこれまで米中関係について「新型大国関係」を提唱してきているが，今回新たに「新型国際関係」という概念を打ち出した背景には，今後，米国に伍していくためにはより多くの国の支持と協力が必要であるとの判断がある。

　要するに，一帯一路構想もAIIBも，中国が増大する経済力を背景に各国との結びつきを強め，多国間の枠組みでアジア太平洋の成長を主導しようとする試みである。この中国の台頭に対して日米欧をはじめとする国際社会は，どう対応すべきか。一帯一路構想もAIIBも，中国が多国間の枠組みで国際公共財を提供することであり，国際的なルールに従った責任ある行動を取るよう促すことで，その影響力を新たな世界経済秩序に取り込むことが望ましいとする見

---

[6]　2016年3月の「ボーア・アジアフォーラム」（スイスのダボス会議のアジア版）での演説でも，習近平は「新型国際関係」にふれ，「中国が経済大国としての責任を果たし，これまでの国際秩序を改善し，協力と互恵にもとづく新たな関係を目指すもの」と言っている。

方がある[7]。

　中国への対応をめぐる論争が再燃している。果たして中国の経済力を積極的に活用することができるのか。また，中国に国際社会の責任あるパートナーとして行動させるにはどうすればよいのか。その答えが，一帯一路構想とAIIBの行方に隠されている。

参　考　文　献

伊藤隆敏（2015）「アジア投資銀の行方・上：拙速な参加見送りは妥当」，日本経済新聞・経済教室（4月30日付）。

河合正弘（2015）「アジア投資銀の行方・下：国際秩序に中国取り込め」，日本経済新聞・経済教室（5月1日付）。

江原規由（2015）「中国のFTA戦略の行方と影響：一帯一路建設構想はメガFTAの孵卵器」石川幸一・馬田啓一・高橋俊樹編著『メガFTA時代の新通商戦略：現状と課題』文眞堂。

江原規由（2015）「中国のFTA戦略の中心：一帯一路（シルクロード）構想」国際貿易投資研究所『季刊国際貿易と投資』No.101。

遊川和郎（2015）「AIIBと中国の対外経済協力」朽木昭文・馬田啓一・石川幸一編著『アジアの開発と地域統合：新しい国際協力を求めて』日本評論社。

馬田啓一（2012）「オバマ政権の対中通商政策」国際貿易投資研究所『季刊国際貿易と投資』No.88。

馬田啓一（2014）「APECの新たな争点：FTAAP構想をめぐる米中の対立」国際貿易投資研究所『フラッシュ』No.215（12月9日）。

馬田啓一（2015）「今春の大筋合意はあるのか，楽観できないTPP交渉の行方」国際貿易投資研究所『フラッシュ』No.224（3月13日）。

7）　河合正弘（2015）。

第 3 章

TPP の ASEAN への影響

石 川 幸 一

1. はじめに

　TPP は 2015 年 10 月 5 日に大筋合意に至り，2016 年 2 月 4 日には署名を行なった。TPP は 2006 年に締結した P 4 (Pacific 4 正式名称は環太平洋戦略的経済連携協定) を拡大発展させた FTA である。P 4 には，シンガポールとブルネイが参加 (他の 2 カ国はチリとニュージーランド) していた。2010 年 3 月の TPP 交渉開始には，ベトナムが参加し (最初はオブザーバー)，その後，マレーシアが交渉に参加していた。ASEAN からの TPP 参加国は，シンガポール，ブルネイ，ベトナム，マレーシアの 4 カ国である。

　TPP 大筋合意後，フィリピンが参加に向けての協議を開始したと報じられ，前政権では TPP 不参加の姿勢だったインドネシアではジョコ大統領が参加の表明を行うなど，ASEAN 加盟国への影響はすでに顕在化している。また，2016 年 2 月 15 日，16 日に開催された米 ASEAN 首脳会議でオバマ大統領は TPP に参加していない 6 カ国に TPP 参加を呼びかけたと報道されている[1]。

---

1) 日本経済新聞 2016 年 2 月 18 日付朝刊。

2. TPP合意の概要

2-1 高い自由化率を実現

　最終的な自由化率は，品目ベースで米国など8カ国が100％，カナダ，メキシコ，ペルーが99％，日本は最も低く95％であった（表3-1）。日本は工業製品の関税撤廃率は100％だが，農林水産品が81％と低かったためである。ASEAN諸国は，シンガポールだけでなく，ベトナム，マレーシア，ブルネイとも最終的な自由化率は100％となっている。

　関税譲許表は統一されたものではなく，国別に作成されることになった。米国は交渉当初から豪州などFTA締結済の国との関税交渉は行わず，未締結国との二国間交渉を行う方針だった。それに対し豪州やシンガポールは全体で関税交渉を行うことを主張したが，米国の方針が貫徹されたことになった。また，情報技術協定（ITA）への参加義務が規定されており，未参加のブルネイ，メキシコ，ペルーはITAに参加せねばならない。輸出税，輸出に関する租税，課徴金が禁止された。これは日本の資源の安定輸入などに寄与する。また，他の締約国向け農産品の農業輸出補助金が禁止され，輸出制限について30日前の通告と協議が規定された。

表3-1　TPPの自由化率（関税撤廃率）

	品目数ベース	貿易額ベース
日本	95％	95％
米国	100％	100％
カナダ	99％	100％
豪州	100％	100％
ニュージーランド	100％	100％
シンガポール	100％	100％
メキシコ	99％	99％
チリ	100％	100％
ペルー	99％	100％
マレーシア	100％	100％
ベトナム	100％	100％
ブルネイ	100％	100％

（出所）内閣官房TPP政府対策本部「TPPにおける関税交渉の結果」。

2-2 新たなルールを含めルールを形成

　TPPが21世紀のFTAといわれる理由は新たなルールの形成である。ルールの分野では，WTOやFTAで対象としていなかった分野の新しいルールや従来のルールに新たな規定を加えるなどルール形成でも成果を上げている。WTOや他のアジアのFTAにない新たなルールは，国有企業の規律である。①国有企業が物品・サービスの購入・販売に当たって商業的考慮に従って行動し，他の締約国に対し自国および他の締約国に対し自国および他の締約国の物品，サービス，企業に与える待遇よりも不利でない待遇を与えること，②自国の国有企業に対する非商業的援助により他の締約国の利益に悪影響を及ぼしてはならないことが規定されている。非商業的援助は贈与や商業ベースよりも有利な条件での貸付などと例示されている。

　WTOに規定がない電子商取引については，①事業実施のための情報（個人情報を含む）の電子的手段による国境を越える移転を許可すること，②コンピューター関連設備の設置を事業遂行の条件としてはならない（データ・センターの国内設置義務の禁止）こと，③大量販売用ソフトウェアの輸入・販売の条件としてソース・コードの移転，アクセスを条件としてはならない（ソース・コードの開示義務の禁止）ことなどが規定された。

　知的財産では，著作権の保護期間が70年となり，故意による商業的規模の著作権または関連する権利を侵害する複製および商標の不正使用を非親告罪とするとして導入された。医薬品の特許・開示されていないデータでは，生物製剤のデータ保護期間について米国が12年，豪州が5年を主張し最後まで対立が続いたが，最終的には8年で決着した。

　労働では，ILOの労働における基本的な原則および権利に関する宣言に述べられている権利（結社の自由，団体交渉権，強制労働の廃止，児童労働の廃止，雇用・職業に関する差別の撤廃など）を採用・維持することと労働条件（最低賃金，労働時間など）を規律する法律の採用・維持が規定されている。労働者の権利と両立しない場合貿易投資に影響を及ぼす態様により自国の法律の免除，逸脱措置を禁止し，輸出加工区も本章の適用対象としている。

TPPの原産地規則は品目別原産地規則であるが，関税番号変更基準が原則として採用されており，付加価値基準と関税番号変更基準の選択制が一部品目に採用されている。付加価値基準のみは一般機械，自動車など一部品目である。自動車は控除方式の付加価値基準または加工工程基準（特定部品7品目）の選択制，自動車部品は関税番号変更基準と付加価値基準の選択制および加工工程基準（特定部品14品目）となっている。縫製品は，①糸の製造，②生地製造，③裁断・縫製の3つの工程をTPP3カ国内で行なわねばならないという「ヤーンフォワード・ルール」を採用している。

累積については，完全累積が採用されている。累積とは他のFTA参加国から輸入された部品の価額を生産国での付加価値に加える制度である。完全累積制度は最も寛大な原産地規則であり，TPP参加国で生産された部品は全て付加価値に加算できる。TPPのルールは後述のようにASEAN諸国に様々な影響を与える。

2-3 バランスの取れた最終合意

TPPの大筋合意は，各国の主張を取り入れたバランスの取れた内容になっている。たとえば，バイオ製剤のデータ保存期間は米国主張の12年と豪州などの主張する5年の間の8年となった。国有企業への政府の支援は規制されるが除外が認められ，衣類の原産地規則のヤーンフォワードについても例外（供給不足の物品一覧表）が認められている。途上国が主張していた公衆衛生に関するドーハ宣言の約束の確認（知的財産），米国が反対していた権利消尽（並行輸入），チリが主張していた遺伝資源の伝統的知識についての協力，チリが主張していた資本規制，マレーシアのブミプトラ政策，米国などが要望していた政府調達における地方政府の例外化，豪州の主張していたISDSの一部例外と濫訴防止規定などである。

こうした結果となったのは，産業界の要求をバックに強硬な主張を行っていた米国が最後に妥協したことによる。米国主導といわれたTPP交渉だが，最終的には開発途上国を含む各国の主張に折り合うことにより合意に至ったこと

表 3-2 TPP 交渉の対立点と大筋合意の結果

分野	関係国と主張	合意内容
日本の聖域 5 品目関税（関税）	日本は聖域 5 品目例外，米国は自動車の関税の長期間撤廃を主張	現行制度維持と自動車米国の超長期関税撤廃（乗用車 25 年とトラック 30 年）
ベトナムの衣類（原産地規則）	米国はヤーンフォワードを主張	ヤーンフォワード採用，供給不足物品は例外
米国の農業輸出補助金（物品の貿易）	豪州が撤廃を主張	TPP 加盟国向けは禁止
資本取引規制（金融サービス）	チリが資本取引規制を要求	送金の自由が原則だが，チリは資本取引規制を認められる
生物製剤のデータ保護（知的財産）	米国は 12 年，豪州などは 5 年主張	8 年で合意
地方政府の政府調達（政府調達）	米国などが例外を主張	米国，ベトナム，マレーシア，NZ，メキシコは地方政府を除外
ISDS（投資）	豪州は ISDS に反対	ISDS は導入，濫訴防止措置，煙草規制は対象外
国有企業の規制	米国の主張に対しマレーシア，ベトナムなどが反対	国有企業優遇を禁止，地方政府の国有企業は除外，その他例外
ブミプトラ政策（政府調達など）	ブミプトラ政策の廃止に国内で反対が強まる	政府調達でマレー人優遇政策を条件付きで認める

（出所）内閣官房 TPP 政府対策本部資料，日本経済新聞などにより作成。

が反映されている。新たなルールを採用したが，例外を認め各国の主張への配慮を行った結果，開発途上国の TPP 参加のハードルは従来考えられていたレベルよりも低くなった。

3. ASEAN にとっての TPP の意義

3-1 米国との FTA

TPP により日本を除く 11 カ国で 100% 近い貿易自由化が行われる。ASEAN はすでに域内貿易を相当程度自由化しており，日本，豪州，ニュージーランドと FTA を締結している。TPP 参加国の中では，米国，カナダ，メキシコ，チリ，ペルーと TPP により FTA を締結することになる。とくに重要なのでは米国である（ただし，シンガポールは米国と FTA を締結している）。米国は ASEAN の第 4 位（ASEAN 域内以外では 3 位）の輸出先（2014 年）であり，ベトナムでは首位に輸出先となっているなど，依然として重要な市場である。

表3-3　ASEAN主要国の輸出における米国のシェア（2014年）

インドネシア　9.4%（4位）	シンガポール　5.6%（5位）
マレーシア　8.4%（5位）	タイ　10.5%（3位）
フィリピン　14.1%（3位）	ベトナム　19.1%（1位）

（出所）ジェトロ〈2015〉『世界貿易投資報告書』。

　TPPはシンガポール以外のASEAN諸国には米国とのFTAの締結を意味する。マレーシアは米国とFTA交渉を行っていたが，米国はマレーシアとのFTA交渉の途中からASEANに対して2国間FTAではなくTPP交渉参加を求める方針に変更した。そのため，米国市場で不利になることを避けるために米国とのFTA締結を望むのであればTPP参加が唯一の道となっている。TPPに参加しないと米国市場へのアクセスでTPP参加国に対し不利となる。ベトナムは中国への経済的な依存を低下させることがTPP参加の目的といわれるが，裏返せば米国との経済関係の拡大であり，とくに縫製品の対米輸出の拡大を狙っている。

　TPP交渉に参加しているASEAN各国は，米国と2国間FTAを締結しているシンガポールを除き懸念事項があった[2]。ベトナムはMFN税率がASEANの中では高くTPPの100%関税撤廃という高い自由化水準を満たせるかに加え，国営企業の規律，労働についての規律などが懸念事項であった。マレーシアはブミプトラ政策との関連で政府調達の開放，国有企業の規律が懸念材料だった。こうした懸念がありながら，TPPに参加し合意に至ったことは米国市場および米国との関係強化を重視していることを意味している。

3-2　経済成長を押上げ

　TPP参加により輸出，外国投資が増加するとともに国内の資源配分が効率化することからTPPは参加国の経済成長を底上げする効果をもつ。ブランダイ

---

[2]　TPPとASEANについては，清水一史（2013）「TPPとASEAN経済統合」，石川幸一・馬田啓一・木村福成・渡邉頼純（2013）『TPPと日本の決断』文眞堂，が様々な視点で検討を行っている。

表3-4 TPPの輸出とGDP押上げ効果 （2025年の効果，2007年が基準）

TPP参加国			TPP不参加国		
	輸出	GDP		輸出	GDP
ブルネイ	2.8%	1.1%	インドネシア	−1.1%	−0.2%
シンガポール	4.2%	2.0%	フィリピン	−1.2%	−0.3%
マレーシア	12.4%	6.1%	タイ	−1.5%	−0.7%
ベトナム	37.3%	13.6%	その他ASEAN	−3.2%	−0.5%

（注）TPPは韓国を入れて13カ国として試算している。
（出所）Peter A. Petri, Michael G. Plummer and Fan Zhai (2012), "The Trans-Pacific Partnership and Asia-Pacific : A Quantitative Assessment", Peterson Institute for International Economics.

ス大学のペトリ教授らの試算では，TPPのGDP押上げ効果は，ベトナムが13.6%と最も大きく，マレーシアが6.1%となる（表3-4参照）。一方，タイなどTPP不参加国はマイナスの影響を受ける。TPP参加国は貿易創出効果により米国などへの輸出が増加するが，不参加国は貿易転換効果の影響を受けるからだ。輸出はベトナムが37.3%増と最も恩恵を受け，マレーシアが12.4%増であるが，不参加国は減少する。世界銀行の推計では，TPPのGDP押し上げ効果が最も大きいのはベトナムで10%，続いてマレーシアで8%となっている[3]。ネガティブな影響はタイが最も大きい。そのため，ASEANからのTPP参加は増えると考えられる。

3-3 その他の意義

TPPはアジア太平洋の経済統合を目指しており，早い段階で交渉に参加することは様々な先行利益が考えられる。その一つは，ルール交渉で自国の国益に沿った主張ができることである。米国のTPP参加の理由の一つであり，日本の参加決断の理由である。米国はTPP（およびTTIP：米国欧州FTA）のルールを世界のルールとする意図を持っており，TPPのルールに自国の主張を盛り込むことは途上国には死活問題と言ってもよいだろう。後述のようにマレーシアはブミプトラ政策が国策であり，維持ができなくなると政治的な不安を招くことは確実だった。また，ベトナムは縫製品の原産地規則の例外を認めさせること

---

[3] World Bank (2015), Potential Macroeconomic Implication of the Tran-Pacific Partnership.

に成功している。

　TPP交渉が開始された2010年は中国が日本を抜いてGDPで世界2位となった年であり，中国は前年の2009年ころから南シナ海での領域問題で強硬な姿勢を見せるようになった。そのため，ベトナム，フィリピンと対立が深まったが，中国は南沙諸島の岩礁の埋め立てと人工島建設を進めている。また，2013年に中国は，「一帯一路」と呼ぶ地域戦略を発表し，中央アジア，南アジア，東南アジア諸国との間でインフラ建設，投資，FTAなどの広範な協力を進めている。中国の膨張が顕著になる中でTPPは中国に対抗する地政学的な重要性が増してきている。ASEANの中国に対する関係と距離感は国により大きく異なるが，ベトナムや参加の意思を表明したフィリピンにとりTPPの安全保障面の重要性が増している。

4．TPPの主要な規定の影響

4-1　原産地規則の影響

　TPPの原産地規則は品目別原産地規則である。関税番号変更基準が原則として採用されており，付加価値基準と関税番号変更基準の選択制が一部品目に採用されている。付加価値基準のみは一般機械，自動車など一部品目である。自動車は控除方式の付加価値基準または加工工程基準（特定部品7品目）の選択制，自動車部品は関税番号変更基準と付加価値基準の選択制および加工工程基準（特定部品14品目）となっている。

　関税番号変更基準は，関税番号（2桁，4桁，6桁など品目で異なる）が変更されれば，原産性を付与するという規定であり，TPP不参加国を含めどこから輸入しても基準を満たせば原産品として認められるため，企業には使い勝手のよいルールである。

　縫製品の原産地規則として「糸の製造，生地の製造，裁断・縫製という3つの工程をTPP参加国で行わなければならない」という原産地規則（ヤーンフォワード・ルールあるいは原糸規則）が採用された。ヤーンフォワードはNAFTAで採用された繊維製品の原産地規則である。たとえば，中国製の糸で製造した生

地で衣類を製造しても TPP の特恵税率の対象にならない。そのため，TPP 交渉中から中国企業，台湾企業，日系企業，ベトナム企業などによる繊維製造への投資が行われている[4]。加工工程基準を採用した自動車でもサプライチェーンの変化が起きる可能性がある。

TPP の原産地規則は完全累積を採用している。FTA の累積規定は付加価値基準を満たしていれば FTA 参加国からの輸入部品に原産性を与える（付加価値を加算できる）が，完全累積では TPP 参加国で生産された部品は付加価値基準を満たしていなくても全て付加価値に加算できる。たとえば，インドネシアから部品を調達してマレーシアで米国に TPP に輸出する場合，マレーシアの付加価値が小さく原産地規則を満たさない可能性がある。その場合 TPP 参加国のベトナムから調達すればベトナムの付加価値が基準以下であってもマレーシアでの付加価値に加算され原産地規則を満たす可能性が高くなるからだ。TPP 参加国からの調達だけでなく TPP 参加国への投資も増えるだろう。

図 3-1　完全累積制度のイメージ

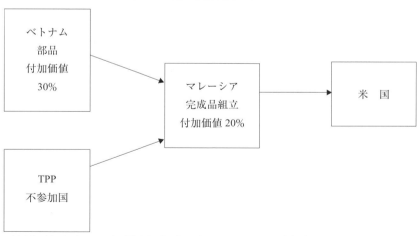

（出所）内閣官房 TPP 政府対策本部「環太平洋パートナーシップ協定（TPP 協定）の概要」により作成。

4）「ベトナム，縫製の好適地」日本経済新聞 2014 年 11 月 22 日付，「ベトナム，対米輸出の拠点に」日本経済新聞 2016 年 1 月 15 日付。

図 3-2　ヤーンフォワードによるサプライチェーンの変化

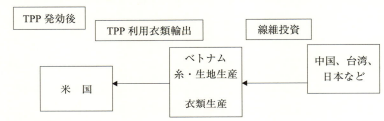

(出所) 筆者作成。

原産地規則が付加価値 45％ の場合，マレーシアの付加価値が 20％ とすると原産地規則を満たせず米国に関税ゼロで輸出できないが，ベトナムから部品を調達すれば，完全累積制度でベトナムの付加価値 30％ が加算され，原産地規則（付加価値 45％）を満たすためマレーシアの原産品として米国にゼロ関税で輸出できる。

4-2　投資自由化とルール

投資は，設立段階および設立後の内国民待遇，投資財産に対する公正衡平待遇，十分な保護および保障，資金移転の自由，投資家対国の紛争解決（ISDS）を含め，FTA の投資章あるいは投資協定の通常の規定を含んでいる。設立段階の内国民待遇は投資自由化のレベルを判断する基準であり，許認可などの段階で国内企業と外国企業を同等に扱うことを意味する。特定措置の履行要求（パフォーマンス要求）の禁止となる措置は，①輸出義務，②ローカルコンテント要求，③輸出入均衡義務，④国内販売制限，⑤技術移転要求，⑥特定技術使用の要求，⑦ライセンス契約における特定の使用料の採用，経営幹部の国籍要求などが明示されており，WTO の貿易関連投資措置協定（TRIMs）に比べ幅の

広い措置があげられている[5]。

　豪州が反対していた投資家と国家の紛争解決（ISDS）は含まれているが，①自国の領域内の活動が環境，健康その他規制上の目的で行われることを確保するために適用と認める措置を採用・維持・実施できる，②仲裁廷は国家の義務違反の有無を判断する前に訴えが仲裁廷の権限の範囲外であるという非申立て国の異議について決定を行うことと申立て期間の制限，など濫訴防止規定が盛り込まれた。タバコの規制はISDSの対象外となった。豪州やマレーシアは国民の健康を守るためのタバコの規制が外国のタバコ会社に訴えられるのではないかと危惧していた。

　投資自由化，投資保護，透明性などの点でTPPはレベルの高い規定であり，外国投資誘致にプラスとなる。また，シンガポールやマレーシアの企業は海外投資を活発化させており，ASEANの企業の海外投資の円滑な推進にも役立つ[6]。

4-3　政府調達の開放

　政府調達については，内国民待遇，無差別待遇，公開入札，オフセットの禁止などFTAで通常導入されている規定が含まれている。対象政府機関については，米国，ニュージーランド，ベトナム，マレーシア，メキシコは地方政府が対象外となっている。なお，適用範囲の拡大のための交渉を3年以内に行うことになっている。政府調達はWTOの内国民待遇の例外であり，政府調達の開放はWTOでは一括受諾の対象外の政府調達協定参加国のみが実施してきた。日本，米国，カナダ，シンガポール，ニュージーランド以外の7カ国はWTOの政府調達規定（GPA）に参加しておらず，TPPにより政府調達を開放（TPP参加国企業に）することになる。

　ASEANでは，マレーシア，ベトナム，ブルネイがほぼ全ての中央政府機関

---

[5]　TRIMs協定では，①ローカルコンテント要求，②輸出入均衡要求，③外国為替制限による輸入制限，④輸出制限，が禁止されている。
[6]　マレーシアの対外投資額は2007年以降，対内投資額を上回っている。

を政府調達の対象とした。マレーシアでは，貿易開発公社，保健省傘下の公立病院，教育省傘下の公立学校も対象である。一方，王宮，村落開発計画（人口1万人以下），貧困削減計画などは7分野の調達は対象外である。注目されていたブミプトラ政策（マレー人優遇政策，政府調達でマレー人の企業を優遇する）はかなり維持されている。まず，政府調達章の規定以外の政府調達でのブミプトラ政策の実施，適格企業にブミプトラステータスを与えることが認められている。また，閾値を超える建設サービスの総額の30％までブミプトラ企業から調達できる。さらに，ブミプトラ企業に対して1.25％から10％までの価格面の優遇（price preference）を与えることが認められている。また，国有企業は調達の40％までブミプトラ企業，中小企業，サバ州・サラワク州からの優先調達ができる[7]。

政府調達は2015年末創設のASEAN経済共同体では自由化の対象外である。しかし，TPPで政府調達市場が開放されることになり，ASEAN加盟国に開放していない政府調達をASEAN域外のTPP参加国に開放するという「ねじれ現象」が生じることになった。今後，ASEANでの政府調達の開放が課題となるだろう。

表3-5　ブルネイ，マレーシア，ベトナムの政府調達の基準額

（単位：万SDR）

	中央政府機関		その他機関	
	物品・サービス	建設	物品・サービス	建設
ブルネイ	13*	500	13*	500
マレーシア	13*	1400*	15	1400*
ベトナム	13*	850*	200*	1500*

（注）＊は経過期間が終了した後の最終的な基準額。発効当初の基準額は，マレーシアの中央政府の物品は150万SDR，サービスは200万SDR，建設の場合6300万SDRと基準額は高く設定され，物品は7年，サービスは9年，建設は20年で上記金額に引き下げられる。シンガポールはWTOの政府調達協定の基準額と同じである。
（出所）内閣官房TPP政府対策本部（2015）「環太平洋パートナーシップ協定（TPP協定）の全章概要」。

---

7)　ジェトロ通商弘報2016年2月1日付「一部自由化も国営企業への優遇は残る―マレーシアとTPP（6）」。

4-4 国有企業の規律

　国有企業に関する規定はWTOやアジアのFTAにない全く新しい規定である[8]。国有企業の規律は米国の産業界が国有企業と民間企業の対等な競争条件（level playing field）を求めて強く要求してきたものである。国有企業の比重がGDPで3割を超えるなど国有企業への経済の依存が大きいベトナムやマレーシアが反対していたといわれるが，最終的には導入されている。

　国有企業の定義は，①締約国が50%を超える株式所有，②締約国が持分を通じて50%を超える議決権行使，③締約国が取締役会の過半数を任命する権限である。中央銀行，金融規制機関，ソブリン・ウェルス・ファンド（SWF），独立年金基金，政府の提供するサービスは，適用範囲外となっている。地方政府の所有する国有企業は例外とされているが，5年以内に追加交渉をする。また，国家・世界の緊急事態の措置となる国有企業，輸出入・海外民間投資を支援する国有企業の金融サービス，年間利益が2億SDR（約350億円）未満の国有企業は例外となっている。各国は付属書で独自に例外となる国有企業を指定できる。たとえば，マレーシアは投資会社であるPermodalan Nasional Berhad，イスラム教徒の資金を運用するLembaga Tabunngan Haji（巡礼基金）を例外としている。

　自国の国有企業への優遇の規制が最も重要な規定であり，次の2つの条項が規定されている。①締約国は国有企業，指定独占企業が物品・サービスの購入・販売に当たって商業的考慮（commercial consideration）に従って行動することを確保し，他の締約国に対し自国および他の締約国に対し自国および他の締約国の物品，サービス，企業に与える待遇よりも不利でない待遇を与えること（内国民待遇と最恵国待遇）を確保する。②自国の国有企業（の物品の生産・販売，他の締約国へのサービス提供，投資資産を通じての他の締約国へのサービス提供の場合）に対する非商業的援助により他の締約国の利益に悪影響を及ぼしてはならない。非商業的援助は贈与や商業ベースよりも有利な条件での貸付などと例示

---

[8]　指定独占については，たとえばP4に規定がある。

されている。

　例外が盛り込まれたものの，国有企業の経済におけるシェアが大きなマレーシアとベトナムでは，国有企業改革は避けられない。非効率的な国有企業の改革はこれら両国の持続的な経済成長のための課題であり，TPP参加は「中所得の罠」に陥らないための有効な施策となるだろう。国有企業の規制は，中国を想定したルールと言われており，中国が将来TPP参加交渉を行う場合に重要な交渉事項になるだろう[9]。

4-5 労　働

　労働と環境はアジア諸国間のFTAでは含まれていないが，米国のFTA政策で重視されている分野である。P4でもニュージーランドの主張により労働と環境は入れられており，TPPでも労働章と環境章が設けられた。TPPの労働章では，ILOの労働における基本的な原則および権利に関する宣言に述べられている権利（結社の自由，団体交渉権，強制労働の廃止，児童労働の廃止，雇用・職業に関する差別の撤廃など）を採用・維持することと労働条件（最低賃金，労働時間など）を規律する法律の採用・維持が規定されている。また，労働者の権利と両立しない場合貿易投資に影響を及ぼす態様により自国の法律の免除，逸脱措置を禁止し，輸出加工区も適用対象としている。さらに，強制労働（児童労働を含む）により生産された物品を輸入しないように奨励するなど労働者の権利の保護を重視する規定が盛り込まれている。劣悪な労働条件が問題となることがある輸出加工区を特記していることも注目される。労働章における規定は紛争解決章の対象となる。

　マレーシアでは，労働組合を結成する自由と強制労働の禁止に関連した法の改正が必要となるなど開発途上国ではTPPの規定に合わせた労働法制の整備と執行が課題となる[10]。

　9）　オバマ大統領の声明では，国有企業の規制と明示していないが，「中国のような国にグローバル経済のルールを書かせることはできない」と述べている。
　10）　ジェトロ通商弘報2016年2月2日付「労働者の権利強化で労働コストは増加へ―

5. 日本企業のビジネス機会の拡大

　TPP によりマレーシア，ベトナム，ブルネイは 100％ の関税撤廃を行い，サービス貿易の自由化を進め，政府調達を開放するなど従来に比べ大幅な自由化を進める。また，ISDS など投資保護や貿易の円滑化など事業環境の改善を約束した。日本と ASEAN 諸国は EPA を締結していたが，TPP は EPA の自由化を拡大しており，日本企業のビジネス機会を拡大することが確実である。

　物品の貿易では，日越 EPA で再協議となっていたベトナムの 3,000 cc 超の乗用車の高率関税（関税率 77％，80％）が 10 年で撤廃，3,000 cc 以下の乗用車（77-83％）が 13 年目撤廃，除外となっていたバス（空港バス以外，83％）が 13 年目撤廃など除外品目が自由化されることになった。また，着色料，ベアリング，綿糸・綿織物，化合繊，衣類，鉄線など段階的撤廃となっている工業製品が即時撤廃となっており，二輪車，タイヤ，駆動軸など自動車部品は撤廃までの期間が短縮された。米，牛肉，果物，醤油，日本酒などの関税も段階的に撤廃され，日本食が人気なこれらの国への輸出の追い風になる。マレーシア，ベトナムなどから米国，カナダなど TPP 参加国市場へのアクセスも改善され，ASEAN からの輸出が期待できる。TPP 参加国への輸出，TPP 参加国からの調達などサプライチェーン構築の選択肢が広がり，サプライチェーンの変化が起きる可能性がある。

　サービス貿易でも自由化の範囲が拡大した。ベトナムでは，日本の小売業の進出の障害となっていた経済需要テスト（出店審査制度）が発効後 5 年の猶予期間を経て撤廃されるほか，広告業，不動産賃貸・転貸，研究・開発，清掃など実務サービスが自由化された。通関サービス，貨物運送仲介，倉庫など輸送補助サービスなどで外資規制が撤廃されている。需要拡大が期待される娯楽サービスや音響映像サービスでも規制が緩和されている。マレーシアでは，コンビニへの外資出資が禁止されていたが 30％ まで出資できるように緩和され

　マレーシアと TPP (7)」。

た。外国銀行の支店数の上限拡大（8→16），②外国銀行の店舗以外の新規 ATM 設置制限の原則撤廃など金融自由化も行われた。

投資では，投資家対国家の紛争解決（ISDS）が規定され，マレーシアの内国民待遇違反，特定措置履行要求違反など EPA で対象となっていなかった分野が対象となった。また，日本政府が力を入れているインフラ輸出契約も対象になったことも日本企業の投資保護の拡充となる。前述のようにベトナムやマレーシアの政府調達に参加することが可能になったこともインフラ輸出などにつながる。ビジネス関係者の一時的入国と滞在でも期間の長期化などが認められた。今後，タイなど他の ASEAN 各国が TPP に参加すれば日本企業のビジネス機会はさらに拡大することになる。

6. おわりに

ASEAN のうち 4 カ国は TPP と RCEP の双方の交渉に参加している。ASEAN は広域の FTA に埋没してしまう危険を認識しており，TPP 交渉の進展を受けて RCEP を提案している。清水（2013）は，ASEAN の経済統合（AEC）を他国に先駆けて進めることにより東アジアの経済統合でのイニシアチブを確保を目指すとして TPP が AEC 形成を加速すると指摘している[11]。TPP が AEC の統合のレベルに影響を与えることも考えられる。AEC では政府調達の開放は全く対象となっていないが，TPP では政府調達開放は重要な交渉分野である。マレー人優遇政策の維持は認められたが，マレーシアは政府調達の開放を余儀なくされた。ベトナムやマレーシアなど 4 カ国は域外の TPP 交渉参加国には政府調達を開放しているが，TPP に参加していない ASEAN 諸国には開放していないという捻れた状況が生じてしまうため，ASEAN での政府調達開放を促す可能性が大きい。

TPP により ASEAN が 2 分されるという見方があるが，前述のとおり TPP 参加国は多くの点で有利である一方，不参加国は不利が明らかであり，ASEAN

---

11) 清水前掲論文 54–57 ページ。

加盟国のTPPへの参加は増加すると考えられる。

　TPP参加にはいくつか課題がある。インドネシアは国内産業界に貿易自由化に反対の声があるし，問題はタイが米国務省の人身売買報告書で最低ランクに位置されており，米国の大統領貿易促進権限（TPA）法では最低ランクの国とのFTA交渉が禁止されているからだ。しかし，マレーシアは15年版報告書で最低ランクから1段階引き上げられており，TPP交渉に配慮したものと報じられている。ASEANのTPP参加は米国のアジア政策において戦略的な重要性があるため，米国は柔軟な対応を取る可能性は大きい。

　2016年中にRCEPは合意が予定されている。FTAAP交渉に向けてASEANは中心性（Centrality）を維持できるか（主導権をとれるか），米中の対立と協調の狭間での対応を注視する必要がある。

第4章

日本のTPP貿易とRCEP貿易
―― TPPによる対米輸出への影響 ――

大　木　博　巳

1. はじめに

日本のTPP参加国，RCEP参加国との貿易は，輸出では対TPP輸出額が2,136億ドル，対RCEP輸出額が3,075億ドルとRCEPがTPPを大きく上回っている。輸入ではさらに格差は広がり，対TPP輸入額が2,044億ドルに対してRCEPが3,883億ドルである。日本は，TPP参加国のうち7カ国とFTAを締結している。これらの国との間では既に二国間FTAによって関税の撤廃が進められている。TPPは，実質的には米国とのFTAである。同様に，RCEPは中国とのFTAである。

日本の対米輸出は，米国の対日輸入でみて2000年代に大きく後退した。同じく中国の対日輸入で見ると，日本の対中輸出はリーマンショック後に凋落している。日本は，かつて1990年代には米国や中国の輸入で第1位のポジションを維持していたが，今やその面影もない。

TPPやRCEPは日本の対米輸出や対中輸出を促進するものとなろうが，これらのメガFTAによって，日本の対米輸出，対中輸出がかつてのような輝きを回復するのは難しい。日本企業が東アジアに生産ネットワークを構築している現在，メガFTAによる輸出拡大期待は，日本からの直接輸出だけではない。TPP

参加国の比較優位性を利用して，TPP参加国から対米輸出拡大の可能性も指摘できる。TPPの有利性（完全累積制度）を活用してTPP参加国からの対米輸出の拡大も期待できる。TPPを契機として在東アジアの製造拠点の役割の見直しが，日本の貿易に影響を与えることになろう。

日本経済にとってTPPやRCEPで期待されている経済的効果としては，第1は貿易の拡大，特に日本からの輸出拡大，第2は対内・外直接投資活性化，第3は国内産業の競争力強化，第4は消費者の厚生拡大（流通構造の改善によりFTAのメリットが消費者に行き渡る）等が指摘できるが。本章では，日本の対TPP貿易，対RCEP貿易の現状を踏まえて，TPPによる対米輸出への影響を中心に論じる。

2. TPPとRCEP

アジア太平洋地域では，複数の国がFTAを締結する広域自由貿易圏の構築で2つのメガFTAが競い合っている。TPP（Trans-Pacific Partnership：環太平洋パートナーシップ協定）とRCEP（東アジア地域包括的連携）である。TPPには日米など12カ国が参加し，RCEPは日中韓インドなど16カ国が参加している。そのうち，TPPは2015年10月に大筋合意にこぎつけ，2016年2月に署名，批准を待つのみとなっている。RCEPは，2015年11月にASEAN首脳会議で，2016年内の交渉妥結を期待する共同声明が発出されている。

TPPやRCEPは，従来，日本が締結した自由貿易協定と大きく異なっている。第1に，日本がこれまで締結したFTAは2国間（バイラテラル）が中心であったが，TPPは多国間の協定である。第2は，TPPは，日本がこれまでに結んだFTA，経済連携協定（EPA）のどれよりも関税撤廃の水準が高い。日本は，貿易品目のうち約95％の関税を撤廃する。第3に，これまでのFTA相手国は日本より経済規模の小さい国であったが，TPPは日本より経済規模の大きな米国を含んでいる。RCEPでは中国である。第4は，サプライチェーンの深化・拡大が期待されている。日本は，TPPやRCEPの参加国とEPAを締結しているが，それぞれ違ったルールが定められており，企業活動の妨げとなっている

表 4-1　TPP と RCEP の概要

	TPP（環太平洋パートナーシップ協定）	RCEP（東アジア地域包括的経済連携）
交渉	◆2010 年 3 月交渉開始 ◆2011 年 11 月「大まかな輪郭」を発表 ◆2015 年 10 月合意 ◆2016 年 2 月 TPP 協定署名	◆2012 年 11 月交渉開始
参加国	（12 カ国） 日本，米国，マレーシア，シンガポール，ベトナム，ブルネイ，カナダ，メキシコ，オーストラリア，ニュージーランド，チリ，ペルー	（16 カ国） ASEAN10＋6（日本，中国，韓国，オーストラリア，ニュージーランド，インド）
基本的考え方	◆高い水準の自由化が目標 アジア太平洋自由貿易圏（FTAAP）に向けた道筋の中で実際に交渉中のものであり，アジア太平洋地域における高い水準の自由化が目標。 ◆非関税分野や新しい分野を含む包括的な協定 FTA の基本的な構成要素である物品市場アクセス（物品の関税の撤廃・削減）やサービス貿易のみではなく，非関税分野（投資，競争，知的財産，政府調達等）のルール作りのほか，新しい分野（環境，労働，「分野横断的事項」等）を含む包括的協定。	◆交渉分野 物品貿易，サービス貿易，投資の自由化，知的財産，競争・国有企業，紛争解決 ◆自由化の水準 既存の ASEAN＋1FTA よりも相当程度改善した，高いレベルの関税自由化

（出所）新聞報道等。

（例えば，原産地規則等）。TPP や RCEP では，簡素で企業にとって使いやすいルールに統一されることで，国境を越えたサプライチェーンを促進する。

　TPP と RCEP の違いは何か。第 1 は，交渉分野の範囲に違いがある。TPP には政府調達や環境，労働が含まれているが，RCEP にはそれがない。第 2 に，日本にとって，TPP は米国，RCEP は中国との FTA であることである。

　日本は，TPP 参加国のうち既に 7 カ国（シンガポール，ブルネイ，チリ，ベトナム，ペルー，マレーシア，豪州）と FTA を締結している。これらの国との間では既に二国間 FTA によって関税の撤廃が進められている。日本にとって TPP は，実質的には米国との FTA である。

　一方，RCEP 交渉参加国は ASEAN＋6（日本，中国，韓国，豪州，ニュージーランド，インド）である。このうち，日本は中国，韓国，ニュージーランドとは FTA を締結していない。この 3 カ国の内，日本企業にとって，喫緊の課題は

表 4-2　TPP の主な合意事項と RCEP の意義

TPP（環太平洋パートナーシップ協定）	RCEP（東アジア地域包括的経済連携）
◆農産品の重要 5 品目を中心に関税撤廃の例外を数多く確保しつつ、全体では高いレベルの自由化。 ◆自動車や自動車部品、家電、産業用機械、化学をはじめ、我が国の輸出を支える工業製品について、11 カ国全体で 99.9% の品目の関税撤廃を実現。 ◆サービス・投資等の分野で、中小企業も含めた我が国企業の海外展開を促進するルール、約束を数多く実現。 〈投資〉 ・投資先の国が、投資企業に対し技術移転等を要求することを禁止 〈貿易円滑化〉 ・急送貨物の迅速な税関手続を確保するため、「6 時間以内の引取」を明記 ・関税分類等に関する事前教示制度を義務付け 〈ビジネス関係者の一時的入国〉 ・多くの国で、滞在可能期間の長期化、家族の帯同許可等を実現 〈電子商取引〉 ・デジタル・コンテンツへの関税賦課禁止 ・ソースコード（ソフトウエアの設計図）の移転、アクセス要求の禁止 〈知的財産〉 ・模倣・偽造品等に対する厳格な規律 ・地理的表示の保護を規定 ◆原産地規則の完全累積制度の実現により、中間財等を生産する中堅・中小企業も、我が国に居ながらにしての海外展開が可能。	RCEP 16 カ国は世界人口の約半分、世界 GDP の約 3 割を占める。アジア大洋州地域の取り込みは日本経済の成長持続のために不可欠。 ◆日本企業はアジア大洋州地域で幅広く生産活動を展開している。RCEP ができれば最適な生産分業が可能になる。 ・中国、インド向け輸出がより容易になる。 ・複数の RCEP 締結国内で原産性を満たせばよくなる。 ・使いやすい原産地規則が導入できる。 （現状は FTA によって原産地のルールが異なり、企業にとって、原産地管理の負担が大きい） ・サービス業の規制緩和により RCEP 締結国に進出しやすくなる。 ・投資規律が確保される。

（出所）内閣官房資料等より、著者作成。

中国市場開拓である。中国は、日本企業の間では、FTA の締結を望む最優先国である。日本の対中輸出は、自動車（完成車、25%）や日本酒（40%）など高関税が課されている品目が多くあり、関税引き下げによる輸出拡大に期待している。また、非関税障壁の面では、法制度の整備や法規制の緩和に対する期待が高い。中国では地域や担当者によって法制度の運用・解釈が異なることが少

なくないため，法解釈の透明性を確保し，全国で統一した運用を望む声が多い。自動車業，情報通信業では，出資比率に制限が課されており，原則として外資がマジョリティーを取ることができないため，経営の自由度向上，技術流出防止の観点から規制緩和を望む声が多い。知的財産権の問題についても，商品の冒認登録や模倣品が横行していることから，対策強化を望む声が多く聞かれる等など中国ビジネスには多くの問題がある。

3. 日本の貿易構造変化，TPP 貿易から RCEP 貿易へ

3-1 日本の TPP 貿易，RCEP 貿易の特徴

日本の TPP，RCEP 貿易の特徴を整理したのが表 4-3, 表 4-4 の日本の国地域別財別貿易である。

日本の TPP 貿易は，2014 年の輸出金額 2,135 億ドル，このうち対米輸出が 6 割を占めている。米国の次に輸出額が大きい国はシンガポール，豪州，マレーシアと続いている。TPP 向け財別輸出では中間財が 1,069 億ドル，最終財が 999 億ドルとほぼ半々となっている。中間財に占める米国のシェアは 55%，最終財では 67% と米国に大きく依存している。最終財の輸出市場として米国に次いで大きな市場は，豪州，シンガポール，カナダ，メキシコの順である。

他方，日本の RCEP 貿易は，輸出では中国と ASEAN が 2 本柱となっている。RCEP の輸出に占めるシェアで中国が 41%，ASEAN が 34% である。日本の対 ASEAN 輸出ではタイ，シンガポール，インドネシア，マレーシアの順で規模が大きい。日本の RCEP 輸出に占める韓国のシェアは 17%，中国の 41% を足すと，日本の RCEP 輸出の 6 割弱を中韓が占めている。

日本の RCEP 輸出の財別特徴は，中間財の輸出が 2,016 億ドル，RCEP 輸出の 66% を占めている。日本の対中国輸出，対 ASEAN 輸出ともに中間財が 66% を占めている。中間財輸出では，加工品（鉄鋼，化学品など）が 57% を占めている。

2001 年から 2014 年間の輸出の平均成長率は，対 RCEP 輸出が 7.4%，対 TPP 輸出が 1.8% と，RCEP は拡大，TPP は横這いと停滞している。

表 4-3 日本の対 RCEP・TPP 貿易 (2014 年・輸出)

	金額 (10 億ドル) 2014								平均伸び率 (%) 2001-2014						
	総額	素材	中間財	加工品	部品	最終財	資本財	消費財	総額	素材	中間財	加工品	部品	最終財	資本財	消費財
RCEP	307.5	6.5	201.6	114.0	87.6	89.7	65.0	26.4	7.4	14.4	7.4	8.9	5.7	7.4	7.3	8.5
中国	126.5	3.6	82.1	42.1	40.0	37.1	27.8	10.3	11.4	14.2	10.9	9.9	12.1	12.6	11.3	19.4
韓国	51.6	1.9	37.0	27.3	9.7	10.8	8.8	2.1	5.6	15.6	5.9	8.2	1.8	3.9	3.8	4.7
インド	8.1	0.0	5.8	3.5	2.3	2.0	1.9	0.2	11.7	4.4	11.5	11.9	11.0	12.6	12.8	14.1
ASEAN 10	104.7	0.9	71.0	37.4	33.6	29.4	23.3	6.4	5.2	13.7	5.2	8.3	2.8	5.6	5.7	5.5
インドネシア	14.8	0.1	10.4	5.3	5.1	4.3	3.6	0.7	6.6	6.6	6.1	7.7	4.7	8.8	8.3	11.5
フィリピン	9.9	0.0	6.4	2.8	3.6	3.3	2.5	0.8	1.5	▲0.7	0.6	4.1	▲1.3	4.8	4.8	4.9
タイ	31.4	0.2	23.3	11.8	11.4	7.2	6.2	1.0	7.8	10.6	8.2	9.8	6.7	6.7	7.0	5.5
マレーシア	14.2	0.1	9.8	5.0	4.8	3.7	2.4	1.3	2.0	9.7	1.7	4.4	▲0.4	2.3	1.1	5.7
ベトナム	11.8	0.4	7.8	4.7	3.2	3.4	2.7	0.7	15.7	22.9	15.6	15.5	15.7	15.7	16.3	13.7
シンガポール	21.0	0.1	13.0	7.6	5.3	6.1	5.2	1.3	2.8	22.2	3.3	8.9	▲0.9	1.9	3.1	▲0.1
ブルネイ	0.1	-	0.0	0.0	0.0	0.0	0.0	0.1	5.2	NA	6.0	5.9	6.3	4.7	9.2	3.7
オーストラリア	14.2	0.1	5.3	3.4	1.9	8.8	2.7	6.2	4.9	18.2	5.9	9.0	2.2	4.4	2.8	5.4
ニュージーランド	2.4	0.0	0.5	0.3	0.2	1.7	0.5	1.2	5.5	▲1.9	5.7	6.2	4.9	5.1	5.0	5.2
TPP	213.6	1.0	106.9	42.5	64.4	99.9	45.4	56.0	1.8	14.5	2.8	5.2	1.6	1.1	1.7	0.8
米国	128.8	0.3	58.9	17.8	41.0	67.0	27.5	40.4	0.9	9.6	1.5	2.5	1.1	▲0.1	0.3	▲0.1
カナダ	8.0	0.0	3.9	0.7	3.1	3.9	1.2	2.8	1.5	10.4	3.7	1.4	4.3	▲0.2	0.8	▲0.4
メキシコ	10.6	0.0	6.6	2.3	4.3	3.9	2.6	1.3	7.6	7.2	6.1	7.2	5.6	11.6	10.7	13.9
チリ	1.7	0.0	0.8	0.4	0.4	0.9	0.3	0.6	10.5	15.6	12.6	17.8	8.9	9.1	6.4	10.6
ペルー	0.8	0.0	0.3	0.1	0.1	0.5	0.2	0.2	8.0	29.3	7.8	8.4	7.3	8.0	8.1	7.9
台湾	40.0	0.6	27.1	16.9	10.2	10.5	7.3	3.3	3.9	10.9	5.0	6.1	3.4	1.6	0.1	6.7
EU 28	71.8	0.2	35.9	13.1	22.8	33.6	19.9	14.7	0.6	4.5	1.7	2.3	1.3	▲0.3	▲0.1	▲0.2
ドイツ	19.1	0.1	9.4	3.0	6.4	8.4	5.0	3.4	1.6	10.2	2.2	3.0	1.8	0.6	1.8	▲0.8
ロシア	9.3	0.0	2.5	0.7	1.8	6.7	1.4	5.3	21.8	1.5	22.2	17.3	25.0	21.8	14.0	26.1
中南米	23.1	0.0	8.5	4.2	4.3	14.2	11.0	3.2	4.1	6.5	5.7	6.4	5.1	3.1	3.7	1.3
ブラジル	4.7	0.0	3.1	1.1	2.0	1.5	1.0	0.5	5.1	4.2	6.0	8.1	5.1	3.7	2.6	6.5
サブサハラ	8.0	0.0	2.7	1.3	1.3	5.2	3.5	1.7	7.1	6.5	4.9	8.0	2.8	8.4	7.8	9.6
世界計	690.8	8.1	384.7	194.6	194.0	275.0	158.5	121.1	4.2	9.2	5.0	6.8	3.7	3.2	3.6	3.1

(出所) 日本貿易統計より作成。

 一方,輸入は,2014年で,日本の対TPP輸入は,規模順にみると,米国,オーストラリア,マレーシア,ベトナムである。RCEPは中国,オーストラリア,韓国,マレーシア,インドネシアである。いずれも,資源国であるオーストラリア,マレーシアからの輸入額が上位に来ている。

 財別輸入では,TPPが,素材538億ドル,中間財934億ドル,最終財545億ドルと中間財が大きい。RCEPは同じく460億ドル,1,810億ドル,1,606億ドルとなっており,同じく中間財の輸入が最も大きい。対RCEP輸入が対TPP輸入を中間財,最終財とも圧倒している。2001年から2014年間の輸入の平均成長率を見ると,対RCEP輸入が5.3%,対TPP輸入がマイナス7.7%と,RCEPは拡大,TPPは縮小している。

 なお,2014年に対中輸出が対米輸出とほぼ規模に並んだ。2001年から2014

表 4-4　日本の対 RCEP・TPP 貿易（2014 年・輸入）

	金額（10億ドル） 2014								平均伸び率（％） 2001-2014						
	総額	素材	中間財	加工品	部品	最終財	資本財	消費財	総額	素材	中間財	加工品	部品	最終財	資本財	消費財
RCEP	388.3	46.0	181.0	124.1	57.0	160.6	66.7	95.7	7.7	7.7	8.9	9.4	8.1	6.7	10.5	5.0
中国	181.0	2.4	68.3	35.2	33.1	112.9	51.3	62.6	9.2	▲1.8	12.6	11.9	13.4	8.4	16.6	5.1
韓国	33.4	0.7	24.1	17.3	6.8	7.6	4.3	3.4	5.2	9.5	6.5	7.9	3.8	1.7	4.5	▲0.5
インド	7.0	0.5	5.1	4.8	0.4	1.3	0.2	1.2	9.2	0.6	13.7	13.7	14.2	4.4	17.2	3.7
ASEAN 10	115.9	15.5	63.6	46.9	16.6	34.6	10.8	24.5	6.0	7.9	6.5	7.6	4.1	4.6	1.7	6.5
インドネシア	25.7	9.3	12.4	10.7	1.8	3.9	1.1	2.9	4.3	8.2	2.8	2.3	6.3	2.6	4.4	2.2
フィリピン	10.2	0.9	5.7	2.3	3.4	3.4	1.7	1.7	3.6	9.1	3.8	11.7	1.0	0.9	0.9	4.4
タイ	21.8	1.2	9.7	5.5	4.2	10.8	3.7	7.4	5.9	7.8	7.8	8.4	7.2	5.0	5.6	5.1
マレーシア	29.2	1.1	22.6	20.1	2.5	4.6	2.1	2.7	6.5	4.3	8.9	11.2	0.3	0.3	▲2.4	3.8
ベトナム	15.4	2.5	5.6	2.3	3.3	7.3	0.7	6.6	14.7	12.1	21.3	22.3	20.6	12.6	15.3	12.3
シンガポール	7.9	0.2	3.6	2.1	1.5	3.1	1.5	1.6	3.0	6.2	4.6	6.3	▲1.0	2.4	▲1.3	9.0
ブルネイ	4.0	0.2	3.8	3.8	0.0	0.0	-	-	6.9	▲1.9	7.8	7.8	7.2	2.1	NA	2.1
オーストラリア	48.2	26.6	18.6	18.5	0.1	3.0	0.2	2.8	9.7	9.1	11.8	12.0	▲3.1	2.1	2.0	2.1
ニュージーランド	2.8	0.2	1.3	1.3	0.0	1.2	0.0	1.2	3.3	▲2.1	1.9	1.9	1.8	4.2	4.4	4.2
TPP	204.4	53.8	93.4	71.3	22.1	54.5	18.4	36.4	4.5	7.8	4.9	7.1	0.5	0.2	0.2	3.2
米国	71.4	9.9	32.1	18.5	13.7	28.6	12.6	16.1	0.9	3.1	1.0	3.0	▲1.0	0.5	0.3	0.8
カナダ	11.3	5.5	3.2	2.7	0.5	2.6	0.3	2.2	2.9	7.0	▲0.3	▲0.4	0.4	1.5	▲1.3	2.1
メキシコ	4.3	0.8	1.3	0.7	0.6	2.2	0.9	1.2	6.0	5.4	7.9	8.9	7.0	5.5	4.6	4.6
チリ	8.2	5.7	0.7	0.7	0.0	1.8	0.0	1.8	9.4	12.6	3.6	3.6	9.6	9.6	6.5	9.5
ペルー	1.8	1.1	0.6	0.6	0.0	0.1	0.0	0.1	11.6	16.3	6.7	6.8	▲11.9	11.9	11.0	11.9
台湾	24.3	0.6	17.5	5.7	11.8	5.0	2.3	2.9	4.2	8.8	6.8	7.4	6.5	▲1.3	▲3.4	1.4
EU 28	77.4	1.1	30.3	20.1	10.3	45.8	11.3	34.6	4.2	2.9	4.1	3.6	5.4	4.4	3.3	4.9
ドイツ	24.1	0.1	10.2	6.0	4.2	13.8	4.4	9.5	5.3	1.2	5.4	4.9	6.2	5.4	5.1	5.6
ロシア	24.8	12.3	11.2	11.2	0.0	0.0	0.0	0.0	15.4	23.0	14.4	14.4	8.8	0.8	▲4.0	0.8
中南米	26.0	15.9	4.6	4.3	0.4	5.5	0.3	5.2	9.8	10.4	4.9	5.2	0.6	8.0	14.6	7.8
ブラジル	9.7	6.3	1.8	1.7	0.1	1.6	0.2	1.4	10.9	13.1	6.0	6.0	4.1	10.9	16.8	10.4
サブサハラ	14.3	4.5	8.8	8.8	0.0	1.0	0.0	1.0	10.9	10.4	12.6	12.7	▲4.5	4.1	8.9	4.0
世界計	813.0	207.8	339.8	244.0	95.8	261.4	95.7	167.9	6.7	8.9	7.3	8.2	5.4	5.0	6.3	4.4

（出所）日本貿易統計より作成。

年間の対米輸出の平均成長率は 0.4%, 対中輸出は 10.6%, この成長率格差によって生じたものである。輸入も同様に, 対米輸入の成長率が 0.9%, 対米輸入が 9.2% と成長率に大きな格差が出た。2001 年から 2014 年の間で日本の対中輸入は, 対米輸入の 2.5 倍増に膨れている。

3-2　日本の RCEP 貿易は TPP 貿易を大きく上回る

日本の輸出に占める対 TPP 貿易と対 RCEP 貿易の割合は, TPP が 30.9%, RCEP が 44.5%, 輸入では TPP が 25.1%, RCEP が 47.8% と大きな差がある。

図 4-1, 4-2 は, TPP, RCEP に参加している国の貿易額を 1994 年から遡って集計したものである。輸出では 2004 年に RCEP が TPP を逆転した。輸入ではそれより早い 1999 年である。それまでは, TPP の貿易が RCEP を上回って

図 4-1　日本の対 TPP, RCEP 輸出

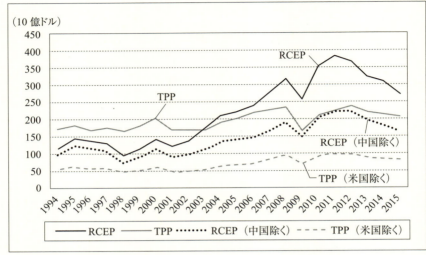

(出所) 日本貿易統計より作成。

図 4-2　日本の対 TPP, RCEP 輸入

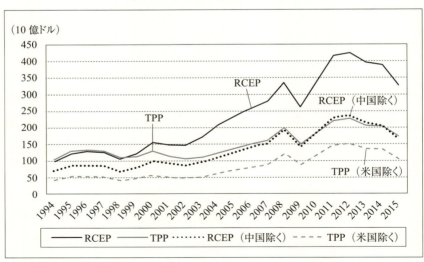

(出所) 日本貿易統計より作成。

第4章 日本のTPP貿易とRCEP貿易

表4-5-① 日本の対RCEP・TPP貿易 増加寄与率とシェア (輸出・2014年)

(単位:%)

	増加寄与率 1994-2000								シェア 2001-2014							
	BEC計	素材	中間財	加工品	最終財	部品	資本財	消費財	BEC計	素材	中間財	加工品	最終財	部品	資本財	消費財
RCEP	29.6	0.3	27.8	11.6	16.3	1.5	0.1	1.3	64.7	1.9	43.4	27.3	16.1	19.4	13.9	6.2
中国	10.7	0.2	10.6	5.7	4.9	▲0.0	▲0.1	0.1	33.1	1.0	21.6	10.6	11.0	10.4	7.5	3.3
韓国	6.8	0.1	5.4	2.7	2.7	1.3	1.0	0.3	9.0	0.6	7.0	6.2	0.7	1.5	1.2	0.3
インド	0.4	0.0	0.4	0.2	0.2	0.1	0.0	0.0	2.1	0.0	1.6	0.9	0.6	0.5	0.5	0.1
ASEAN 10	11.2	0.0	11.5	3.0	8.6	▲0.4	▲0.4	▲0.0	17.7	0.3	12.2	8.6	3.6	5.3	4.3	1.2
インドネシア	0.3	0.0	0.8	0.3	0.5	▲0.6	▲0.5	▲0.1	3.0	0.0	2.0	1.2	0.6	1.0	0.5	0.2
フィリピン	3.6	0.0	3.5	0.6	2.9	0.2	1.0	0.0	2.1	0.0	1.6	0.7	▲0.2	0.5	0.4	0.1
タイ	0.3	0.0	1.4	0.7	0.6	▲1.1	▲0.9	▲0.2	6.8	0.0	5.3	3.0	2.3	1.5	1.3	0.2
マレーシア	2.3	0.0	2.4	0.8	1.6	▲0.1	▲0.2	0.1	1.0	0.0	0.7	0.3	▲0.1	0.3	0.1	0.2
ベトナム	0.9	0.0	0.7	0.4	0.3	0.2	0.2	0.0	3.5	0.1	2.4	1.4	1.0	1.0	0.8	0.2
シンガポール	3.8	▲0.0	2.7	2.2	2.6	1.0	1.0	0.2	2.1	0.0	1.6	1.8	▲0.2	0.5	0.6	0.0
ブルネイ	▲0.1	▲0.0	▲0.0	▲0.0	▲0.0	0.0	▲0.0	0.0								
オーストラリア	0.6	▲0.0	▲0.0	0.1	▲0.1	0.6	▲0.0	1.0	2.4	0.0	0.1	0.1	0.0	1.3	0.3	1.1
ニュージーランド	▲0.2	0.0	▲0.0	▲0.0	▲0.0	▲0.1	▲0.0	▲0.1	0.4	▲0.0	0.1	0.1	0.0	0.3	0.1	0.2
TPP	41.0	0.0	17.2	5.9	12.2	23.8	9.9	13.8	16.5	0.3	11.6	7.4	4.2	4.7	3.2	2.0
米国	31.1	0.0	10.3	3.0	7.3	20.7	9.3	11.3	3.7	0.1	1.7	1.8	2.0	▲0.2	0.4	▲0.2
カナダ	1.6	0.0	0.7	0.2	0.4	1.4	0.2	1.1	0.6	0.0	0.5	0.0	0.5	0.0	0.0	0.1
メキシコ	1.0	▲0.0	0.8	0.4	0.4	0.3	0.3	0.0	2.3	0.0	1.3	0.5	0.6	1.1	0.7	0.4
チリ	▲0.2	0.0	▲0.1	▲0.0	▲0.1	▲0.1	▲0.1	0.0	0.4	0.0	0.2	0.1	0.1	0.2	0.1	0.0
ペルー									0.6	0.0	0.4	0.1	0.2	0.1	0.1	0.0
台湾	11.8	▲0.0	5.4	2.2	3.1	6.5	6.1	0.3	5.3	0.0	4.5	3.2	1.3	0.7	0.0	0.7
EU 28	20.7	0.0	8.8	2.3	6.5	11.8	8.1	3.6	1.9	0.0	2.5	1.2	1.3	▲0.6	▲0.0	▲0.1
ドイツ	3.8	▲0.0	2.3	0.2	2.1	1.5	0.2	▲0.4	1.1	0.0	0.8	0.3	0.5	0.2	0.4	▲0.1
ロシア	▲0.3	0.0	▲0.2	▲0.0	▲0.0	▲0.2	▲0.2	0.1	3.0	0.0	0.8	0.5	0.3	2.2	0.4	1.8
中南米	1.4	0.0	1.3	0.6	0.5	0.1	0.1	0.0	3.2	0.0	1.6	0.8	0.3	1.7	1.5	0.2
ブラジル	0.6	0.0	0.5	0.1	0.4	0.0	0.1	▲0.0	0.6	0.0	0.4	0.2	0.0	0.1	0.2	0.0
サブサハラ	▲1.3	▲0.0	▲0.1	0.1	▲0.2	▲1.2	▲1.2	0.0	1.6	0.0	0.4	0.3	0.1	1.2	0.5	0.1
世界計	100.0	0.3	59.7	21.4	38.3	40.0	21.7	17.9	100.0	2.0	64.8	38.9	25.8	33.3	20.5	14.0

(注) BEC計…総額から、分類不能のものを差し引いたもの。
(出所) 日本貿易統計より作成。

いた。図から明らかなように2004年以降の日本の対RCEP輸出の拡大は、対中輸出の拡大によるものである。対TPP輸出額は、2004年以降、横ばいで推移している。日本の対RCEP輸出額から対中輸出額を除いた輸出金額をみると、2009年から2011年にかけて対TPP輸出額と対RCEP(中国を除く)が接近している。対TPP輸出の停滞は、対米輸出の停滞によるものである。

表4-5は、日本の貿易拡大に対するTPP、RCEPの増加寄与率を1994年から2000年間、2001年から2014年間で財別に算出したものである。2001年から2014年間の輸出拡大に対する増加寄与率は、RCEPが64.7%、TPPが16.5%とTPPの影は薄い。RCEPの寄与率の半分は対中輸出の増加によるものである。同じく財別では、中間財が64.8%、最終財が33.3%と中間財が牽引した。

表 4-5-② 日本の対 RCEP・TPP 貿易　増加寄与率とシェア（輸入・2014 年）

(単位：%)

	増加寄与率 1994-2000							シェア 2001-2014						
	BEC計	素材	中間財	部品	最終財	加工品	資本財	消費財	BEC計	素材	中間財	部品	最終財	加工品	資本財	消費財
RCEP	51.7	▲0.6	27.2	13.5	13.7	25.1	12.4	12.8	51.9	6.1	26.1	18.3	7.8	19.7	10.4	9.6
中国	22.1	▲0.6	7.3	3.4	3.9	15.5	4.0	11.6	27.1	▲0.1	11.5	5.8	5.7	15.7	9.5	6.4
韓国	7.7	▲0.2	6.4	3.6	2.9	1.5	2.1	▲0.6	3.3	0.1	2.9	2.3	0.6	0.3	0.4	▲0.0
インド	0.1	▲0.0	▲0.0	▲0.1	0.0	0.1	0.0	0.1	1.0	0.0	0.9	0.8	0.1	0.1	0.0	0.1
ASEAN 10	20.6	▲0.2	12.9	6.0	6.9	7.9	6.3	1.6	13.0	2.1	7.7	6.2	1.5	3.3	0.4	2.9
インドネシア	4.0	0.0	3.5	3.0	0.6	0.4	0.4	0.0	2.3	1.3	0.8	0.6	0.2	0.2	0.1	0.1
フィリピン	3.6	▲0.1	2.4	0.2	2.2	1.3	1.3	▲0.0	0.8	0.1	0.5	0.4	0.1	0.2	0.0	0.2
タイ	2.0	▲0.1	1.2	0.5	0.7	1.0	1.1	▲0.2	2.5	0.1	1.3	0.8	0.5	1.1	0.4	0.4
マレーシア	6.8	▲0.1	4.0	2.0	2.0	2.9	2.0	0.9	3.4	0.1	3.2	3.2	0.0	0.0	▲0.2	0.2
ベトナム	1.0	0.0	0.3	0.1	0.2	0.7	0.1	0.6	2.8	0.4	1.1	0.5	0.6	1.2	0.1	1.1
シンガポール	2.8	0.0	1.2	▲0.1	1.2	1.6	1.3	0.1	0.4	0.0	0.3	▲0.0	0.3	▲0.0	▲0.1	0.0
ブルネイ	0.4	0.1	0.3	0.3	0.0	0.0	▲0.0	0.0	0.5	▲0.0	0.5	0.5	0.0	0.0	0.0	0.0
オーストラリア	1.1	0.5	0.5	0.5	0.0	0.1	0.1	0.1	7.2	4.0	3.1	3.1	▲0.0	0.0	0.2	0.0
ニュージーランド	0.1	▲0.1	0.2	0.2	0.0	0.0	▲0.0	▲0.0	0.5	0.1	0.1	0.1	0.0	0.0	0.0	0.1
TPP	26.9	▲2.0	16.4	3.8	12.6	12.4	9.6	2.8	19.2	7.2	9.3	9.0	0.3	2.7	0.5	2.6
米国	13.4	▲2.3	10.0	1.3	8.7	5.7	5.7	▲0.1	2.0	0.7	0.9	1.3	▲0.4	0.1	0.0	0.3
カナダ	▲0.1	▲0.4	▲0.3	▲0.5	0.2	0.5	0.2	0.0	0.8	0.7	▲0.0	▲0.0	0.0	0.1	0.0	0.0
メキシコ	0.9	▲0.0	0.3	0.1	0.3	0.6	0.2	0.5	0.5	0.1	0.2	0.2	0.0	0.1	0.0	0.1
チリ	0.6	0.4	▲0.1	▲0.1	0.0	0.3	0.0	0.3	1.0	0.1	0.1	0.1	0.0	0.0	0.0	0.0
ペルー	▲0.1	▲0.0	0.0	0.0	0.0	0.0	0.0	0.0	0.1	0.1	0.0	0.1	▲0.0	0.0	0.0	0.0
台湾	6.5	▲0.1	4.9	0.7	4.2	1.7	3.5	▲1.8	2.1	0.1	2.2	0.7	1.4	▲0.2	▲0.3	0.1
EU 28	8.5	▲0.1	3.8	1.9	1.9	4.8	2.8	2.0	7.0	0.1	2.7	1.6	1.1	4.2	0.8	3.4
ドイツ	1.6	▲0.0	0.9	0.4	0.5	0.7	0.4	0.3	2.6	0.0	1.1	0.6	0.5	1.5	0.4	1.0
ロシア	0.9	▲0.1	0.8	0.0	0.0	0.2	0.0	0.2	4.5	2.5	2.0	0.0	0.0	▲0.0	0.0	0.0
中南米	0.5	0.4	▲0.4	▲0.6	0.2	0.5	0.0	0.4	3.9	2.7	0.5	0.4	0.0	0.7	0.1	0.7
ブラジル	▲0.1	▲0.0	▲0.0	▲0.1	0.0	0.1	0.0	0.0	1.5	1.1	0.2	0.2	0.0	0.3	0.0	0.2
サブサハラ	0.6	▲0.2	0.7	0.7	0.0	0.0	0.0	0.0	2.3	0.7	1.5	1.5	▲0.0	0.1	0.0	0.1
世界計	100.0	10.3	50.4	20.8	29.6	39.2	25.1	14.2	100.0	30.0	43.8	33.7	10.2	26.2	11.3	15.4

（注）BEC計…総額から，分類不能のものを差し引いたもの。
（出所）日本貿易統計より作成。

この中間財の輸出増加寄与率のうち，67％はRCEPによるものである。また，同じく最終財では，60％がRCEPである。1994年から2000年間の輸出拡大に対する増加寄与率はTPPが41％，RCEPが29.6％とTPPが大きかった。この変化は，対米輸出の停滞と対中輸出の拡大によるものである。

4．米国の対日輸入の衰退，中国の対日輸入の凋落

日本のTPP貿易の中心は米国，RCEP貿易の中心は中国であるが，米国と中国の貿易データから見た対日輸入は，衰退あるいは凋落という言葉が相応しい。日本のTPP，RCEP貿易は，日本の貿易データから見た姿とは大きく異なっている。

4-1 米国の対日輸入の衰退[1]

　日本の貿易データから見た対米輸出は2000年代に入り停滞感が一層鮮明となった。2000年に対米輸出額が1,429億ドルと過去最高を記録した後，2006，2007年にこの水準をわずかながら上回った以外は2001年の水準を超えていない。

　米国の輸入に占める日本のシェアは，94年から2014年の間一貫しては低下し，1994年の18％から2014年には5.8％まで下落している。94年時点では，米国の日本からの輸入額はEUと同じ水準にあった。単一の国としては，米国にとって日本が最大の輸入国であった。ところが，2002年に中国が日本を追い抜いた。2014年時点では日本の輸入額はASEANと同じレベルにまで低下している（図4-3）。

　EUは横ばいで推移し1994年時点の水準を維持している。中国は，かつての日本のポジションに座り米国への工業品供給国となっている。世界の成長製品を供給していた日本の凋落ぶりを象徴するような変化であり，日本の輸出競争力の緩やかな衰退を裏付けるようなデータである。

　衰退の要因は，主に次の2点が指摘できる。第1に，コンピュータやテレビ，ビデオなどのアナログ時代に圧倒的な輸出競争力を誇示していた日本のエレクトロニクス製品が，デジタル時代に入り，技術的優位性を持ちながら米市場で敗退したことである。米国のIT関連製品の輸入に占める日本のシェアは94年には32％あった。しかし，2014年にはわずか4.7％に激減している。

　第2に，米国での現地生産の進展により日本からの輸出が代替されたことである。主力輸出品目である自動車の対米輸出は，台数で見ると1994年が146万台，2014年が153万台とほぼ横ばいである。乗用車輸出の減少は，現地生産化の進展，米市場がSUVにシフトして乗用車市場が伸び悩んだことなどが影響した。しかし，日本からの輸出は，1,500～3,000ccの大型車の割合が高まり，単価が上昇している。これにハイブリッド車の投入などで，輸出金額は増

---

1) 大木博巳「日本の輸出構造分析（4）ニューノーマルにおける対米輸出の課題」，季刊『国際貿易と投資』No 101 国際貿易投資研究所　2015年秋号。

図 4-3 米国の輸入に占める日本，EU，中国，ASEAN のシェア推移

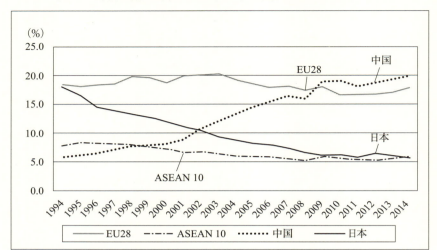

（出所）米国貿易統計より作成。

えている。

　米国の輸入における日本の衰退により，中国が新たなポジションを獲得している。

　表 4-6 は米国の財別輸入に占める日本，中国，韓国，ドイツのシェアを 1994 年と 2014 年を比較したものである。1994 年時点では，日本は米国の輸入では，中間財の産業用資材，資本財部品，輸送用機器部品，最終財においては資本財（輸送用機器を除く），産業用輸送機器，消費財のうちの乗用車，その他非産業用輸送機器などにおいて最大のシェアを占めていた。日本は米国にとって中間財，資本財，消費財の最大の供給国であった。しかし，2014 年には，かつて日本が占めていたポジションは乗用車や輸送用機器部品を除いて中国が担っている。特に，最終財のなかでも資本財（輸送用機器を除く）や耐久消費財，半耐久消費財では中国が 4 割弱から 5 割強のシェアを占め，中国に過度に依存するようになっている。

　また，韓国も鉄鋼，乗用車や携帯電話・スマートフォン，薄型テレビなど特定の業種・製品で米市場における競争力が向上して対米輸出を拡大させた。韓

表 4-6　米国の財別輸入に占める日本，中国，韓国，ドイツのシェア

	1994				2014			
	日本	中国	韓国	ドイツ	日本	中国	韓国	ドイツ
総額	17.9	5.8	3.0	4.8	5.7	19.9	3.0	5.3
素材	0.1	1.0	0.0	0.3	0.1	0.6	0.0	0.3
食料・飲料（原料，産業用）	0.1	1.0	0.0	1.6	0.0	1.3	0.0	2.1
産業用資材（原料）	0.9	2.9	0.3	1.1	1.3	6.9	0.4	2.4
燃料・潤滑剤（原料）	0.0	0.7	0.0	0.0		0.0	0.0	0.0
中間財	18.2	2.5	2.0	5.8	7.0	15.8	3.9	5.3
加工品	9.0	3.0	1.6	5.4	3.8	13.9	3.1	4.2
食料・飲料（加工品，産業用）	0.9	1.4	0.1	1.5	0.6	1.5	0.2	1.9
産業用資材（加工品）	10.1	3.3	1.7	6.0	4.5	16.8	3.1	5.0
燃料・潤滑剤（原料）	1.5	0.3	1.0	0.8	0.6	0.3	3.4	0.5
食品	28.9	1.8	2.5	6.4	11.5	18.5	5.0	7.0
資本財部品（輸送機器用除く）	28.6	2.6	3.5	7.6	9.9	24.2	4.9	6.7
輸送機器用部品	29.2	1.0	1.4	5.0	13.4	11.9	5.1	7.2
最終財	19.4	10.8	3.2	5.2	6.5	30.4	3.1	6.4
資本財	26.2	4.8	2.5	7.7	6.6	38.2	3.4	5.9
資本財（輸送機器除く）	29.9	6.0	3.0	9.1	7.2	42.6	3.8	5.5
産業用輸送機器	10.9	0.1	0.2	1.6	1.5	1.7	0.0	8.8
消費財	16.6	13.4	3.5	4.2	6.5	25.1	2.9	6.8
食料・飲料（原料，家庭用）	0.6	3.5	0.3	0.3	0.6	3.1	0.3	0.1
食料・飲料（加工品，家庭用）	1.9	1.5	0.9	2.5	0.7	6.7	0.7	1.6
乗用車	39.5	0.0	2.4	9.4	22.0	0.1	9.5	16.9
その他の非産業用輸送機器	41.5	8.1	0.3	2.0	26.8	22.7	0.1	2.8
耐久消費財	13.1	13.3	3.7	2.1	3.0	38.9	1.8	1.9
半耐久消費財	4.0	28.7	5.8	1.2	0.9	53.6	0.7	1.1
非耐久消費財	6.0	12.3	2.3	4.2	1.1	23.4	0.6	10.8

（出所）米国貿易統計より作成。

国の資本財（輸送用機器を除く）の対米輸出のうち46％が携帯電話・スマートフォンである。

4-2　中国の対日輸入の凋落

　米国の対日輸入同様に，中国の対日輸入も衰退している。特に2009年以降に急落している。図4-4は，中国の輸入に占める日本のシェアの推移を見たものである。中国の輸入に占める日本のシェアは1995年では22％であったが，2014年には，8.3％に低下している。中国の輸入に占める日本のシェアは，長期低落傾向にあったが，リーマンショック後に急激に落ち込んだ。2011年にEUが日本のシェアを抜いた。2012年にはASEANが，2013年には韓国が日本

表 4-7 中国の財別輸入

	ASEAN 10				日本				韓国			
	1995	2001	2009	2014	1995	2001	2009	2014	1995	2001	2009	2014
総額	7.5	9.5	10.6	10.6	22.0	17.6	13.0	8.3	7.8	9.6	10.2	9.7
素材	13.6	9.8	6.5	5.8	1.7	2.8	1.7	0.8	0.5	0.3	0.3	0.2
食料・飲料（原料，産業用）	2.1	0.9	0.7	0.7	0.0	0.1	0.0	0.0	0.0	0.0	0.0	0.0
産業用資材（原料）	9.4	8.5	7.1	9.4	2.8	5.9	3.6	2.0	0.8	0.5	0.6	0.4
燃料・潤滑剤（原料）	38.7	14.3	7.2	3.9	0.1	0.0	0.0	0.0	0.1	0.0	0.0	0.0
中間財	8.3	11.1	12.3	15.0	22.0	20.0	16.7	11.4	11.0	13.1	14.1	16.0
加工品	9.4	9.7	10.4	15.6	17.0	17.3	16.3	11.5	12.7	16.4	13.9	14.5
食料・飲料（加工品，産業用）	42.6	60.0	58.3	47.3	0.4	0.8	0.1	0.1	0.1	0.4	0.1	0.1
産業用資材（加工品）	5.2	8.2	7.6	14.1	18.5	18.3	17.4	12.6	13.4	15.5	13.8	14.9
燃料・潤滑剤（加工品）	50.6	24.2	23.7	20.4	7.2	4.7	9.9	4.0	13.8	33.7	19.8	15.2
部品	5.0	13.0	14.1	14.4	37.7	24.2	17.1	11.4	5.4	8.1	14.3	17.5
資本財部品（輸送機器用除く）	5.6	14.3	15.7	15.7	38.5	23.7	14.9	10.2	5.9	8.8	14.2	18.1
輸送機器用部品	1.7	1.4	1.2	3.5	32.8	28.6	35.6	21.0	2.5	2.4	15.6	12.7
最終財	4.2	5.7	11.2	9.3	23.6	19.3	16.3	12.5	4.4	5.8	10.6	9.1
資本財	2.6	5.1	11.3	9.3	24.1	19.9	16.9	14.3	3.9	5.7	12.2	12.1
資本財（輸送機器除く）	2.6	5.6	12.1	10.3	25.3	21.2	17.5	15.8	3.9	6.1	13.0	13.4
産業用輸送機器	2.3	0.1	0.0	0.0	8.4	5.2	8.4	0.6	3.8	1.5	1.1	0.3
消費財	11.3	8.5	11.0	10.3	21.3	16.7	16.1	9.1	6.8	6.1	4.8	4.5
食料・飲料（原料，家庭用）	31.9	40.9	56.7	45.6	4.5	4.5	1.1	1.1	3.4	3.0	2.0	0.9
食料・飲料（加工品，家庭用）	41.4	10.2	10.4	10.9	6.5	5.6	3.7	1.0	3.5	2.6	2.4	2.3
乗用車	0.3	0.4	0.2	0.0	14.2	37.3	25.7	14.4	3.3	4.2	6.5	3.0
その他の非産業用輸送機器	0.6	0.3	2.5	5.8	41.4	9.6	23.1	11.5	2.2	0.0	0.4	0.1
耐久消費財	4.9	8.1	10.8	18.4	39.6	19.7	27.2	7.8	5.4	5.9	4.7	13.1
半耐久消費財	1.7	3.4	15.8	18.3	18.0	14.4	12.2	6.7	13.4	13.4	6.8	5.7
非耐久消費財	2.5	4.1	5.0	5.1	31.7	23.6	13.7	10.5	5.7	3.9	2.9	3.6

（出所）中国貿易統計より作成。

図 4-4　中国の輸入に占める日本，米国，EU，ASEAN，韓国，台湾のシェア推移

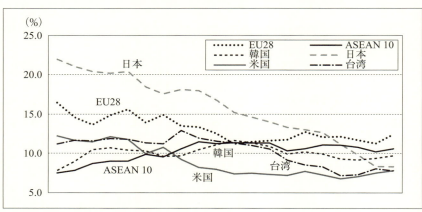

（出所）中国貿易統計より作成。

各国・地域の世界に占める割合

(単位:%)

	台湾				EU 28				米国			
	1995	2001	2009	2014	1995	2001	2009	2014	1995	2001	2009	2014
総額	11.2	11.2	8.5	7.8	16.5	14.9	12.7	12.4	12.2	10.8	7.7	7.8
素材	0.8	0.5	0.2	0.1	6.7	5.8	4.0	2.4	24.7	10.7	7.6	6.6
食料・飲料（原料, 産業用）	0.0	0.1	0.0	0.0	20.8	3.0	0.6	0.7	29.4	33.3	44.1	36.9
産業用資材（原料）	1.4	1.0	0.5	0.3	3.6	10.5	8.4	5.3	30.9	13.4	7.2	7.7
燃料・潤滑剤（原料）	0.0	0.0	0.0	0.0	1.7	1.1	0.0	0.4	0.0	0.0	0.1	0.1
中間財	14.4	14.2	12.3	13.1	10.5	12.9	11.7	11.6	9.8	8.0	6.7	6.8
加工品	15.9	15.8	10.2	7.7	8.2	9.4	11.1	11.5	9.6	6.9	7.5	7.3
食料・飲料（加工品, 産業用）	0.2	0.1	0.1	0.2	4.9	6.9	3.4	8.6	12.2	5.1	2.4	7.0
産業用資材（加工品）	17.6	16.8	11.1	8.5	8.7	9.9	12.1	12.5	9.7	7.2	8.1	7.7
燃料・潤滑剤（加工品）	1.1	3.0	3.6	2.0	1.5	2.5	2.2	2.9	4.0	1.9	2.0	3.3
部品	9.4	11.8	14.5	18.4	17.8	18.0	12.2	11.7	10.5	9.7	5.9	6.3
本財部品（輸送機器用除く）	9.7	12.7	16.1	20.5	15.8	16.0	10.1	7.7	9.9	9.5	5.4	5.6
輸送機器用部品	8.0	3.8	1.3	1.1	30.2	35.4	29.7	43.9	14.8	11.0	9.8	11.8
最終財	9.4	9.5	7.8	6.8	32.7	25.2	24.2	28.7	15.0	17.9	10.5	13.0
資本財	9.5	10.5	9.2	9.5	36.2	26.2	21.9	22.1	13.7	19.1	9.6	12.6
資本財（輸送機器除く）	10.3	11.5	9.8	10.5	35.3	26.9	20.6	20.2	12.3	17.1	7.2	7.9
産業用輸送機器	0.3	0.1	0.0	0.1	48.0	18.4	40.5	39.7	31.6	40.9	44.5	55.2
消費財	9.0	5.0	2.7	1.8	16.9	20.7	30.3	38.6	9.7	12.5	12.8	12.9
食料・飲料（原料, 家庭用）	0.8	1.9	0.7	1.3	4.6	3.5	2.3	4.6	9.9	10.0	11.0	7.6
食料・飲料（加工品, 家庭用）	1.4	0.7	1.2	1.5	6.3	14.2	20.5	25.8	15.5	26.4	20.0	10.9
乗用車	0.0	1.8	0.0	0.0	65.5	50.5	50.5	57.7	8.7	5.0	15.4	20.5
その他の非産業用輸送機器	38.9	0.2	4.4	16.1	7.6	3.2	33.3	32.5	7.9	20.9	25.7	25.2
耐久消費財	10.0	10.4	2.9	1.7	8.8	17.7	13.7	13.4	7.2	9.6	8.1	6.3
半耐久消費財	23.4	10.4	8.4	7.3	3.1	11.1	18.7	27.2	6.2	8.9	8.7	7.5
非耐久消費財	5.2	4.1	2.0	1.9	20.2	31.6	47.0	51.5	10.9	8.7	11.2	7.9

のシェアを上回った。今後は米国や台湾にも抜かれる可能性が大きい。

　中国の対日輸入がリーマンショック後の急減した要因を財別輸入でみたのが表4-7である。中国の財別輸入において日本のシェアが低下している財は，中間財（特に部品）および資本財，消費財の最終財である。

　まず，2014年の中国の中間財の輸入は，輸送用機器を除いた部品が4,246億ドル，輸送機器用部品が527億ドルと輸送用機器を除いた部品が大宗を占めている。輸送用機器を除いた部品の最大の輸入国は台湾，次いで韓国，ASEANと続き日本は4位に後退している。中国の輸送用機器を除いた部品の輸入は，2005年までは日本が最大の輸入先であったが，2006年に台湾に抜かれ，2010年には韓国に抜かれた。輸送用機器を除いた部品の輸入の7割超は集積回路（HS 8541）が占めている。とりわけ，携帯電話，スマートフォン向けの半導体が伸びている。これらの品目では，日本の存在感は薄く，韓国や台湾が主要な

供給国となっている。

次に資本財では，中国は米国やEUから航空機の大型輸入が金額を押し上げている。また，中国の消費財輸入の上位品目は，乗用車，デジカメ，医薬品，ミルク，プラスチック製品，カッサバ芋などである。日本は乗用車の比率が高く，59％を占めて，特定品目に集中している。EUも乗用車の金額が大きいが，消費財の輸入金額が日本の4倍以上と規模が大きい。品目も医薬品や育児用調整品，美容品，食肉，ワイン，ハンドバック等多岐にわたっている。米国は日本同様に乗用車の割合が高い。

5. TPPの影響

冒頭で述べたように，日本は，TPP交渉参加国のうち既に7カ国（シンガポール，ブルネイ，チリ，ベトナム，ペルー，マレーシア，オーストラリア）とFTAを締結している。そのため，これらの国との間では既に二国間FTAによって関税の撤廃が進められており，TPPを締結することによって日本からこれらの国に対する輸出がさらに増えるという効果は期待できない。一方，日本とFTAを締結していない米国，カナダ，ニュージーランドについては，TPPによって関税が撤廃されると，日本が優位にある工業製品を中心に輸出が増える可能性はある。

対米輸出の拡大期待は，日本からの直接輸出だけではない。TPP参加国の比較優位性を利用して，TPP参加国から対米輸出の可能性も指摘できる。日本企業は，東アジアに生産ネットワークを構築しているが，TPPの有利性（完全累積制度）を活用してTPP参加国からの対米輸出の拡大も期待できる。

5-1 日本の対米輸出への影響

TPPにより米関税の引き下げで日本からの対米輸出が有利化する。日米合意では，エンジンやブレーキ，トランスミッションなど400弱の自動車関連部品の87.4％にあたる品目の関税が即時撤廃の対象となった。米韓FTAの即時撤廃率（83％）を上回った。争点となっていた自動車本体の関税は，25年で決着

表 4-8　日本が対米輸出で支払う関税

(単位:100万ドル)

HSコード	品目名	算定関税額	平均関税率
87	車両,付属品	1,004	2.5%
8703	乗用車	816	2.5%
8708	自動車部品	163	2.5%
8704	貨物自動車	14	4.0%
84	機械及び部品	240	3.4%
85	電気機器	191	2.7%
39	プラスチック	91	5.1%
40	ゴム	76	3.6%
90	光学機器	64	2.4%
91	時計	56	7.8%
29	有機化学品	50	5.1%
37	写真材料	26	4.9%
73	鉄鋼製品	24	4.7%
82	卑金属工具	22	4.3%
81	その他卑金属（チタン,タングステン等）	20	12.5%
96	雑品	15	6.3%
38	各種化学生産品	12	5.4%
32	染料	12	4.2%
全品目合計		2,026	2.9%

(注) 関税額が1,000万ドルを超えるものを抜き出した。
(出所) 米国際貿易委員会より作成。

した。米国向けプラスチック製品（2.1～6.5%）やビデオカメラ（2.1%）の関税を即時撤廃する。また，日本地場産業にも米国などへの輸出に追い風となった。例えば，タオルの関税が，米国（9.1%）は5年目に，カナダ（17%）は発効後すぐに関税を撤廃する。関税の撤廃により，米市場で競合国との価格競争が有利となる。前述したように，米市場における競合国は，資本財や最終財の市場でドイツや韓国と競合している。韓国は米韓FTAにより関税面で日本より有利化しており，少なくとも，これが是正されることになる。

　日本の対米輸出が関税引き下げで恩恵を受ける業種は，対米輸出で関税を多額に支払っている業種であろう。支払金額が多額に上っている上位でみた業種が表4-8である。日本企業は米国に約20億ドルの関税を支払っている。そのうち最大が自動車・部品の10億ドル，一般機械，電機，プラスチック，ゴム，光学機器，時計，有機化学品と続いている。自動車は即時撤廃でないので削減

表4-9 米国の輸入でシェアが50%以上を占める品目数と輸入額

(金額:100万ドル，シェア:%)

相手国	1994				2014			
	品目数	金額	当該国の品目数に占めるシェア	当該国の輸入額に占めるシェア	品目数	金額	当該国の品目数に占めるシェア	当該国の輸入額に占めるシェア
日本	306	47,292	8.0	39.7	83	9,616	2.2	7.2
ドイツ	154	2,389	3.8	7.5	130	11,517	3.2	9.3
中国	164	13,141	5.3	33.9	824	269,308	18.5	57.7
韓国	23	659	0.9	3.4	27	2,158	0.8	3.1
台湾	58	1,552	2.0	5.8	21	958	0.7	2.4
タイ	14	605	0.8	5.9	11	824	0.5	3.0

(出所) 米国貿易統計より作成。

効果は期待できないが，自動車部品や一般機械，電機，プラスチックは関税引き下げの恩恵を即時に享受できる。

ただし，米国の輸入関税面から見ると，日本の主力輸出品である機械 (HS 84)，電機 (HS 85)，輸送機器 (HS 87) の関税率は低い。関税支払金額では合計で全関税額の7割を占める84類，85類，87類はそれぞれ，3.4%，2.7%，2.5%と，全体平均の3.0%とそれほど変わらない。米国の関税率が高い品目は，センシティブ品目である60～64類（繊維製品や履物），51類（羊毛）である[2]。

米国の対日輸入では，1994年には，対日輸入品目3,883品目のうち306品目，約4割弱が輸入シェアで50%を超えていた（表4-9）。中国は164品目に過ぎなかった。輸入シェア50%を超える品目の輸入金額は，対日輸入の472億ドルに対して対中輸入の131億ドルを超えていた。これが2014年には対日輸入は83品目に激減し，日本からの輸入品目の2.2%を占めるに過ぎない。

日本は米国の輸入で，輸入シェアが50%を超えて圧倒的な強さを持っていた品目を20年間で223品目ほど喪失した。喪失した業種はHS 2桁分類で見て，HS 84，85，87，90，29の分野で減少している。

日本の対米輸出は，米市場で1994年当時のような圧倒的な強さを持つ製品

---

[2] ジェトロ通商弘報 2015年10月23日。

の復活を期待することはできない。米国の輸入における日本の競合相手は，ドイツや韓国などで，これらの国とは横一線で並んでいる。これが米国の輸入における日本の新しい現実（ニューノーマル）である。ニューノーマルにおける日本の対米輸出は，量から質への転換にある。安倍政権が打ち出した成長戦略では，インフラ輸出に注力している。また，消費財分野では日本の高機能製品の輸出拡大も期待できる。

　課題は，TPPによる関税削減の追い風を生かす米市場開拓の取り組みである。日本が技術的優勢を持ちながら市場開拓に敗退したデジタル家電の過去の失敗を繰り返さないことが重要である。米市場における日本企業の競争力は，80年代から90年代初めにかけての日本企業の輸出競争力の異常な強さがなくなっただけで，ニューノーマルにおいても依然として日本企業は競争力を維持していると考える。

5-2　米韓FTAによる韓国の対米輸出効果

　対米輸出の関税撤廃・削減効果については，韓国の経験が参考となる。米韓自由貿易協定（FTA）は，紆余曲折の上，2012年3月に発効した。2007年6月に一旦署名されたが，その後，再交渉され，2011年2月に確定版の署名，2011年10月に米国議会で批准，同11月に韓国議会で批准された。

　米韓FTAの骨子は，

(1) 物品貿易，最終的には，韓国はコメなど32品目を除き全ての関税を撤廃。米国は全ての関税を撤廃。乗用車は，米国はFTA発効後4年間，現行関税（2.5%）を維持した後に5年目に撤廃。韓国はFTA発効と同時に現行関税（8%）を4%に引き下げた後，5年目に撤廃。

(2) サービスはネガティブ・リストに示さない業種は全て開放。

(3) その他，政府調達では，中央政府機関について基準額（政府調達義務）をWTO政府調達協定に比べ半減。知的財産権では，著作権の保護期間を50年から70年に延長。

　韓国政府は，韓米FTAによる対米輸出増の影響として，自動車（部品を含

表 4-10 在外日系企業（製造業）の活動（販売

① 現地法人（製造業）国・地域別仕入・売上の割合（2013 年）

国・地域	仕入							売上						
	現地調達	日本から	アジアから	北米から	欧州から	その他地域から	総仕上高	現地販売	日本向け	アジア向け	北米向け	欧州向け	その他の地域向け	総売上高
全地域	100.0	100.0	100.0	100.0	100.0	100.0	100.0	100.0	100.0	100.0	100.0	100.0	100.0	100.0
米国	20.6	23.4	13.9	14.2	6.4	10.3	20.1	28.2	5.9	5.4	27.8	12.9	22.0	22.0
EU	6.6	8.7	7.8	8.7	73.9	7.1	9.2	7.5	2.3	3.4	3.6	55.8	10.3	10.2
NIEs 3	8.2	12.0	11.9	3.3	1.6	29.5	9.4	8.6	8.3	24.3	1.7	2.5	10.9	9.1
ASEAN 4	22.6	18.0	29.0	12.6	3.7	9.9	20.9	19.6	28.2	33.0	5.7	8.2	29.1	20.0
中国	25.7	18.3	19.2	9.3	3.3	4.0	1.8	21.1	40.2	24.6	19.2	7.8	4.9	21.3
香港	1.1	3.6	5.2	0.1	0.1	0.4	2.0	1.6	5.1	3.4	0.2	0.2	0.6	1.8
ASEAN 10	27.8	26.8	36.0	13.8	5.6	37.4	27.3	22.4	38.9	53.9	8.9	9.9	36.6	25.6
北米	23.5	25.0	14.1	33.1	6.5	10.3	22.8	29.3	6.3	5.8	43.5	13.6	22.5	24.4

（注） 1. 内訳項目は積み上げ値が合計と合致するものの比率を合計に乗じて推計した。
2. 業種別推計値を積み上げて作成。
（出所）経済産業省「海外事業活動基本調査」より作成。

② 現地法人（製造業）各地域の総仕入・総売上に占める割合（2013 年）

国・地域	仕入							売上						
	現地調達	日本から	アジアから	北米から	欧州から	その他地域から	総仕上高	現地販売	日本向け	アジア向け	北米向け	欧州向け	その他の地域向け	総売上高
全地域	59.1	25.7	8.0	3.0	2.8	1.4	100.0	55.8	10.5	10.0	10.6	8.1	5.1	100.0
米国	60.8	29.9	5.5	2.1	0.9	0.7	100.0	71.6	2.8	2.4	13.4	4.7	5.1	100.0
EU	42.5	24.3	6.8	2.9	22.6	1.1	100.0	41.1	2.4	3.3	3.7	44.3	5.2	100.0
NIEs 3	51.3	32.7	10.1	1.0	0.5	4.3	100.0	53.2	9.6	26.9	1.9	2.3	6.1	100.0
ASEAN 4	63.9	22.1	11.1	1.8	0.5	0.7	100.0	54.9	14.9	16.5	3.0	3.3	7.4	100.0
中国	69.5	21.5	7.0	1.3	0.4	0.3	100.0	55.1	19.8	11.5	9.5	3.0	1.2	100.0
香港	32.5	46.0	21.0	0.2	0.1	0.3	100.0	48.8	29.9	18.9	1.3	1.0	0.1	100.0
ASEAN 10	60.2	25.2	10.6	1.5	0.6	1.9	100.0	48.8	16.0	21.1	3.7	3.1	7.3	100.0
北米	61.0	28.2	5.0	4.4	0.8	0.6	100.0	66.9	2.7	2.4	18.9	4.5	4.7	100.0

（注） 1. 内訳項目は積み上げ値が合計と合致するものの比率を合計に乗じて推計した。
2. 業種別推計値を積み上げて作成。
（出所）経済産業省「海外事業活動基本調査」より作成。

む）が突出すると見込んでいた。実際はどうであったか。韓国政府は米韓 FTA 発効後の 2 年間における貿易の増減を調査した[3]。これによれば，韓国の対米輸出は発効前の 2 年間と比べ 10.3% 増，輸入は 3.8% 減，発効 2 年目の FTA 輸出活用率は 75.7% であった。FTA 恩恵品目（関税の撤廃・引き下げにより恩恵を受ける品目）は，発効 2 年目の対米輸出が発効前の 1 年間に比べて 15.7% 増，

---

[3] ジェトロ通商弘報 2014 年 4 月 4 日

額と調達額），2001 年と 2013 年のシェア変化

③ 現地法人（製造業）国・地域別割合のシェア変化（2001 年・2013 年）

国・地域	仕入							売上						
	現地調達	日本から	アジアから	北米から	欧州から	その他地域から	総仕入高	現地販売	日本向け	アジア向け	北米向け	欧州向け	その他の地域向け	総売上高
米国	▲25.6	▲13.3	▲5.0	▲6.6	▲2.8	▲19.8	▲18.0	▲29.5	▲2.2	1.0	10.0	6.6	6.5	▲19.7
EU	▲9.6	▲11.8	1.3	▲0.8	19.6	▲0.6	▲9.0	▲7.0	▲1.4	▲0.6	▲0.5	▲12.7	1.7	▲6.3
NIEs 3	0.6	4.3	▲9.1	▲0.6	▲0.7	23.9	1.0	1.4	▲7.3	3.2	▲3.2	0.7	1.6	0.7
ASEAN 4	8.5	5.6	▲1.4	6.7	1.5	▲16.1	6.7	11.4	▲7.8	▲13.2	▲4.7	2.1	4.8	6.3
中国	20.5	13.4	10.5	5.0	2.8	2.4	16.7	17.1	24.2	15.7	17.1	7.2	0.2	16.3
香港	▲2.1	0.1	▲4.4	▲2.0	▲0.4	▲1.9	▲1.7	▲0.1	▲9.0	▲2.0	▲3.4	▲0.6	▲0.3	▲1.3
北米	▲22.3	▲19.0	▲4.8	▲2.6	▲2.3	▲18.5	▲18.5	▲28.0	▲2.9	0.8	▲16.6	7.0	5.4	▲20.2

（注） 1.「全地域」を 100 とした場合の構成比。
      2. 2001 年の「中国」の数値は，原資料の「中国」より「うち香港」の数値を差し引いたもの。
（出所）経済産業省「海外事業活動基本調査」より作成。

輸入は 10.1％ 増となり，拡大した。非恩恵品目（無線通信機器，半導体等）では輸出（1.9％ 増），輸入（23.8％ 減）という結果であった。個別品目では自動車，自動車部品，石油製品などが恩恵を受けた。

5-3 在日系企業への影響

　TPP が日本の貿易に与えるもう一つの影響は，在中・ASEAN 日系企業の仕入（部材の調達先）・売上（販売先）行動に関わるものである。

　在外日系企業の 3 大拠点は米国，中国，ASEAN である。表 4-10-①は，2013 年における在外日系企業の世界主要拠点における日系製造業企業の仕入と売上の割合である。在外日系製造業は，日本や周辺国からの製品部材の輸入，部材の現地調達，製品の現地販売や現地生産拠点からの対日，対米輸出等様々な機能を持っている。仕入高と売上高の規模から見た，現地販売額では米国，日本向け輸出では中国と ASEAN，アジア向け輸出では ASEAN と中国における在外日系企業の金額が大きい。現地調達は米国，中国，ASEAN 同じような水準であるが，中国が一歩抜けている。日本からの調達（輸入）では米国，アジアからの調達では ASEAN が大きい。

　2001 年と 2013 年のシェア変化を見ると，仕入・売上面で中国の存在感の高まりが際立っている。表 4-10-②は，2001 年と 2013 年における在外日系企業

の全地域の仕入・売り上げに占める各拠点のシェアを差し引いて増減を求めたものである。中国のシェアは，2001年から2013年間で，総仕入高，総売上高とも16％ポイント拡大しており，米国の減少分を相殺している格好である。また，在外日系企業の現地調達に占める中国の割合は，20.5％ポイントも上昇している。日本からの調達では，13.4％ポイント，アジアからのは10.3％ポイントそれぞれ上昇している。売上では，現地販売では17.1％ポイント拡大している。日本向け販売，アジア向け販売では10％ポイント以上の拡大している。

米国，中国，ASEANの各拠点の役割を見ると，米国では仕入れは日本からの輸入に依存している割合が高く，売上では現地販売の比率が高い（表4-10-③）。中国の現地調達比率は69.5％と高く，販売面では現地比率が55.1％，日本向けが19.8％，アジア向けが11.5％と輸出比率が高い。

ASEANも中国同様に現地調達の比率が6割超えて高く，また日本からの部材調達も中国同様に2割を超えている。売上では，ASEAN 10は現地販売比率が5割を下回っている。日本やアジア，その他地域への輸出比率が高い。

在外日系企業にとって，中国やASEANは重要な輸出拠点となっている。北米向け輸出については，2013年では米国拠点からの輸出額が最大，次に中国，ASEANとなっている（図4-5）。業種では輸送機器の輸出が拡大しており，米国からは自動車（乗用車）をカナダに輸出しているものと考えられる。また，中国も2013年に輸送機器の対米輸出が拡大している。

TPPが日系企業の在外拠点の輸出に与える影響としては，まず，中国からの輸出がTPP参加国の対米輸出と比べて不利化することが挙げられる。前述したように米国の関税は，繊維・アパレルの関税率が高く，労働集約的な財の価格競争力が低下する。

表4-11は，在中国の日系企業の活動（調達，販売）状況である。製造業では，現地調達，販売とも輸送機器が最大となっている。輸出では，情報機器が対日輸出で，輸送機器が対米輸出（北米）で最も金額が大きい。日系企業は，パソコンや携帯電話，ゲーム機器等の情報機器はASEANや中国で生産（生産

第 4 章　日本の TPP 貿易と RCEP 貿易　73

図 4-5　在外日系現地法人（製造業）による北米向け輸出額の推移

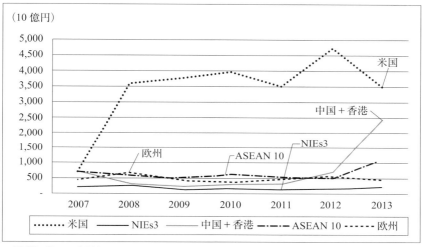

（出所）表 4-10 と同じ。

表 4-11　中国の現地法人（業種別）地域別，年別，比率（2013 年）

（単位：10 億円）

		仕入高						売上高					
		現地調達	日本	アジア	北米	欧州	その他	総計	現地販売	日本	アジア	北米	欧州	その他	総計
総合計	総合計	17,119	6,196	1,594	436	103	54	25,501	23,747	5,757	3,340	2,422	778	315	36,358
製造業	製造集計	11,891	3,686	1,204	220	73	44	17,117	13,749	4,932	2,874	2,373	738	289	24,955
	食料品	868	58	20	0	2	3	951	1,306	59	8	4	2	1	1,380
	繊維	169	36	15	1	10	2	232	336	221	32	4	12	2	606
	木材紙パ	36	14	1	0	1	−	52	69	9	3	0	0	0	81
	化学	415	146	92	0	1	5	660	877	107	93	5	10	8	1,100
	石油・石炭	31	27	3	0	0	−	61	77	0	0	−	−	2	80
	窯業・土石	75	22	6	0	0	0	105	148	44	9	4	2	2	208
	鉄鋼	499	152	21	0	1	−	673	882	10	23	10	7	1	934
	非鉄金属	584	57	15	0	0	0	656	874	125	23	6	2	0	1,030
	金属製品	181	41	12	0	1	0	235	233	117	23	2	0	10	385
	はん用機械	595	54	18	0	3	−	671	538	154	28	52	138	41	952
	生産用機械	301	152	7	0	0	0	461	558	113	24	10	9	4	718
	業務用機械	233	85	214	4	0	0	536	116	478	374	19	19	0	1,007
	電気機械	1,049	241	151	15	1	9	1,466	1,194	602	331	37	44	14	2,222
	情報通信機械	1,174	1,121	480	1	5	1	2,782	1,172	1,979	646	45	33	7	3,883
	輸送機械	5,240	1,336	67	195	46	10	6,893	4,722	624	1,136	2,160	452	194	9,289
	その他の製造業	439	146	81	2	2	12	683	645	290	120	15	8	2	1,080
非製造業	非製造集計	5,228	2,511	390	216	30	11	8,385	9,998	825	466	49	41	26	11,403
	農林漁業	19	−	−	−	−	−	19	18	0	3	0	3	0	26
	鉱業	×	−	−	−	−	−	×	1	15	−	−	−	−	16
	建設業	163	1	2	−	0	−	171	198	1	0	−	0	1	201
	情報通信業	43	4	1	−	2	1	51	82	84	6	0	0	2	174
	運輸業	251	24	9	4	1	7	297	385	67	14	5	3	8	482
	卸売業	4,225	2,439	338	212	27	2	7,242	8,073	544	250	41	34	15	8,958
	小売業	246	16	3	−	−	−	265	492	14	1	1	0	0	508
	サービス業	199	26	33	0	0	−	258	483	95	195	0	0	−	773
	その他の非製造業	×	0	5	−	−	−	×	266	1	0	−	−	−	267

（出所）表 4-10 と同じ。

表 4-12 在 ASEAN の現地法人（製造業）地域別，年別，比率

(単位：10 億円)

		仕入高						売上高					
		現地調達	日本	アジア	北米	欧州	その他	総計	現地販売	日本	アジア	北米	欧州	その他	総計
合計	合計	15,700	4,567	2,666	465	92	132	23,622	19,848	4,006	758	5,353	877	2,183	33,026
製造業	製造集計	10,481	3,624	1,821	298	81	108	16,413	12,809	3,468	708	3,861	769	1,728	23,344
	食料品	192	12	8	0	0	0	212	232	80	13	30	10	4	369
	繊維	96	39	43	8	3	6	195	128	70	12	58	14	13	295
	木材紙パ	60	16	5	3	2	0	86	40	30	1	19	28	6	123
	化学	584	138	215	36	4	44	1,020	945	209	28	329	32	13	1,557
	石油・石炭	8	6	11	0	0	0	26	36	0	—	1	—	—	37
	窯業・土石	42	26	3	12	1	—	84	83	34	16	69	20	4	227
	鉄鋼	139	275	36	0	1	—	451	610	11	0	21	0	1	643
	非鉄金属	338	76	63	42	3	18	541	380	127	6	176	3	9	701
	金属製品	91	63	13	0	0	—	168	163	86	1	32	1	1	283
	はん用機械	114	79	34	1	1	—	229	196	85	4	88	1	3	377
	生産用機械	175	91	22	9	1	1	300	333	61	13	51	1	1	460
	業務用機械	120	36	44	0	1	0	202	132	139	67	76	73	3	490
	電気機械	393	147	94	0	2	5	641	443	296	27	146	89	101	1,102
	情報通信機械	621	555	432	3	1	22	1,635	874	1,113	30	369	31	28	2,445
	輸送機械	7,166	1,965	702	181	53	11	10,078	7,773	748	469	2,284	446	1,534	13,254
	その他の製造業	341	99	94	3	7	2	547	439	379	22	112	21	8	980
非製造業	非製造集計	5,219	943	845	167	11	23	7,209	7,040	538	50	1,492	108	455	9,682
	農林漁業	8	0	—	—	—	—	8	5	3	0	0	0	0	8
	鉱業	44	—	—	—	—	—	44	42	52	—	187	—	—	280
	建設業	493	6	1	0	0	—	500	525	30	—	2	—	—	557
	情報通信業	21	3	1	0	2	—	26	310	112	8	19	3	2	453
	運輸業	96	9	7	3	2	1	118	167	32	3	12	2	1	218
	卸売業	2,586	886	802	163	5	22	4,465	3,507	200	35	1,220	87	451	5,500
	小売業	96	14	28	1	0	—	139	239	1	3	0	0	0	243
	サービス業	1,677	20	3	—	1	0	1,701	1,804	100	0	16	16	0	1,936
	その他の非製造業	198	6	3	0	1	0	208	442	9	—	35	0	0	486

（出所）表 4-10 と同じ。

委託）して日本に持ち込んできた（逆輸入）。2001 年時点では，ASEAN 拠点からの逆輸入が金額では大きかったが，2013 年では在中国拠点が ASEAN を上回っている。一方，輸送機器は，2013 年に在中国日系企業の対米輸出が急拡大している。他の機械産業の輸出は日本向けが主となり次にアジア向けとなっている。輸送機器の対北米輸出は，TPP により関税の不利化が起きれば様子が変わる可能性がある。米国の機械，電機，輸送機器の関税率は平均 3% 程度と比較的低いが，中国の賃金高騰や割高な元の対ドルレートを考慮すると，関税面で不利化が，中国から ASEAN にシフトさせる契機となる可能性が指摘できる。

また，表 4-12 は，2013 年位における在 ASEAN の日系企業の仕入・売上の状況である。在中国拠点とは異なり，売上高に占める海外市場の割合は，アジアが第 1 位に，次いで日本，欧州，北米となっている。ASEAN 拠点は，北米

よりは欧州，日本よりはアジア向けの売上高が大きいのが特徴である。業種別にみると輸送機器の売上高が最も大きい。北米向け輸出の最大が輸送機器である。TPP に参加しているベトナム，マレーシアなどが対米輸出に関税面等で有利な地位を獲得することになる。

　日本の対米輸出は，米国の輸入データでみると 2000 年代に大きく後退した。TPP は，日本からの輸出を促進して，日本からの対米輸出の長期停滞に歯止めをかけることに貢献するかもしれない。しかし，かつてのような，日本から米国に大量の製品を輸出するようなことにはならない。

　TPP の影響として注目すべき点は，在外日系企業による対米輸出である。日系企業は東アジアで生産ネットワークを構築している。その中で，在外日系企業にとって中国は重要な対米輸出拠点の一つである。すでに中国は，賃金高騰と元の対ドルレートが割高となり輸出競争力が低下している。労働集約的な産業では，日本企業や外資系企業，さらに中国企業でさえ，中国以外に生産拠点を確保して欧米向け輸出を中国から切り替えるチャイナ＋1 の動きが出ている。その受け皿としてメコン地域，中でもベトナムが注目されている。すでに，アパレル産業や携帯電話では，ベトナム生産が進み，アパレルでは対米輸出が拡大している。TPP を契機として在東アジアの日系製造拠点の役割の見直しが起きよう。

参 考 文 献

大木博巳「日本の輸出構造分析（4）ニューノーマルにおける対米輸出の課題」，季刊『国際貿易と投資』No 101 国際貿易投資研究所　2015 年秋号。
百本和弘「朴槿恵政権の FTA 政策―韓中 FTA と TPP への対応を中心に　ITI メガ FTA 研究会報告（1）」ITI 調査研究シリーズ　2016 年 4 月。
METI「海外事業活動基本調査結果概要」各年版。
農林中金総合研究所「TPP（環太平洋連携協定）に関する Q&A」2011 年。

第 5 章

知的財産権保護と技術移転
──ASEAN 諸国の貿易データを使用した実証分析──

前 野 高 章・羽 田　翔

1. はじめに

　国際貿易や海外直接投資，そして，オフショアアウトソーシングといった国境をまたぐグローバルな経済活動が活発に行われてきている背景には，広義での貿易コストの低下という経済現象があげられる。自由貿易協定に伴う関税率の低下や輸送技術の進歩などに伴う物流の効率化などが貿易コストの低下に大きく寄与してきたことはこれまでの多くの研究からも明らかであり，自由貿易に対する国際的な取り組みの結果，多くの国や地域に経済的恩恵がもたらされた[1]。それと同時に，国際的な制度設計の水準は国際間で大きな差異が残ったままであるのも現状の課題として存在する。制度の国際的調和を図ることが更なる国際貿易の成長を促進させる取り組みの一つとして指摘されており，本章で取り上げる知的財産権保護に関する国際的な制度設計と貿易の拡大の分析は近年の重要な研究テーマとして位置付けられている。知的財産権保護の分野における制度の国際的な調和への試みは World Trade Organisation (WTO) の Trade-Related Aspects of Intellectual Property Rights (TRIPs) 協定をはじめ，二国間

---

1) Hummels（2007）は輸送コストの低下が国際貿易を拡大させる要因となったことについて言及している代表的な研究である。

レベルの FTA 協定や地域レベルでの FTA 協定などでも通商交渉の一つの重要なテーマとして扱われている。しかし，このような制度の国際的な調和を試みるには一国の経済の成熟度や所得水準などが大きく影響しており，諸国間で様々な課題を残している状態にある[2]。特に，途上国および新興国と先進国間といった所得水準に差がある場合，知的財産権保護の水準に関して格差が存在し，統一的な制度設計で合意に至るまでには相当難しい[3]。本章では，経済水準に差が見られる the Association of Southeast Asian Nations (ASEAN) 諸国の知的財産権保護の分野に着目し，保護の水準の度合いと ASEAN 域内への輸入との関連性の分析を行う。

輸入国における知的財産権保護は貿易を通じた技術移転を阻害するのか，あるいは促進させるのかは，国，産業，財の特性などによって異なり，それらの関係性を明らかにしようとこれまで多くの研究が行われてきた（Haščič et al., 2015 ; Sampath and Roffe, 2012 ; Smith, 2001）。また，先行研究では途上国への技術移転はより高い知的財産権保護によって促進されるとし，さらに受入国の技術吸収能力および貿易開放度が高いほど貿易を通じた技術移転が行われるとしている（Sampath and Roffe, 2012）。しかし，これまで財レベルで貿易を通じた技術移転と知的財産権保護の関係を実証的に分析した研究は少なく，財に体化された特許技術の数値化が必要とされている。本研究の目的は，先行研究で扱われてこなかった財に体化された特許技術を考慮した分析を行うことで，ASEAN 諸国における知的財産権保護の度合いと輸入の関係性を明らかにする。本章の実証分析では，International Patent Classification (IPC) 分類と Harmonised Commodity Description and Coding System (HS) 分類を接続することで HS 財に体化された特許技術を定量化する。この手法により，国別，年別，財ごとの財に体化された技術の度合いを新たに観察することが可能となり，特許の特性を考慮して財貿易と知的財産権保護の度合いの関係性を分析することが可能となる。本分

---

2) 若杉（2007）や若杉・伊藤（2011）では一人当たりの GDP と知的財産権保護の水準に正の相関があることを言及している。
3) 石川・清水・助川（2013）を参照。

析においては，知的財産権保護の変数として世界フォーラムの国際競争度レポートに記載されている知的財産保護指標を使用し，法整備の度合いが貿易額に与える影響を重力方程式により推定し，より高い知的財産権保護を持つ国はより多く特許技術が体化された財の貿易を行っているのかという点を検証する。

本章の構成は以下のとおりである。第 2 節では，知的財産権保護と技術移転に関するこれまで蓄積されてきた先行研究をまとめる。第 3 節では世界経済フォーラムにより公開されている各国の知的財産権保護の度合いに関するデータを使用し，ASEAN 諸国を中心に知的財産権保護の水準について考察する。そして，IPC の 4 桁分類と HS の 6 桁分類を結合させ，国別，財別，年別の特許申請数に関するデータを作成し，機械産業の特許申請数に関する ASEAN 諸国の特徴を明らかにする[4]。第 3 節で使用するデータをもとに，第 4 節では知的財産権保護の水準の度合いが貿易を通じた技術移転に影響を及ぼしているのかという点について実証分析を行う。そして，第 5 節で結びとする。

2. 知的財産権保護と技術移転に関する研究の動向

本章では，既述したが，制度の国際的調和という観点から，知的財産権保護の水準が高い国はより多く輸入を受け入れているという仮説の分析を試みる。つまり，技術に関する法制度が相対的に整っている国は，外国からより多くの知識集約財を輸入しており，自国の生産効率を向上させることにつながるのではないか，という点を明らかにする。これまでに技術移転と経済成長に関する研究は理論面と実証面で行われてきており，そこでは，知的財産権保護の度合いが一国の経済にもたらす影響に関する研究と，技術移転の手段の差異が一国の経済に異なる影響をもたらすという研究が主に蓄積されてきた。本節ではそれら先行研究のレビューを行う。

はじめに，各国の知的財産権保護の水準の指標化を試みた代表的な研究をま

---

[4] ここでいう機械産業とは HS コードの 84 から 92 を意味する。

とめる。技術移転を行う際の重要な要因の一つが技術を受け入れる国の法制度の整備状況である。Rapp and Rozek (1990) は知的財産権保護に関する法制度の整備の度合いを指標化し，87カ国の特許に関する法整備がどの程度整っているかについて6段階でスコアリングを行っている。各国の知的財産権保護の度合いを指標化することは一定の研究意義があるが，Rapp and Rozek (1990) による指標は主観的な要素が入ってしまっているため，より客観的な指標の必要性を言及したのが Maskus and Penubarti (1995) である。Rapp and Rozek (1990) が主に法整備の視点から分析していたのに対し，Maskus and Penubarti (1995) は教育水準や一人当たりの所得などといった経済発展を表す変数，植民地ダミー変数，国際条約への加盟の有無を表す変数などを計量分析に取り入れ，間接的ではあるもののより客観性をもたせるために，計量分析から得た推定値を各国の知的財産権保護に関する法制度の整備の度合いとして分析に用いた。そして，より直接的に知的財産権保護の度合いを分析に取り入れたのが Ginarte and Park (1997) や Park (2001, 2008) である。彼らの研究では5つの判断項目から各国の知的財産権保護の水準を指標化し，より客観的な指標構築を行っている[5]。

次に技術移転の手段に着目した研究についてまとめる。企業は技術移転に関する手段をどのように選択するのか，という点が企業の海外進出と技術移転に関する研究では着目されてきた。国境を越える技術移転を考える場合，代表的な手段として，企業の経営資源や生産技術を海外子会社へ技術移転をして自社内の技術を用いることとなるFDIと，市場を介して他社との契約を通じた技術移転であるライセンシングがある。既述したように，技術移転を試みる企業にとって，進出先あるいは取引先の国の知的財産権保護の法整備の有無は非常に重要な要因となる。この知的財産権保護の法整備の度合いは企業のFDIとライセンシングのいずれかの選択にも影響を与える。知的財産権保護の法整備

---

5) 彼らへの研究での判断項目とは，特許の保護の範囲，特許保護の期間，法的拘束力，国際条約加盟情況，制限条項の有無の5つである。また，若杉・伊藤 (2011) ではこれら指標を図表化し各国の知的財産権保護の度合いに関する体系的な分析を行っている。

が強化されている場合，市場を通じた取引の際の企業が直面する取引費用は相対的に低くなると考えられ，そのような場合は FDI ではなくライセンシングが選択される可能性が高まり，また，技術移転を行う企業が進出先での取引相手を垂直統合することにより効率的な取引が達成する可能性もある。このような場合はライセンシングではなく FDI が選択されうる[6]。これらの理論的背景をもとに，Yang and Maskus (2001 b) はアメリカ企業の国際取引を観察することにより，海外子会社からの技術供与に伴うロイヤリティー受取額と市場を通じた現地の他社からの同様の受取額のデータをもとに，それらと知的財産権保護の程度との関係性を分析し，知的財産権保護の度合いの強い国へはライセンシングが活発に行われていることを明らかにした[7]。

3. アジア地域における特許申請と知的財産権保護の現状

1995 年に WTO から発行された知的財産権の貿易関連の側面に関する協定（TRIPs 協定）により，WTO 加盟国は自由貿易促進のために知的財産権保護や権利行使手続の整備を義務付けられた。さらに TRIPs 協定は多国間協定であるため，加盟国は本協定の内容を法律に反映させる必要があった。そして，公平性を保つために途上国に対しては法整備までに一定期間の猶予を設けた。しかし，先進国と途上国間での知的財産権保護における格差は是正されておらず，先進国から途上国への海外直接投資，ライセンシング，貿易を通じた技術移転が阻害されている可能性が指摘されている。本項ではアジア[8]における知的財産権保護のレベルを概観し，域内における格差の程度を確認する。また，

---

6) Grossman and Hart (1986), Markusen (1995), Ethier and Markusen (1996), Yang and Maskus (2001 a) などを参照。
7) 知的財産権保護の法整備の水準が FDI とライセンシングに与える影響は一致したものではなく，どのような仮説を前提とするかによりその結果は異なってくる。また，実証研究においても，知的財産権の法整備を強化することにより企業の選択が FDI であるのか，ライセンシングであるのか，あるいは両方とも選択しないのか，については決定的な分析結果は出ていない。これらについては，Smith (2001), Glass and Saggi (2002), Fosfuri (2004) などを参照。
8) 本分析では ASEAN 諸国および日本，中国，韓国を意味する。

他の要素も影響しているが，より強い知的財産権保護は新たな技術革新や特許申請を促すとされている（若杉・伊藤，2011）。そこで以下では，アジアにおける知的財産権保護の度合いと特許申請数を確認することで間接的にそれらの関係を確認する。

3-1 アジア地域における知的財産権保護の現状

アジアにおける知的財産権保護の度合いを確認する場合，比較可能な指標が必要となる。本章では知的財産権保護を表す指標として，世界経済フォーラム（World Economic Forum：WEF）が発行している「*Global Competitiveness Report*，各年版」に記載されている "Protection of Property Rights" を採用する。本指標は世界経済フォーラムが世界の約1万人の経営者を対象に行ったアンケートを参考に作成され，1（最低）から10（最高）までの数値で表されており，この数値が高いほど知的財産権保護の度合いが高いことを意味する。

表5-1は知的財産権保護の度合いを表す数値をまとめたものである。まず世界の平均値であるが，1995年のTRIPS協定締結後10年間は改善傾向であったが，その後，保護の度合いは低下傾向となっている。つまり，TRIPS協定が知的財産権保護に一定の効果を有していたことを示唆しているが，2005年以降は元の平均値を下回る数値となっていることから，その背景には何らかの要因があることが考えられる。これらの原因としては，途上国を中心にいくつかの国が新たに調査対象となったことが考えられる。つまり，それぞれの国に関する数値を確認しないことには国や地域の特異性は判断できないため，国ごともしくは地域ごとに数値を確認する必要がある。

アジアの国々に関しては，基本的に全ての国が1995年における知的財産権保護の度合いよりも2013年における保護の度合いが高くなっている。このことは世界平均の動向とは対照的であり，アジア地域の国々は継続して知的財産権保護を強化してきたことを示唆している。しかし，年ごとに数値を比較すると，アジア域内で知的財産権保護の度合いに関して格差が存在し続けていることが確認できる。まず，2013年時点で数値が7.0以上の国としてシンガポール

表 5-1　知的財産権保護の度合い

	1995	2000	2005	2010	2011	2012	2013
ASEAN 諸国							
シンガポール	7.33	7.62	8.90	8.97	8.96	8.89	8.73
マレーシア	6.14	4.23	7.93	7.19	7.29	7.00	7.16
ブルネイ				6.06	5.92	5.97	5.97
インドネシア	4.20	3.13	4.59	4.94	5.09	5.11	5.48
フィリピン	3.96	3.22	5.69	4.35	5.17	5.58	5.47
タイ	3.60	4.42	7.11	4.29	4.54	5.13	5.15
ベトナム			5.72	4.52	4.20	4.18	4.34
カンボジア				4.63	4.68	4.41	3.91
ミャンマー						2.52	2.82
プラス 3							
日本	6.83	7.55	8.73	7.81	7.98	8.02	8.24
中国	4.15	3.22	4.95	6.74	6.43	6.04	5.81
韓国	4.26	5.00	7.40	5.92	6.11	5.91	5.36
主要先進国							
ドイツ	7.99	8.84	9.61	7.88	8.05	8.07	7.73
イギリス	7.08	8.44	9.09	8.34	8.67	8.60	8.70
アメリカ	7.76	9.10	8.05	6.76	6.63	6.95	7.25
世界	5.55	5.16	6.06	5.50	5.49	5.46	5.32

（出所）世界経済フォーラム「*Global Competitiveness Report* 各年版」の数値を参考に筆者が作成。

(8.73)，日本 (8.24)，マレーシア (7.16) があげられる。これらの国はイギリス (8.70)，ドイツ (7.73)，アメリカ (7.25) といった先進国と同じ知的財産権保護の水準を保っており，世界の中でも高水準である。次に，ブルネイ (5.97)，中国 (5.81)，インドネシア (5.48)，フィリピン (5.47)，韓国 (5.36) が上位と世界平均の間に位置する国である。そして，世界平均を下回る国としてはタイ (5.15)，ベトナム (4.34)，カンボジア (3.91)，ミャンマー (2.82) があり，シンガポールとミャンマーでは知的財産権保護の度合いに関して 5.91 の差がある。アジア地域の平均値は 5.70 であり世界平均よりも高い数値となっているが，アジア域内に知的財産権保護における格差が存在することで域内および域外からの技術移転または貿易を阻害する要因となっている可能性がある。次項では，アジア域内における特許申請数の分布を確認し，知的財産権保護の度合いとの関係を考察する。

3-2　アジアにおける特許申請数

アジア域内の知的財産権保護の格差は技術革新や技術移転を阻害する可能性があり，先行研究でカバーされてこなかった，貿易を通じた技術移転との関係性という観点を確認するためには財レベルでの特許申請数の把握が必要である。しかし，HS 6 桁分類で特許申請数を確認するためには，国際特許分類である IPC 分類と HS 6 桁分類のコンコーダンスが必要となる。IPC は 1～8 桁までの分類から成っており，8 桁に近づくほどより詳細な分類となっている。財レベルでの分析に対してはより細かい分類を使用する必要があるため，本研究では Lybbert and Zolas (2014) を使用し国際的な特許データが取得可能な IPC 4 桁分類と HS 6 桁分類の接続を行う。Lybbert and Zolas (2012) は，ALP（Algorithmic Links with Probabilities）手法により Standard International Trade Classification (SITC) 5 桁分類と IPC 4 桁分類を接続している。また，国連では SITC と HS のコンコーダンスを公表しており，Lybbert and Zolas (2012) のコンコーダンスと合わせて使用することで IPC 4 桁分類と HS 6 桁分類の結合が可能となる。このコンコーダンスを作成後，OECD，Patent Statistics より取得した特許データを HS 6 桁分類へ結合することにより，国別，財別，年別の特許申請数が確認可能となる[9]。これらの数値を使用して，各国の特許申請数を確認する。

今回は域内貿易が活発である HS 84（原子炉，ボイラー及び機械類並びにこれらの部分品），HS 85（電気機器及びその部分品並びに録音機，音声再生機並びにテレビジョンの映像及び音声の記録用又は再生用の機器並びにこれらの部分品及び附属品），HS 86（鉄道用又は軌道用の機関車及び車両並びにこれらの部分品，鉄道又は軌道の線路用装備品及びその部分品並びに機械式交通信号用機器（電気機械式のものを含む。）），HS 87（鉄道用及び軌道用以外の車両並びにその部分品及び附属品），HS 88（航空機及び宇宙飛行体並びにこれらの部分品），HS 89（船舶及び浮き構造物），HS 90

---

[9]　HS 6 桁分類の各 ID には複数の IPC 4 桁分類の ID が接続される割合が高く，接続表の作成が非常に困難であった。また，これらの接続表を使用して国別年別 HS 分類別のデータセットを作成するためには膨大なデータ量と時間が必要になることから，STATA 等の統計ソフトが必要となる。

(光学機器，写真用機器，映画用機器，測定機器，検査機器，精密機器及び医療用機器並びにこれらの部分品及び附属品)，HS 91（時計及びその部分品），HS 92（楽器並びにその部分品及び附属品）産業に焦点を当てアジア各国の特許申請数を概観する。

表5-2は各国の特許申請数[10]を，HS 2桁分類ごとにまとめたものである。これらの数値は1つの財カテゴリーにおいてどれほど特許申請が行われたかを意味している。まずASEAN諸国の特許申請数であるが，概ね知的財産権保護の度合いと正の相関があると考えられる。知的財産権保護の度合いが高い国では特許申請または技術移転が活発である可能性がある。しかし，ASEAN諸国の特許申請数は，日本，中国，韓国，ドイツ，イギリス，アメリカと比較すると非常に少ないことが確認できる。また，産業別に確認すると，多くの国でHS 2桁分類の85，90，91で1財当たりの特許申請が多く行われており，産業の特性によっても特許申請数が影響されることが読み取れる。このことは，知的財産権保護の度合いと特許申請数に影響を与える要因は非常に複雑に絡み合っており，ある2変数の関係を分析するのみでは難しい可能性を示唆している。これらの結果からもわかるように，技術革新や技術移転が活発なため，または経済規模，教育の質による影響で知的財産権保護が強化された可能性もあり，表5-2のみを解釈するだけでは判断できない。次節では，計量分析を行うことでアジア地域における知的財産権保護の度合いと貿易を通じた技術移転の関係性を明らかにする。

4. 知的財産権保護が技術移転に与える影響

アジア域内における知的財産権保護の度合いに格差が存在していることは域内の国際分業体制を抑制する要因となっている可能性がある。例えば，日本企業が1つの財を生産するために生産工程をアジア域内にフラグメントさせてい

---

10) 本数値は発明国が複数の場合は1つの特許を発明国数で割ったものが各国に均等に配分される。つまり，1つの特許を日本，アメリカ，フランスで申請した場合，各国には1/3の値が与えられる。

表5-2 1財当たりの特許申請数（HS分類 84-92）

国	年	HS 84	85	86	87	88	89	90	91	92	合計
シンガポール	2010	5.9	20.0	1.2	3.3	6.4	4.9	28.0	21.7	3.0	676.6
	2011	6.3	20.8	1.1	1.8	3.4	4.9	26.9	22.1	0.7	637.9
	2012	6.8	19.1	2.7	2.2	3.1	11.3	32.4	20.8	1.4	719.6
マレーシア	2010	3.7	7.2	0.9	2.1	1.6	1.3	12.2	14.9	0.3	383.8
	2011	2.6	5.0	0.6	1.0	0.8	1.3	10.5	10.0	0.6	358.2
	2012	3.0	6.3	1.0	1.6	0.6	0.7	7.7	10.5	0.3	335.0
インドネシア	2010	0.1	0.0	0.0	0.0	0.0	0.0	0.1	0.2	0.1	15.2
	2011	0.1	0.0	0.0	0.0	0.0	0.1	0.3	0.4	0.7	18.3
	2012	0.1	0.3	0.0	0.2	0.0	0.0	0.2	0.2	0.0	30.1
フィリピン	2010	0.1	0.3	0.0	0.0	0.0	0.0	0.4	0.7	0.1	26.9
	2011	0.1	0.3	0.0	0.3	0.2	0.0	0.8	0.3	0.0	37.2
	2012	0.2	0.7	0.0	0.0	0.0	0.1	1.2	0.4	0.0	30.8
タイ	2010	0.5	1.1	0.1	2.2	0.5	0.1	1.5	1.5	0.4	84.0
	2011	0.6	0.7	0.5	0.2	0.1	1.2	0.9	0.6	0.3	83.1
	2012	0.2	0.5	0.1	0.6	0.4	0.8	1.0	0.6	0.3	92.3
日本	2010	331.8	1017.9	89.6	469.4	157.1	68.7	1063.3	768.0	63.0	37123.9
	2011	388.3	1187.8	122.0	568.4	169.5	81.8	1189.6	868.6	66.8	41733.7
	2012	399.8	1172.5	121.8	620.4	202.6	107.8	1226.4	863.8	72.0	43619.0
中国	2010	126.8	351.5	25.6	56.0	34.3	23.0	249.7	592.1	12.2	13535.4
	2011	166.0	456.8	42.3	76.0	43.7	28.5	314.7	754.2	12.6	17330.7
	2012	179.8	495.0	43.2	69.2	42.4	27.3	371.1	807.7	20.9	19085.8
韓国	2010	88.9	257.7	18.6	62.5	32.1	50.8	285.8	357.8	13.7	9544.3
	2011	97.1	293.3	17.6	55.8	34.2	63.2	318.1	405.4	20.7	10817.4
	2012	102.1	308.4	19.4	65.1	34.2	89.4	316.7	402.2	17.6	11941.3
ドイツ	2010	196.9	324.8	120.6	375.0	168.7	47.4	369.1	218.4	34.1	18501.3
	2011	196.3	354.9	134.5	373.8	149.8	40.7	380.3	229.0	22.1	18603.5
	2012	182.1	330.4	135.1	350.7	133.6	45.5	354.3	207.6	24.7	17887.1
イギリス	2010	37.6	68.9	14.2	37.2	57.7	41.9	150.8	101.0	11.4	5753.1
	2011	39.0	70.0	12.0	36.8	48.1	32.1	150.2	101.6	12.2	5798.1
	2012	40.9	71.7	15.1	43.6	56.1	39.6	145.3	92.3	10.9	5761.1
アメリカ	2010	407.1	849.9	95.7	230.7	409.2	211.3	1635.0	1390.1	85.8	45228.5
	2011	468.7	986.3	107.4	262.8	425.6	230.7	1780.3	1626.8	91.4	49242.4
	2012	524.7	1036.0	119.6	288.1	477.2	246.4	1855.6	1766.9	105.5	52332.4

（出所）：OECD, *Patent Statistics* の数値を参考に筆者作成。

る場合，中間財等に体化された技術は国境を越えることになる。そのとき，企業内貿易であるか否かが，技術流出問題にとって非常に重要となってくるが，知的財産権保護の度合いに関しても同じことが言える。このように，知的財産権保護に関する格差がアジア域内の国際分業体制を阻害する要因となる場合が

ある。本節ではアジア諸国の貿易，知的財産権保護の度合い，貿易に体化された特許技術に関するデータを使用することで，貿易を通じた技術移転が知的財産権保護の度合いに影響されるかを計量的に分析する。

4-1 分析のフレームワーク

　本節では，輸入国における知的財産権保護のレベルと貿易を通じた特許技術移転の関係を，ASEAN 諸国を対象とした計量分析により明らかにする。理論モデルとしては貿易の重力方程式（Gravity Equation of International Trade）を採用し，貿易コストを考慮した計量分析を行う。伝統的には最小二乗法(Ordinary Least Square : OLS)によって重力方程式を推定していたが，Anderson and van Wincoop (2003) が伝統的な重力方程式は価格効果をコントロールできないという指摘を行ったため固定効果法が採用されるようになった。彼らは伝統的な重力方程式は広義での消費者物価指数は考慮していないことを理論的に導出し，この広義での消費者物価指数のことを多角的貿易抵抗指数（Multilateral Resistance Term）と呼び，この変数を計量分析に含める必要性を説いた。Redding and Venables (2004) は輸出国および輸入国ダミー（固定効果）を推定式に含めることでこれらの問題を解決しようと試みた，すなわち固定効果法である。この固定効果法は欠落変数の問題を解決するためにも広く採用されてきた。

　近年では，Santos Silva and Tenreyro (2006) が貿易の重力方程式を伝統的な方法で推定することへの批判を行っている。その理由としては以下の2点があげられる。1つ目は，「Jensen の不等式」である。これは，期待値を取ってから対数化する場合と，対数化してから期待値を取る場合では結果が異なることを指摘している。2つ目は，ゼロ貿易の扱いである。従来の推定式は貿易額を対数化しているため，ゼロを含んだ数値は推定に含めることができなかった。これらの問題を考慮した上で，Santos Silva and Tenreyro (2006) は対数化を行わない（レベル）で推定するポワソン疑似最尤推定法（Poisson Pseud-Maximum-Likelihood : PPML）が最適であると提案した。そこで，本章の実証分析では，2010～2013 年におけるアジア諸国を対象とした HS 分類6桁レベルの輸入データ

表 5-3　各変数の定義

変数	定義	出所
$import_{ijkt}$（輸入額）	t期におけるi国がj国から輸入したにk財の輸入額	UN, *Comtrade*
$protection_{it}$（知的所有権保護）	t期におけるi国の知的所有権保護のレベル（1-10）	World Economic Forum *Global Competitiveness Report*
$patent_{jkt}$（特許申請）	t期におけるj国が申請したk財に該当する特許申請数	OECD, *Patent Database*
$dist_{ij}$（距離）	i国とj国間の距離の対数値	CEPII, *Gravity database*
$language_{ij}$（共通言語ダミー）	i国とj国の公用語が共通の場合は1，それ以外は0	CEPII, *Gravity database*
$colony_{ij}$（植民地ダミー）	i国がj国の植民地経験であった場合は1，それ以外は0	CEPII, *Gravity database*

（出所）筆者作成。

を使用し，PPML により以下の式を推定する[11]。

$$import_{ijkt} = \exp[\gamma_1 protection_{it} \times patent_{jkt} + \gamma_2 dist_{ij} + \gamma_3 language_{ij} + \gamma_4 colony_{ij} + Y + \varepsilon_{ijkt}] \quad (1)$$

ここでi, j, k, tはそれぞれ輸入国，輸出国，財，年を意味する。被説明変数である import は輸入額を表し，HS-6 桁レベルでの貿易額を使用する。*protection* は輸入国における知的財産権保護の度合いを表しており，この数値が高いほど保護の度合いが強いことを意味する。*patent* は輸出国が申請した特許数を示しており，輸出国別，財別，年別に変化する変数となっている。*protection* × *patent* は上記2変数の交差項であり，本分析が最も重要視する変数である。Y は輸出国および輸入国ダミー（固定効果）を意味しており，その他の変数の定義と出所は表 5-3 にまとめている。

4-2　知的財産権保護と貿易の関係

本項では PPML による推定結果を概観し，知的財産権保護と貿易の関係を

---

11) 本分析では 2008 年および 2009 年に発生した世界金融危機の影響を取り除くため，そして特許データの有効性の問題から分析期間を 2010-2012 年とした。PPML は STATA のコマンドとして使用可能である。

表 5-4　推定結果(1) ASEAN＋3, 全産業

被説明変数：輸入額			
説明変数	輸入額（2010 年）	輸入額（2011 年）	輸入額（2012 年）
知的所有権保護×特許技術	0.060**	0.058**	0.064**
	(0.005)	(0.006)	(0.007)
距離	−0.023	−0.015	−0.021
	(0.141)	(0.144)	(0.143)
言語ダミー	0.174	0.127	0.100
	(0.205)	(0.206)	(0.206)
植民地ダミー	0.286	0.191	0.252
	(0.190)	(0.184)	(0.186)
輸入国ダミー	YES	YES	YES
輸出国ダミー	YES	YES	YES
サンプル数	4703940	4,754,520	5,174,334
R-squared	0.004	0.003	0.003

Robust standard errors in parentheses
**$p<0.01$, *$p<0.05$, +$p<0.1$

表 5-5　推定結果(2) ASEAN, 全産業

被説明変数：輸入額			
説明変数	輸入額（2010 年）	輸入額（2011 年）	輸入額（2012 年）
知的所有権保護×特許技術	0.051**	0.047**	0.048**
	(0.005)	(0.005)	(0.005)
距離	0.0936	0.080	0.073
	(0.157)	(0.161)	(0.162)
言語ダミー	0.346	0.245	0.273
	(0.282)	(0.291)	(0.285)
植民地ダミー	0.311*	0.182	0.389**
	(0.154)	(0.147)	(0.150)
輸入国ダミー	YES	YES	YES
輸出国ダミー	YES	YES	YES
サンプル数	3,292,758	3,328,164	3,763,152
R-squared	0.004	0.003	0.003

Robust standard errors in parentheses
**$p<0.01$, *$p<0.05$, +$p<0.1$

明らかにする。知的財産権保護が貿易を通じた技術移転に与える影響は国や産業によって異なる可能性があることから，計量分析では全サンプルでの推定結果と対象国および産業を絞って行った推定結果の比較を行うことで国や産業による違いを確認する。また，時系列での変化を考慮できないため，各年での推

定を行いクロスセクションでの比較を行う。

表5-4は，全てのアジア諸国における全産業を対象とした推定結果を取りまとめたものであり，本分析で対象としている2010～2012年の結果がそれぞれ示されている。まず本分析が注目している知的財産権保護の度合いと財に体化された特許申請数の交差項（*protection* × *patent*）の係数は正で統計的に有意である。これは，より知的財産権保護の度合いが高い国においては，より特許技術を含んでいる財が輸入されていることを示唆している。そして，この結果はより高い知的財産権保護と技術移転が正の関係性であるという予測と整合的である。各年で比較しても，この結果に大きな差はなく，分析期間内においてこれらの関係性は異ならないことを意味している。その他の距離（*dist*）の係数は負，共通言語ダミー（*language*）と植民地ダミー（*colony*）の係数は正であるが全て統計的に有意ではなく，アジア諸国の輸入決定要因として説明力を持たないことを意味している。本分析は主にアジア諸国を対象とした分析であり，アジア域内の貿易が活発であるため2国間の距離が説明力を持っていない可能性がある。

次に，表5-5は，サンプルから日本，中国，韓国の3カ国を除いた推定結果を取りまとめたものである。まず，知的財産権保護と特許申請数の交差項の係数であるが，表5-2の結果と同様に正で統計的に有意であった。このことは表5-4の結果が日本，中国，韓国に対してのみ当てはまっているわけではないことを示唆しており，アジア地域全体における知的所有権保護の度合いと貿易を通じた技術移転の関係性を表していることとなる。その他のコントロール変数に関しては，植民地ダミーのみが表5-4の結果と異なっており，その係数は正で統計的に有意である。例えば，ベトナムは1885～1945年までフランスの植民地であったが，この歴史的な事実があることにより他の国よりも貿易が活発に行われていることを示している。この結果は日本，中国，韓国を含んだ推定では確認できなかったため，ASEAN諸国と日本，中国，韓国では異なるメカニズムで貿易が行われていることが導き出されている。

表5-6および表5-7は，域内貿易が活発なHS 2桁分類84～92産業のみを

表 5-6 推定結果(3) ASEAN＋3，機械産業（HS 分類 84-92）

被説明変数：輸入額 説明変数	輸入額（2010 年）	輸入額（2011 年）	輸入額（2012 年）
知的所有権保護×特許技術	0.065**	0.063**	0.072**
	(0.005)	(0.005)	(0.007)
距離	−0.117	−0.123	−0.128
	(0.130)	(0.138)	(0.141)
言語ダミー	0.438 +	0.423 +	0.394 +
	(0.240)	(0.242)	(0.238)
植民地ダミー	0.207	0.098	0.201
	(0.233)	(0.228)	(0.228)
輸入国ダミー	YES	YES	YES
輸出国ダミー	YES	YES	YES
サンプル数	1,119,720	1,131,760	1,231,692
R-squared	0.015	0.016	0.017

Robust standard errors in parentheses
**p<0.01, *p<0.05, +p<0.1

表 5-7 推定結果(4) ASEAN，機械産業（HS 分類 84-92）

被説明変数：輸入額 説明変数	輸入額（2010 年）	輸入額（2011 年）	輸入額（2012 年）
知的所有権保護×特許技術	0.057**	0.053**	0.057**
	(0.005)	(0.005)	(0.005)
距離	0.087	0.064	0.048
	(0.155)	(0.164)	(0.168)
言語ダミー	0.614 +	0.585 +	0.657*
	(0.330)	(0.337)	(0.322)
植民地ダミー	0.288	0.082	0.345*
	(0.180)	(0.168)	(0.164)
輸入国ダミー	YES	YES	YES
輸出国ダミー	YES	YES	YES
サンプル数	783,804	792,232	895,776
R-squared	0.012	0.017	0.017

Robust standard errors in parentheses
**p<0.01, *p<0.05, +p<0.1

対象とし，アジア全体と ASEAN 諸国にサンプルを分けて推定した結果を取りまとめたものである。これらの結果と全産業の結果を比較することにより，産業の特性によって知的財産権保護の度合いと技術移転の関係性が異なるかを確認する。まず，本分析が着目している交差項の係数であるが，全産業を対象と

した推定結果と同様に正で統計的に有意である。年代別，サンプル国別に確認しても大きな違いはなく，本分析においては機械産業の特性が知的財産権保護と貿易を通じた技術移転に影響を与えているかは確認ができなかった。その他のコントロール変数に関しては，共通言語ダミーに関して異なる結果が得られた。表5-6および表5-7の結果においては共通言語ダミーの係数は正で統計的に有意となっており，輸出国と輸入国の公用語が共通であった場合により貿易を行っていることが明らかとなっている。共通の公用語を有することは取引コストの低下につながり，当該産業においてはこの取引コスト低下が2国間の貿易を促進させていることを示唆している。機械産業における日本，中国，韓国を除いた国を対象とした推定結果では植民地ダミーの係数は正であるが統計的に有意ではなかった。このことは当該産業での国際的取引において過去の植民地関係は説明力を有していないことを意味し，機械産業においては他の産業と異なったメカニズムが働いていることを示唆している。

　以上の結果から，国，地域，産業などの特性を考慮した場合でも，アジア地域における知的財産権保護の度合いとより特許技術を有した財の輸入の正の関係は変わらないことが明らかとなった。これらのことから，知的所有権保護の強化，または保護のレベルを域内で均等化することの重要性が政策的インプリケーションとして導き出された。しかし，今後の研究において以下の3点に関する課題を解決する必要がある。1つ目に，本研究では財の特性を特許技術のみでコントロールしており，その他の特性はコントロールできていない。例えば，貿易されている財が中間供給業者間で行われているのか，それとも最終財を消費者へ販売する目的で貿易しているかで知的財産権保護の度合いが影響するかどうかが変わってくる可能性がある。そのため，今後の研究ではこれら財の特性をコントロールした分析も行う必要があると考える。2つ目に，今回は機械産業のみに焦点を当てた分析を行っているが，その他の産業およびより細かい産業分類を使用した分析は行っていない。そのため，より多様な産業分類を考慮した分析が必要となる。3つ目に，本分析で使用した特許申請数の変数はフローであり，特許技術の蓄積や技術の陳腐化などは考慮されていない。ま

た，全ての特許技術は同質であると仮定しているため特許技術間での差別化ができない状況となっているため，財に体化された特許技術を表すより正確な変数が必要となる．

5．おわりに

国境を越えた技術移転は企業の国際的な経済活動を行う際の重要な課題の一つである．また，1990年代以降，顕著に観察できる生産工程間の国際分業の視点から考えても，技術移転は技術を受け入れる側の生産効率の改善だけではなく，広域により効率的な生産ネットワークを構築するための経営資源の移転の手段の一つである．技術移転の際の手段としてFDIやライセンシングがあり，それら技術移転の諸手段と経済成長に関する多くの研究が既に蓄積されてきた．また，TRIPs協定などからも分かるように，知的財産権に関する制度を国際的に調和していく必要性が近年特に問われている．進出市場の知的財産権の保護に関する法制度が整っているならば，企業はより多くの技術集約財あるいは特許集約財の貿易を行いやすくなり，逆にそのような法制度が整っていない市場に対しては，企業は生産技術の漏洩を恐れ，特許要素を含む財の貿易を控えるであろう．本章では知的財産権に関する法整備と国際貿易を通じた技術移転に分析観点をおき，輸入国の知的財産権保護の水準が相対的に高い場合，その国は相対的に多くの知識集約財を輸入しているのかという仮説の検証を行った．

本分析ではASEAN諸国を分析の対象地域とし，2010年から2012年における知的財産権保護の度合いと特許集約財の輸入額との関係性を明らかにすることを試みた．分析に当たり，IPCデータと貿易データから各貿易品目にどの程度特許申請を行っているのかを示すコンコーダンスを作成し，ASEAN諸国とASEAN＋3の全産業および機械産業の組み合わせで計量分析を試みた．分析結果はASEAN諸国のみの分析とASEAN＋3の分析のいずれにおいても，より知的財産権保護の度合いが高い国はより特許技術を含んでいる財を輸入しているということを明らかにするものであった．これは知的財産権保護の水準と

技術移転の間に正の関係性があるという仮説を肯定するものであり，技術移転の手段が貿易の場合であってもFDIやライセンシングの視点から分析している既存の研究の結果と同様のことがいえるということである。

ASEAN諸国はASEAN経済共同体としての潜在的な市場をもつ地域経済圏である。同時に，ASEAN諸国はWTOに加盟しており，TRIPS協定に基づく知的財産権保護の義務を負っている。つまり，ASEAN諸国は特許権や，著作権，商標権などといった知的財産権を保護するための法制度を整備する義務を既に負っているということである。また，ASEAN諸国には日本企業をはじめ，多くの多国籍企業が生産拠点の立地先として進出しており，ASEAN諸国は東アジア地域で構築されている生産ネットワークの中において，経済的・地理的に重要な役割を担っている。これらの点から考えると，ASEAN諸国は日本，中国，韓国といった東アジア諸国や他の欧米先進国との経済的なつながりは非常に強いものとなっているが，本章で考察したように，貿易財レベルで見る特許申請数は他の諸国と比べて非常に少ない。ASEAN諸国間の所得水準が大きく異なるという現状があることから法整備への取り組みが諸国間で異なっていることもあろうが，特許申請数が少ない理由の一つには技術に対する法整備の水準が十分ではないということが考えられる。今後ASEAN諸国が経済成長を持続するためにはビジネス環境を更に改善していく必要があり，技術移転を促す知的財産権保護に関する法整備の強化は重要な課題の一つであろう。

追記　本研究は中央大学経済研究所アジア経済圏研究部会の研究成果である。本分析にあたり，非関税障壁の度合いを計測するために，貿易データと特許データをマッチングさせるデータの作成を試みた。この作業は以前からの共同研究者の1人である日本大学経済学部の羽田翔氏と共同で行っており，貿易および特許データから一国の知的財産権制度に関する水準の指数化を試みたものである。本研究論文はその一部を使用しているため羽田氏との共著となっている。

参　考　文　献

Anderson, J. E. and E. van Wincoop (2003), "Gravity with Gravitas : A solution to the border puzzle", *American Economic Review*, Vol. 93 (1), pp. 170–192.

Dunning, J. H. (1993), *Multinational Enterprises and the Global Economy*, Wokingham,

U.K. : Addison-Wesley Publishing Company.

Ethier, W. J. and J. R. Markusen (1996), "Multinational Firms, Technology Diffusion and Trade", *Journal of International Economics*, Vol. 41 (1–2), pp. 1–28.

Fosfuri, A. (2004), "Determinants of International Activity : Evidence from the Chemical Processing Industry", *Research Policy*, Vol. 33 (10), pp. 1599–1614.

Ginarte, J. C. and W. G. Park (1997), "Determinants of Patent Rights : A Cross-national Study", *Research Policy*, Vol. 26 (3), pp. 283–301.

Glass, A. J. and K. Saggi (2002), "Intellectual Property Rights and Foreign Direct Investment", *Journal of International Economics*, Vol. 56 (2), pp. 387–410.

Grossman, S. J. and O. D. Hart (1986), "The Cost and Benefit of Ownership : A Theory of Lateral and Vertical Integration", *Journal of Political Economy*, Vol. 94 (4), pp. 691–719.

Haščič, I., J. Silva and N. Johnstone (2015), "The Use of Patent Statistics for International Comparisons and Analysis of Narrow Technological Fields", *OECD Science, Technology and Industry Working Papers*, 2015/05, OECD Publishing, Paris.

Hummels, D. (2007), "Transportation costs and international trade in the second era of globalization", *Journal of Economic Perspectives*, Vol. 21 (3), pp. 131–154.

Javorcik, B. (2004), "The Composition of Foreign Direct Investment and Protection of Intellectual Property Rights : Evidence from Transition Economies", *European Economic Review*, Vol. 48 (1), pp. 39–62.

Lybbert, T. J. and Zolas, N. J. (2014), "Getting patents and economic data to speak to each other : An "Algorithmic link with Probabilities" approach for analyses of patenting and economic activity", *Research Policy*, Vol. 43 (3), pp. 530–542.

McCalman, P. (2004), "Foreign Direct Investment and Intellectual Property Rights : Evidence from Hollywood's Global Distribution of Movies and Videos", *Journal of International Economics*, Vol. 62 (1), pp. 107–123.

Markusen, J. (1995), "The Boundaries of Multinational Enterprises and the Theory of International Trade", *Journal of Economic Perspectives*, Vol. 9 (2), pp. 169–189.

Maskus, K. and M. Penubarti (1995), "How Trade–Related Are Intellectual Property Rights?", *Journal of International Economics*, Vol. 39 (3–4), pp. 227–248.

Nagaoka, S. (2009), "Does Strong Patent Protection Facilitate International Technology Transfer? Some Evidence from Licensing Contracts of Japanese Firms", *Journal of Technology Transfer*, Vol. 34 (2), pp. 128–144.

Park, W. J. (2001), "Intellectual Property and Patent Regimes", in Gwartney, J. and R. Lawson, eds., *Economic Freedom of the World Annual Report 2001*, Chapter 4, pp. 101–118, Fraser Institute, Vancouver, B.C..

Park, W. J. (2008), "International Patent Protection : 1960–2005", *Research Policy*, Vol. 37 (4), pp. 761–766.

Rapp, R. T. and R. P. Rozek (1990), "Benefits and Costs of Intellectual Property Protection in Developing Countries", *Journal of World Trade*, Vol. 24 (5), pp. 75–101.

Redding, S. and A. J. Venables (2004), "Economic Geography and International Inequality",

Journal of International Economics, Vol. 62 (1), pp. 53–82.

Sampath, P. G. and P. Roffe (2012), "Unpacking the International Technology Transfer Debate — Fifty years and beyond", *ICTSD Working Paper No. 36*, International Centre for Trade and Sustainable Development.

Santos Silva, J. M. C. and S. Tenreyro (2006), "Log of Gravity", *Review of Economics and Statistics*, Vol. 88 (4), pp. 641–658.

Smith, P. (2001), "How Do Foreign Patent Rights Affect U.S. Exports, Affiliate Sales, and Licenses?", *Journal of International Economics*, Vol. 55 (2), pp. 411–439.

Yang, G. and K. E. Maskus (2001 a), "Intellectual Property Rights, Licensing, and Innovation in an Endogenous Product Cycle Model", *Journal of International Economics*, Vol. 53 (1), pp. 169–187.

Yang, G. and K. E. Maskus (2001 b), "Intellectual Property Rights, Licensing : An Econometric Investigation", *Review of World Economics*, Vol. 137 (1), pp. 58–79.

石川幸一・清水一史・助川成也（2013）『ASEAN 経済共同体と日本』文眞堂。

世界経済フォーラム（各年版）「*Global Competitiveness Report*」世界経済フォーラム。

若杉隆平（2007）『現代の国際貿易─ミクロデータ分析』岩波書店。

若杉隆平・伊藤萬里（2011）『グローバル・イノベーション』慶應義塾大学出版会。

第 6 章

中国の経済成長における対外貿易の影響分析
——産業連関の視点から——

徐　贇

1. はじめに

周知のように，貿易を通じて経済成長を促進する戦略は，多くの途上国にとって重要な成長戦略である。経済成長における貿易役割は論争の多いテーマの一つでもある。例えば，「自由貿易」と「保護貿易」，あるいは，「輸入代替工業化」と「輸出促進工業化」をめぐる論争などが知られている。日本の経済発展と貿易との関係について，小島（1958）は次のように論じた。

「日本経済は急激な構造変動を敢行して産業構造と貿易構造を近代化し高度化し，急激な構造変動に連続して経済と貿易の着実な安定的成長を経験する。しかし，やがて遠からず次への創造的破壊，すなわち構造変動に突入する。このような急激な構造変動と着実な安定的成長との繰り返しを経つつ発展してきた。それは決して一直線的な発展ではなく，次々の構造変動的脱皮を含む段階的発展であり，先の雁に続いて後の雁が飛翔するという雁行形態的発展である」[1]

日本経済の雁行形態的発展における貿易の役割は，二つの側面から分けて指

---

1) 小島（1958），306ページを参照。

摘された。第1は，日本経済の構造変動的脱皮は，輸入が先行的に質的に変わり量的に急増大することによって実現された。これを輸入先行的構造変動と論じられた。第2は，新しい産業構造が確立された着実な安定的成長期において内需と並んで，あるいはそれを上回って拡大することによって輸出が重大な役割を演じた。

中国の経済成長の過程においては，1978年以降から対外開放の政策が決定され，貿易の促進を経済成長の起爆剤にするという戦略的な意図はその後長く存在していた。通常，中国を含む東アジアの輸出主導型工業化の特徴は，外国企業を積極的に導入し，これを投資・輸出の牽引車とすることと言われている。中国の製造業の固定資産投資に占める外資系企業投資額の比率は2000年には3割超え，総輸出のうち約5割を外資系企業が担っている[2]。東アジアにおける事実上の経済統合の深化および中国のWTO加盟といった背景のもとで，輸出主導型工業化戦略をとった中国経済は，持続的に高成長率を保持していた。巨額の貿易黒字に直面して，2006年には，輸出振興策の見直しが試行されたものの，リーマンショックなどの影響により暫時棚上げされた[3]。通常の輸出依存度，すなわち，GDPに占める輸出額の割合は，1997年には19.2%，2002年には22.4%，2007には35.2%と上昇し続けていた。輸出はGDPの構成要素であることを考えると，中国の経済成長に果たす貿易の役割が相当大きいと言える[4]。一方，世界金融危機以降の成長は著しく鈍化し，その一因は，おそらく，これまでの中国の貿易発展に資する外部環境が劇的に変化したことにある。したがって，世界金融危機以降の成長を維持する要因は，必ずしも貿易であるとは限らず，その真相を問うには，やはり，産業構造と貿易構造の両者の変化を結び付けた点に求めなければならない。

産業連関（I-O）の視点から，経済成長の要因分析を行う基本モデルは，比

---

2) 中国の輸出主導型工業化の特徴については，渡辺（2004），3ページおよび10ページを参照。
3) 近年の中国の対外経済政策の転換については，大橋（2013）を参照。
4) 中国の自力更生路線から輸出志向型開発戦略へ変わった開放経済史については，岡本（2013），121-128ページを参照。

例成長からの乖離（DPG；Deviation from Proportional Growth）モデルである。すなわち，産業構造の変化の主役としての主導産業を特定してその主導産業の成長を誘発した要因を国内最終需要，輸出，輸入代替，および技術変化（投入係数行列の変化）によって説明する方法である。この方法に関する先駆的な研究はChenery (1960) や，Chenery-Shishido-Watanabe (1962) である。DPG モデルは，競争輸入型産業連関表，あるいは非競争輸入型産業連関表を利用するかによって2つに分けられる。競争輸入型産業連関表を用いたモデルに比べると，非競争輸入型産業連関表を用いた分析は，輸入代替要因を最終財需要と中間財需要との2つの輸入代替要因に分割することができる。一方，公表された中国の産業連関表は，基本的に競争輸入型産業連関表である。したがって，本稿は，競争輸入型産業連関表を利用し，輸入代替要因を最終財需要と中間財需要との2つの輸入代替要因に分割しない。さらに，I-O 表を用いた2時点間の比較静学分析を行う際には，通常，接続産業連関表を利用することは不可欠であるものの，中国の接続産業連関表は公表されていないので，本稿は 2002 年，2007 年と 2012 年産業連関表に基づき，部門統合を行ったうえで，分析の遂行を試みた。

　そして，スカイライン分析[5]は，国内の需要を満たすのに十分な産業構造が構築されるかという視点から，経済成長と産業構造の関係について分析を行うために，レオンチェフにより開発された分析手法である[6]。スカイライン分析の中では，輸入を外生変数として扱われていることに注意が必要である。資源，生産技術を海外に依存している中国経済に対して，国内での生産が拡大すれば，それに伴って比例的に輸入も拡大すると考えるのが自然であろう。事実上，対内直接投資を呼び込むために，中国は，加工貿易を政策上で推奨してきた。

　上記の2点を考慮すれば，輸入を内生化する必要があるだけではなく，さらに中間財と最終財と区分して把握することも重要である。宮川（2005）は，

5）　Leontief (1963)；訳（1969），44-53 ページを参照。
6）　スカイライン分析の解説については，宮川（2005）を参照。

「最終的に輸出製品に組み込まれる輸入中間財」と「国内で消費される輸入財」を分離したうえで，スカイラインを構築する方法を紹介した。実際，輸出は中間財の輸入を誘発する唯一の要因ではなく，国内最終需要の生産を満たすためにも，中間財を輸入する必要がある。中間財は生産のために投入されるものであるので，産業構造の高加工度化が進むに伴い，輸出財と国内で消費される最終財の生産のために，製造業の中間財輸入がいかに変化するかを明らかにすることは，国内産業の対外技術依存度の変化を把握するにはとても有益である。

したがって，本稿の目的は，①世界金融危機以降の産業構造の変化を図形化したうえで，製造業の中間財輸入に焦点を絞りながら，産業別に対外貿易依存の変化を明らかにすることである，②世界金融危機以降の主導産業はどの産業であるか，そして，③これからの対外貿易が中国の経済成長にどのような影響をもたらせるのかを解明することである。次節では，本稿の分析方法とその意義を解説する。第3節と4節においては，実証分析を通じて中国の経済発展における対外貿易依存の変化を明らかにする。最後に，分析結果を簡潔にまとめたうえで今後の課題を示す。

2. 分析モデル

DPG分析は，ある2時点間で各産業が比例的に成長した場合と現実の産業構造との乖離であるDPGを産業ごとに計算することから始まる[7]。DPG値は，当該産業の成長スピードが速いほど，また，当初の産業規模は大きいほど大きくなるので，DPG値が大きい産業ほど産業構造の変化を積極的に引き起こした主導産業ということになる。この分析方法を産業連関分析のフレームワークに適用し，比例成長からの乖離を，消費，投資，輸出の成長速度，輸入依存度の変化および投入係数の変化で説明する。経済発展のパターンは，これらの要因の寄与の大きさから輸出主導型，内需主導型，あるいは投資主導型，消費主導型などと呼ばれる。とくに主導産業の成長要因に注目して，経済発展パター

---

7) DPGモデルの優れた解説に関しては，渡部（1970），22-29ページ；藤川（1999），79-84ページを参照。

第6章 中国の経済成長における対外貿易の影響分析　101

表6-1　DPG分析方法の説明

	(1) 第1期の生産額	(2) 第2期の生産額	(3) 成長倍数	(4) 比例成長の 状態(1)×α	(5) DPG = (2) − (4)
産業A	2,000	3,000	1.5	4,000	−1,000
産業B	1,000	2,000	2	2,000	0
産業C	3,000	3,000	1	6,000	−3,000
産業D	4,000	12,000	3	8,000	4,000
全産業	10,000	20,000	α = 2	20,000	0

（出所）藤川（1999），80ページに基づき，筆者作成。

ンの定義されるケースが多い。したがって，この方法で要因分析された結果を分析すれば，貿易の役割，産業構造，経済発展といった三者の相互関係を垣間見ることができる。

　DPG分析をモデル式で説明する前に，簡単な数値例で説明する。表6-1の例のように経済には，産業A，産業B，産業C，産業Dの4産業があるケースを想定しよう。各産業の生産額が第1期（コラム(1)）の2,000，1,000，3,000，4,000から，第2期（コラム(2)）には，3,000，2,000，3,000，12,000に変化し，産業の全体の生産額合計は，10,000から20,000へと2倍になったとしよう。この場合，産業Aのシェアは20%から15%に低下し，産業Bのシェアは10%のまま，産業Cのシェアは30%から15%へ低下し，そして産業Dのシェアは40%から60%へ拡大した。これら産出額シェアの変化は，産業全体の成長倍率（平均成長倍率）が2倍（コラム(3)，表中のα）であるのに対し，産業A, Cの成長倍率が1.5倍，1倍と平均成長倍率αを下回り，産業Dの成長倍率が3倍と平均成長倍率αを上回り，また，産業Bの成長倍率は2倍と平均成長倍率αと同率である。

　ここで，全ての産業の生産額が平均の成長倍率に等しく，当初の2倍になったという仮想的な状態を考えよう。この仮想的な状態では，産業A，B，C，D生産額は，それぞれ，4,000，2,000，6,000，8,000になる（コラム(4)）。これが産業シェアに変化がない比例成長の状態である。実際の生産額とこの比例的成長の状態の生産額の差である−1,000，0，−3,000，4,000をDPG（コラム

(5)）と定義する。DPG の正負は，産業のシェアの増減に対応し，その絶対値はシェアを大きく変化させた産業ほど大きくなる。また，DPG 値はシェアが変化しなかった産業ではゼロであり，DPG 値全産業の合計はゼロになる。

この DPG をもたらす要因の特定化については次のような考え方を用いる。各産業について，次のような需給バランスが成立している。

生産量（X）＝需要量（Y）

右辺の需要量は，中間需要，消費，投資と輸出からなり，これらの合計から輸入依存分を差し引いたものが国内産業生産に対する需要になること。ここで表6-1 の数値例で追加説明をしよう。全産業生産額の成長倍率は2倍であった。各々産業に対する中間需要，消費，投資，輸出が2倍になり，かつ全ての輸入依存度が変化しなかったのであれば，全ての産業の生産額は2倍になり，DPG は全ての産業でゼロとなる。逆にいえば，DPG が全てゼロとはならない要因は，各需要の成長速度が必ずしも産業の平均成長速度に等しくはならないことである。

本稿では，競争輸入型産業連関表を利用する。したがって，産業連関表の行方向の均衡式を（1）式で示すことができる。

$$X = AX + F - M = AX + F - (\hat{M} AX + \hat{M} F) \tag{1}$$

ただし，X：各産業の国内生産額を表す。A：中間投入係数行列を表す。F：各産業の生産物に対する最終需要を表す。M：各産業の生産物の輸入額を表す。$\hat{M}$：各産業の輸入係数を対角線上に置いた対角行列を表す。

（1）式を国内生産額について解くと産業連関モデルによる均衡生産決定式が得られる。

$$X = [I - (I - \hat{M})A]^{-1}[(I - \hat{M})F] \tag{2}$$

ただし，$[I - (I - \hat{M})A]^{-1}$ は $[(I - \hat{M})F]$ の逆行列を表し，レオンチェフ逆行列である。

DPG 分析を産業連関分析のモデル式で表せば，次のように定義される。

$$\Delta X = X_2 - \alpha X_1 \tag{3}$$

ただし，ΔX は各産業の DPG を表すベクトルである。X_1，X_2 は各産業の第1期と第2期の国内生産額を表すベクトルである。α は各産業の国内生産額合計（あるいは平均）の成長倍率を表すスラカーである。

（2）式を（3）式に代入すれば，（4）式を導くことができる。さらに（4）式を整理すれば，（5）式を得ることができる。（5）式が，DPG を説明するモデル式になる。

$$\begin{aligned}\Delta X &= L_2 F_2 - \alpha L_1 F_1 = L_2(I-\hat{M}_2)F_2 - \alpha L_1(I-\hat{M}_1)F_1 \\ &= L_2[(I-\hat{M}_2)F_2 - \alpha(I-\hat{M}_1)F_1] + [L_2 - L_1]\alpha(I-\hat{M}_1)F_1\end{aligned} \tag{4}$$

右辺の第1項は，次のように変形できる。

$$L_2[(I-\hat{M}_2)(F_2 - \alpha F_1) + (\hat{M}_1 - \hat{M}_2)\alpha F_1]$$

また第2項は，次のように変形される

$$\begin{aligned}&L_2[I-(I-\hat{M}_2)A_2](L_2-L_1)[I-(I-\hat{M}_1)A_1]L_1\alpha(I-\hat{M}_1)F_1 \\ &= L_2\{[I-(I-\hat{M}_1)A_1] - [I-(I-\hat{M}_2)A_2]\}L_1\alpha(I-\hat{M}_1)F_1 \\ &= L[(I-\hat{M}_2)(A_2-A_1) + (\hat{M}_1-\hat{M}_2)A_1]\alpha X_1\end{aligned}$$

したがって，（4）式は次のように変形できる。

$$\begin{aligned}\Delta X &= L_2 F_2 - \alpha L_1 F_1 \\ &= L_2(I-\hat{M}_2)(F_2 - \alpha F_1) + L_2(I-\hat{M}_2)(A_2-A_1)\alpha X_1 + L_2(\hat{M}_1-\hat{M}_2)\alpha(F_1+A_1X_1) \\ &= L_2(I-\hat{M}_2)\partial c + L_2(I-\hat{M}_2)\partial q + L_2(I-\hat{M}_2)\partial e + L_2(I-\hat{M}_2)(A_2-A_1) \\ &\quad \alpha X_1 + L_2(\hat{M}_1-\hat{M}_2)\alpha(F_1+A_1X_1)\end{aligned} \tag{5}$$

ただし，行列 L_2 は $[I-(I-\hat{M}_2)A_2]^{-1}$ を表し，第2期のレオンチェフ逆行列である。$\hat{M}_2$ は第2期産業別輸入係数が対角要素とする対角行列である。記号 ∂ については，例えば消費については $\partial c = c_2 - \alpha c_1$ 等で表している。右辺第1項か

ら第3項までは，それぞれ消費，投資，輸出，各需要項目の成長速度が，産業に対する総需要の平均成長速度と異なることから生じるDPG，第4項投入係数の変化から生じるDPG，第5項は需要項目と中間投入の輸入依存度の変化（輸入代替の変化）から生じるDPGを表す。

一方，(5)式は第2期のレオンチェフ逆行列を用いてDPGを説明しているが，第1期のレオンチェフ逆行列を用いてもDPGを説明することができる。

$$\Delta X = L_1(I-\hat{M}_1)\partial c + L_1(I-\hat{M}_1)\partial q + L_1(I-\hat{M}_1)\partial e + L_1(I-\hat{M}_1)(A_2-A_1)X_2 \\ + L_1(\hat{M}_1-\hat{M}_2)X_2 \qquad (6)$$

本稿は，(5)式と(6)式の平均を用いてDPGを説明する。I－O表のデータを使って上記の方法を実行すれば，計測されるDPGの単位は万元単位である。同様に，各要因の寄与程度も万元単位で測られている。しかし，何の産業が相対的に拡大あるいは縮小し，どの要因が相対的に大きかったかということに注目する限り，万元単位といった絶対的な尺度で測る必要は必ずしもない。そこで，DPGをそのプラスの値の合計が100，マイナスの合計が－100になるようにDPGを相対化し，各要因の寄与程度もこの相対尺度で示すことができる。したがって，以下の内容は，相対化されたDPGを用いて分析を展開する。

スカイライン分析は，国内最終需要，輸出，輸入ごとに，各産業に対する直接・間接的な生産誘発効果を計測することを通じて一国の産業構造並びに各産業の生産する財・サービスの自給率，貿易依存度を表す方法である。国内需要を満たすために，国内でどの程度の生産が行われ，貿易が行われているかについて，産業部門別の状況を観察することができる。スカイライン図は，(7)式の均衡生産決定式を基礎として導出される。

$$x = (I-A)^{-1}(f+e-m) \qquad (7)$$

ただし，xは各産業の国内生産額を表す列ベクトルであり，Iは単位行列であり，Aは中間投入係数を表すマトリックスであり，fは国内最終需要額を表す列ベクトルであり，eは輸出額を表す列ベクトルであり，mは輸入額を表す列

ベクトルである。

(7) 式を展開すれば，国内生産額 x は，国内最終需要を満たすために必要な生産分 x_f と輸出を満たすために必要な生産分 x_e，および自国内の技術構造を前提としながら，輸入分と同量の生産を行うために必要な生産分 x_m の 3 要因に分解されることになる。

$$x = (I-A)^{-1}f + (I-A)^{-1}e - (I-A)^{-1}m = x_f + x_e - x_m \tag{8}$$

また，ベクトル $x = [x_i]$，$x_f = [x_{fi}]$，$x_e = [x_{ei}]$，$x_m = x_{mi}$, $(i = 1, 2, \cdots, n)$ で表せば，(8) 式は，以下のようにも表される。

$$x_i = x_{fi} + x_{ei} - x_{mi} \quad (i = 1, 2, \cdots, n) \tag{9}$$

そして，(9) 式の両辺を $x_{fi}, (i=1, 2, \cdots, n)$ で割ることによって，(10) 式を導出することができる。

$$\frac{x_i}{x_{fi}} = I + \frac{x_{ei}}{x_{fi}} - \frac{x_{mi}}{x_{fi}} \quad (i = 1, 2, \cdots, n) \tag{10}$$

各産業の自給率 $\rho = [\rho_i]$，$(i = 1, 2, \cdots, n)$，輸出率 $\rho_e = [\rho_{ei}]$，$(i = 1, 2, \cdots, n)$，輸入率 $\rho_m = [\rho_{mi}](i=1, 2, \cdots, n)$ は，国内生産額 $x = [x_i]$，$(i=1, 2, \cdots, n)$，輸出による生産誘発額 $x_e = [x_{ei}]$，$(i = 1, 2, \cdots, n)$，および輸入の国内で生産すると仮定した場合の生産誘発額 $x_m = [x_{mi}]$，$(i = 1, 2, \cdots, n)$ がそれぞれ国内最終需要により誘発された国内生産額 $x_f = [x_{fi}]$，$(i = 1, 2, \cdots, n)$ にあたる比率と定義すれば，それらの指標を次のように表すことができる。

$$\rho_i = \frac{x_i}{x_{fi}} (i=1, 2, \cdots, n) ; \rho_{ei} = \frac{x_{ei}}{x_{fi}} (i=1, 2, \cdots, n) ; \rho_{mi} = \frac{x_{mi}}{x_{fi}} (i=1, 2, \cdots, n).$$

ただし，$\rho_i, \rho_{ei}, \rho_{mi}$，$(i=1, 2, \cdots, n)$ は，国内最終需要規模を基準とした i 産業の自給率，輸出率及び輸入率をそれぞれ表示する。i 産業の自給率，輸出率及び輸入率については下記の関係が成立する。

$$\rho_i = I + \rho_{ei} - \rho_{mi} \quad (i=1, 2, \cdots, n) \tag{11}$$

i産業においては，$\rho_{ei}=\rho_{mi}$, $(i=1,2,\cdots,n)$ が成立する場合，i産業の自給率が100％に達しており，生産額が過不足なく，国内最終需要を満たす自給自足の状態になる。しかし，$\rho_{ei}>\rho_{mi}$, $(i=1,2,\cdots,n)$ であれば，i産業の自給率が100％を超えていたことになる。逆に，$\rho_{ei}<\rho_{mi}$, $(i=1,2,\cdots,n)$ であれば，i産業の自給率が100％を下回り，国内最終需要を満たしていないことになる。

一国全体の産業構造を明らかにするためには，(11)式で表される部門別の情報と同時に，部門間の生産規模の比較が必要である。そこで，スカイライン分析では，全産業の国内生産額に占める各産業の国内生産額の割合 $s=[s_i]$, $(i=1,2,\cdots,n)$ を以下のように定義し，i産業の割合 s_i と(11)式の結果を合わせてグラフを作成できる。

$$s_i = \frac{x_i}{\sum_i x_i} \qquad (i=1,2,\cdots,n) \tag{12}$$

図6-1の横軸には，i産業の国内最終需要による生産誘発額シェア s_i, $(i=1,2,\cdots,n)$ に対応している。100％のラインで囲まれるブロックでは，自給自足していた産業の生産額が表わされる。次に，輸出率 ρ_{ei}, $(i=1,2,\cdots,n)$ が上乗せされる。自給自足プラス輸出率の水準から控除された部分は，輸入率 ρ_{mi}, $(i=1,2,\cdots,n)$ を表示する。したがってスカイライン図では，100％ラインに ρ_{ei} を上乗せし，ρ_{mi} を下方に控除した残りの部分で，各産業の自給率が表されることになる。この自給率の水準を示す線は「自給線」＝スカイラインと呼ばれ，その凹凸の程度によって，一国経済の構造的特徴が浮き彫りにされる。

(8)式から，輸入の国内で生産したとする場合の生産誘発額は以下のように表される。

$$x_m = I - A^{-1}m \tag{13}$$

輸入 m を内生化する際に，中間財輸入と最終財輸入とを区分すれば，下記の式が得られる。

$$m = m^a + m^f = \hat{M}^a Ax + \hat{M}^f f \tag{14}$$

図6-1　3部門のスカイラインの概念図

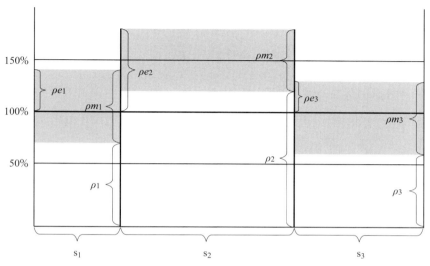

(出所) 宮川 (2005), 56ページに基づき, 筆者作成。

ただし, m^a は中間財の輸入額を表す列ベクトルであり, m^f は最終財の輸入額を表す列ベクトルであり, $\hat{M}^a$ は各産業の中間財輸入係数を対角要素に置いた対角行列であり, $\hat{M}^f$ は各産業の最終財輸入係数を対角要素に置いた対角行列である[8]。

産業連関モデルによる輸入内生均衡生産決定式は以下のように表される。

$$x = [I-(I-\widehat{M^a})A]^{-1}[(I-\widehat{M^f})f+e] = L_1[(I-\widehat{M^f})f+e] \tag{15}$$

ただし, L_1 は輸入内生化されたレオンチェフ逆行列, $[I-(I-\widehat{M^a})A]^{-1}$ を表すものである。輸入内生均衡生産決定式を用いた分析の意味は, 非競争輸入型I－O表を用いた分析の意味に近い, すなわち, 国内財と輸入財を同質の競合財とみなさず, 輸入を引き去って国内財に対する誘発効果を分析できることである。発展途上国の生産構造を分析する際には, より詳細に生産上の対外技術依

---

8) 公表された産業連関表は競争輸入型産業連関表であるので, 実証分析においては, $\hat{M}^a = \hat{M}^f$ と仮定した上で, 計算を行った。

存度（生産を行うための中間投入財の輸入率）の変化を把握することができる。
　ここで，(15)式を(14)式に代入すれば，次のように展開できる。

$$\begin{aligned}
m &= [\widehat{M^a}AL_1(I-\hat{M}) + \widehat{M^f}]f + \widehat{M^a}AL_1e \\
&= \widehat{M^f}f + \widehat{M^a}AL_1(I-\widehat{M^f})f + \hat{M^a}AL_1e \\
&= m_f + m_a + m_e
\end{aligned} \quad (16)$$

ただし，$m_f = [m_{fi}]$，$(i=1,2,\cdots,n)$ は，国内最終需要 f により直接的に誘発される各産業の最終財輸入分であり，$m_a = [m_{ai}]$，$(i=1,2,\cdots,n)$ は国内財の国内最終需要により誘発される生産誘発分 $L_1(I-\widehat{M^f})f$ の生産に投入される各産業の中間財輸入分であり，$m_e = [m_{ei}]$，$(i=1,2,\cdots,n)$ は，輸出により誘発される国内生産誘発分 L_1e の生産に投入される各産業の中間財輸入分である[9]。更に，(16)式を(13)に代入すれば，以下のような展開ができる。

$$\begin{aligned}
x_m &= (I-A)^{-1}m = Lm \\
&= L\widehat{M^f}f + L\widehat{M^a}AL_1f - L\widehat{M^a}AL_1\widehat{M^f}f + L\widehat{M^a}AL_1e \\
&= L\widehat{M^f}f + L\widehat{M^a}AL_1f - L\widehat{M^f}f + L_1\widehat{M^f}f + L\widehat{M^a}AL_1e \\
&= L\widehat{M^a}AL_1f + L_1\widehat{M^f}f + L\widehat{M^a}AL_1e \\
&= x_{ma} + x_{mf} + x_{me}
\end{aligned} \quad (17)$$

ただし，$x_{ma} = [x_{mai}]$，$(i=1,2,\cdots,n)$ は，国内最終需要により誘発される中間財輸入分を国内で生産した場合の各産業の国内生産誘発額であり，$x_{mf} = [x_{mfi}]$，$(i=1,2,\cdots,n)$ は，国内最終需要により誘発される最終財輸入分を国内で生産した場合の各産業の国内生産誘発額であり，$x_{me} = x_{mei}$，$(i=1,2,\cdots,n)$ は，輸出により誘発される中間財輸入分を国内で生産した場合の各産業の国内生産誘発額である。
　同じく，輸出により誘発される国内生産誘発額を表す x_e についても，国内

---

9) 本稿では，製造業の生産技術上の対外依存度の変化を捉える指標として，中間財輸入率の変化を重要視している。ここでの細分化の意図は，この考え方を反映したものである。

生産物の誘発分と輸入中間財の誘発分を区別しない問題点がある．国内でまったく生産されていない製品であったとしても，それが輸出財の生産に用いられる輸入中間財であれば，x_e は過大評価される可能性がある．この要点を明らかにする意義は，Hummels et al.（2001）により強調された垂直専門化概念の追究と相通ずるところがある．すなわち，垂直専門化率の意味は，輸出額のうち中間財の輸入貿易を介して海外からの付加価値がどの程度で転嫁されているかを追求することである．本稿の視点からいえば，輸出品を生産するために，中間財の輸入にどれほど依存しなければならないか，そして，経済発展に伴い，その依存度の変化を分析することである．したがって，輸出入の構造をより明白に把握するという観点からは，x_e を更に，国内生産への誘発額と輸入中間財への誘発額を区別して分析する必要がある．

そこで，x_e については，（18）式のような分解を行う．

$$\begin{aligned} x_e &= Le \\ &= L_1 e + L\widehat{M^a} AL_1 e \\ &= x_e^* + x_{me} \end{aligned} \quad (18)$$

ただし，$x_e^* = [x_{ei}^*，(i=1, 2, \cdots, n)]$ は，輸出により誘発された各産業の国内生産誘発額を表し，$x_{me} = x_{mei}，(i=1, 2, \cdots, n)$ は，輸出により誘発される中間財輸入分を国内で生産した場合の各産業の国内生産誘発額を表している．

（8）式及び（17），（18）式をもとにして，以下のようなバランス式を得ることができる．

$$\begin{aligned} x &= x_f + x_e - x_m \\ &= x_f + (x_e^* + x_{me}) - (x_{ma} + x_{mf} + x_{me}) \end{aligned} \quad (19)$$

産業別を表示するために，（19）式を以下のように書き直す．

$$x_i = x_{fi} + x_{ei}^* + x_{mei} - x_{mai} - x_{mfi} - x_{mei} \quad (i=1, 2, \cdots, n) \quad (20)$$

（20）式の両辺を x_{fi} で割ると，（15）式を導出できる．

$$\rho_i = \frac{x_i}{x_{fi}} = \frac{x_{fi}}{x_{fi}} + \frac{x_{ei}^*}{x_{fi}} + \frac{x_{mei}}{x_{fi}} - \frac{x_{mai}}{x_{fi}} - \frac{x_{mfi}}{x_{fi}} - \frac{x_{mei}}{x_{fi}}$$

$$= I + \rho_{ei}^* + \rho_{mei} - \rho_{mai} - \rho_{mfi} - \rho_{mei} \qquad (i = 1, 2, \cdots, n) \qquad (21)$$

ただし，$\rho_e^* = [\rho_{ei}^*]$, $(i = 1, 2, \cdots, n)$ は国内最終需要規模を基準としたi産業の輸出率を表し，本稿では国内生産の輸出依存度を表す指標と見なされる。すなわち，ρ_{ei}^* が小さくなれば，i産業の国内生産がより国内最終需要に依存するようになる。$\rho_{me} = [\rho_{mei}]$, $(i = 1, 2, \cdots, n)$ は輸出の生産に必要される輸入中間財を国内代替生産する場合に誘発されるi産業の仮想輸入率である。$\rho_{ma} = [\rho_{mai}]$, $(i = 1, 2, \cdots, n)$ は国内最終需要の生産に必要される中間財を国内代替生産する場合に誘発されるi産業の仮想輸入率である。$\rho_{mf} = [\rho_{mfi}]$, $(i = 1, 2, \cdots, n)$ は輸入最終財を国内代替生産する場合に誘発されるi産業の仮想輸入率である。

ρ_e^*, ρ_{me}, ρ_{ma}, ρ_{mf} および ρ は，産業間の直接間接連関と国内需要を満たすとの視点から，経済発展における対外貿易依存の変化及びその変化によりもたらされた自給率への影響を反映することができる。同時に，中間財の輸入代替の視点から，輸出及び国内最終需要の生産における各産業の対外技術依存を把握

図6-2　輸入分解の方法によるスカイライン概念図

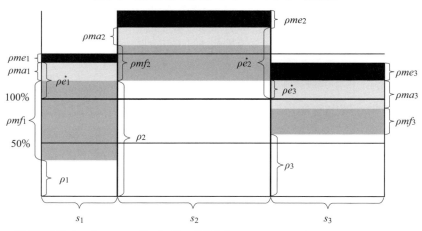

（出所）宮川（2005），60ページに基づき，筆者作成。

するためには，(16) 式の輸入内生モデルを用いた輸入の直接分解を利用して分析する必要がある。すなわち，$r = [r_i]$，$r_i = \dfrac{m_{ei}}{x_{ei}}$，$(i = 1, 2, \cdots, n)$ は各産業の輸出財生産における対外技術依存度とみなされ，$q = [q_i]$，$q_i = \dfrac{m_{ai}}{x_{fi}}$，$(i = 1, 2, \cdots, n)$ は各産業の最終財生産における対外技術依存度と見なされる。農業，鉱業の中間財輸入は技術水準より，むしろその経済体が所有する土地や天然資源の賦存に影響されるので，本稿では，鉱業以外の製造業の r と q に焦点を絞り，産業別に対外技術依存度の変化を明らかにする。

(21) 式と (12) 式を利用すれば，図6-2のようなスカイライン図を作成することができる。

3．経済成長と産業構造変化の要因分析

3-1　WTO加盟後からリーマンショックまでの変化

周知の通り，前世紀90年代の中国経済では，鄧小平による1992年の「南巡講話」を皮切りに，本格的な「改革開放」関連政策は数多く実施された。図6-3は1992年以降，中国GDPの名目および実質成長率を示したものである。

図6-3からわかるように，1997年までの10％前後あるいはそれ以上の実質成長率は，1998年から低下し，2002年に向かって徐々に1997年の水準を回復してきた。中国にとっては，この期間は正に経済調整期である。2つの出来事，すなわち，東アジア金融危機は1998年の実質成長率にマイナスな効果を

図6-3　中国GDPの成長率

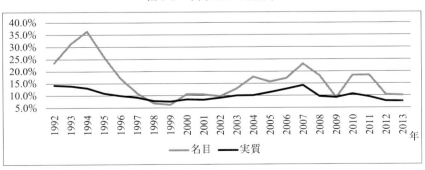

(出所)『中国統計年鑑』(2015年版) に基づき，筆者作成。

与え，WTO 加盟は 2002 年の実質成長率にプラスの影響をもたらしたと推測することができる。2002 年は，中国の WTO 加盟後の初年度であり，WTO 加盟により誘発される産業構造の変化の特徴が少し現れてきた[10]。また，2002 年以降の中国 GDP の実質成長率はさらに上昇した。表 6-2 は，2002 年から 2007 年まで，中国の産業構造を変化させ，中国の経済成長を牽引する主導産業を示した。

この期間においては，製造業は WTO 加盟後の中国経済の成長を牽引する産業である。また，国外需要の増加だけではなく，中間取引の増加および輸入代替の要因は，製造業の成長を誘発した大きな要因になった。そして，農業とサービスの産業シェアの縮小（DPG：-27.21 と -56.96）が顕著である。その他要因を除き，全ての要因がマイナス効果をもたらしている。徐（2013）が示したように，中国の産業構造における農業のプレゼンスは益々低下している。

WTO 加盟後，軽工業の成長の速度が上昇した。輸出要因に加えて，輸入代替，とくに中間投入変化の要因は大きなプラス効果を表している。WTO 加盟によって，国外需要の増加がみられると同時に，貿易障壁の削減による輸入の急増の現象が発生せず，むしろ，輸入コストの低下による輸入代替の効果は大きく表れてきた。

名目成長の視点から見れば，第 14 部門鉄鋼・非鉄金属の産業シェアは急速に拡大し，重化学工業全体の成長に大きなプラス影響を与え，この期間における重要な主導産業になった。最大の成長要因は国内中間需要の変化（15.52）にあるものの，輸出要因（9.58），さらに，輸入代替要因（5.09）も大きなプラス効果をもたらし，輸入依存度の低下が見られた。WTO 加盟は，国内外の需要市場の活性化を促し，この産業の成長に大きなプラス影響を与えたと推測できる。

機械産業は，引き続き中国経済を牽引し，積極的に産業構造の変化を起こしている主導産業である（DPG：31.25）。投資，輸出，中間投入変化要因に加え，

---

[10] 徐（2013）はアジア金融危機以降の中国の産業構造の変化，また，主導産業に関する分析の遂行を試みた。

第6章 中国の経済成長における対外貿易の影響分析 113

表 6-2 2002－2007 年中国経済成長の DPG 要因分析　α = 2.61

	2002 - 2007	DPG	家計消費要因	政府消費要因	投資要因	輸出要因	その他要因	輸入代替要因	中間投入変化要因
1	農林水産業	-27.21	-23.54	-0.86	-0.95	-0.50	0.87	-1.31	-0.92
2	石炭	-0.88	-1.38	-0.29	-0.82	0.44	-1.41	0.22	2.36
3	原油・天然ガス	1.07	-0.93	-0.28	-0.31	0.47	-0.91	-1.18	4.21
4	金属鉱物	2.49	-0.22	-0.09	-0.05	0.93	-0.34	-0.57	2.83
5	非金属鉱物	-0.32	-0.33	-0.07	-0.38	-0.08	-0.12	0.26	0.40
6	飲食料品	4.18	-7.01	-0.72	-0.01	-0.49	0.59	-0.22	12.03
7	繊維工業製品	1.76	-3.81	-0.38	0.29	1.02	-1.82	4.34	2.14
8	衣服・その他の繊維既製品	0.79	-1.02	-0.25	0.02	-1.75	0.22	0.78	2.78
9	製材・木製品及び家具製造業	0.72	-1.13	-0.36	1.01	1.12	0.03	0.44	-0.39
10	パルプ・紙・印刷	-2.93	-1.48	-1.03	-0.37	0.26	-0.86	0.93	-0.40
11	石油・石炭製品及び核燃料	5.47	-1.74	-0.61	-0.82	1.23	-1.51	0.76	8.15
12	化学製品	5.95	-8.00	-2.61	-1.17	4.31	-1.55	3.20	11.78
13	窯業・土石製品	8.07	-1.72	-0.25	-2.81	1.04	0.36	0.57	10.87
14	鉄鋼・非鉄金属	22.11	-2.06	-0.89	-1.07	9.58	-4.05	5.09	15.52
15	金属製品	2.15	-1.37	-0.35	-0.31	1.79	0.01	1.50	0.89
16	一般機械	5.84	-1.27	-0.51	-0.89	3.71	-0.32	2.85	2.28
17	輸送機械	8.21	-0.13	-0.57	2.98	2.53	1.11	0.60	1.68
18	電気機械	9.03	-1.25	-0.66	2.62	2.41	-0.16	2.46	3.61
19	情報・通信機械・電子部品	7.69	-2.10	-0.75	-3.84	10.38	0.51	1.73	1.77
20	精密機械及び事務用機器	0.49	-0.21	-0.17	0.22	-0.28	-0.02	0.45	0.50
21	その他の製造業	0.13	-0.69	-0.19	0.31	0.02	0.16	0.14	0.37
22	廃品	2.29	-0.25	-0.12	-0.09	0.47	-0.13	-0.24	2.64
23	電力・熱供給	11.42	-3.75	-1.09	-0.98	1.87	-1.66	0.97	16.05
24	ガス	0.17	-0.20	-0.03	-0.04	0.05	0.00	0.02	0.33
25	水道	-0.32	-0.16	-0.05	-0.02	0.04	0.10	0.02	-0.24
26	建設	-11.38	0.80	-0.18	-13.19	0.15	3.64	-0.06	-2.54
27	運輸業・郵便	-6.05	-4.30	-0.01	-1.78	0.94	-0.29	-0.05	-0.57
28	商業	-16.85	-1.56	-0.62	-1.38	-1.94	1.14	0.42	-12.93
29	宿泊業・飲食店	-4.07	-3.62	-0.76	-0.22	-0.06	0.10	-0.56	1.04
30	金融・保険	0.39	-1.25	-0.38	-0.47	0.64	1.24	0.98	-0.38
31	不動産	-4.68	-4.45	-0.26	1.09	0.02	0.19	0.07	-1.34
32	その他サービス業	-25.71	-8.78	-17.65	-0.23	-0.62	3.64	-1.34	-0.73
	合計	0.00	-88.86	-33.05	-23.64	39.69	-1.24	23.28	83.81

	2002 - 2007	DPG	家計消費要因	政府消費要因	投資要因	輸出要因	その他要因	輸入代替要因	技術変化要因
1	農業（部門：1）	-27.21	-23.54	-0.86	-0.95	-0.50	0.87	-1.31	-0.92
2	鉱業（2－5）	2.35	-2.86	-0.74	-1.56	1.76	-2.78	-1.26	9.79
3	軽工業（6－10, 21－22）	6.93	-15.38	-3.04	1.18	0.65	-1.81	6.16	19.17
4	重化学工業（10－15）	43.75	-14.90	-4.71	-6.18	17.95	-6.73	11.11	47.20
5	機械産業（16－20）	31.26	-4.96	-2.66	1.08	18.74	1.11	8.09	9.85
6	建設公共（23－26）	-0.11	-3.27	-1.36	-14.22	2.10	2.08	0.96	13.61
7	サービス業（部門：27－32）	-56.96	-23.95	-19.68	-2.99	-1.01	6.02	-0.47	-14.89
	合計	0.00	-88.86	-33.05	-23.64	39.69	-1.24	23.28	83.81

（出所）筆者作成。

輸入代替要因は，新たに産業成長をもたらす主な要因になった。したがって，この期間における機械産業の成長経路は，依然として国外市場を狙う輸出産業として生産拡大を図ると同時に，積極的に国内の産業構造の「高加工度化」，「迂回化・分業化」を引き起こしながら，産業間の中間取引需要の拡大による成長の動力を身につけるということであろう。そのうえで，WTO加盟により，輸入コスト低減のメリットにも恵まれた。この成長経路が順調に進むにつれ，追加投資を呼び込み，さらに産業の成長を促進するという好循環は生起しやすいと推測することができる。そこで，機械産業の状況を把握するためには，より詳細な部門を用いて機械産業の成長要因を追究したい。

第17部門輸送機械は，産業シェアを拡大し，主導産業の地位を勝ち取っていた。潜在的な需要が見込まれる中で，従来から輸入代替政策が実施された同産業部門は，長い間で保護を受けた産業である。WTO加盟後でも，同産業の成長を促したのは，家計消費要因ではなく，投資要因，中間投入変化要因及び輸出要因である。したがって，この産業に対する潜在的需要は最大限に発揮していないと推測することができる。一方，輸入代替の要因は，プラス効果(0.6)に転じた。主な原因は，WTO加盟後，中国が従来通りの明らかな保護政策を緩和したものの，外資関連企業が生産現場を直接に中国に移転したため，輸入代替効果が次第に現れてきた。

名目成長の視点からいえば，最も大きなプラスDPG(9.03)を示した機械産業は第18部門電気機械である。2.41の輸出要因に加えて，3.61の中間投入変化要因，2.46の輸入代替要因がこの産業の成長をもたらしている。さらに，投資要因もプラス効果を発揮し，既に推測された機械産業の成長経路に当てはまる典型的な産業部門であろう。

実質成長の視点からみれば，第19部門情報・通信機械・電子部品は，産業構造の「高加工度化」と経済成長に大きく貢献した産業ではあるが，名目成長の視点からみると，その重要度が相対的に低下している。とはいえ，堅調な国外需要の効果(10.38)と国内の産業間中間取引需要の拡大及び投入構造の変化にもたらされる効果(1.77)に加わり，輸入代替効果(1.73)が，確実に第19

部門を主導産業の地位に押上げた。したがって，この期間中に，情報・通信機械・電子部品の生産能力が大きく上昇したにもかかわらず，価格水準が相対的に安く抑えられていたゆえに，国際競争力が現れてきたことに伴い，国外需要の増加がこの産業の成長を大きく助長した[11]。

WTO 加盟後，サービス業は，大きなマイナス DPG（－56.96）を示し，この期間中には主導産業の役割を果たしていない。中国の産業構造の「高加工度化」，「迂回化・分業化」がさらに急進する中で，経済のサービス化は相対的に影を潜めていた。

3-2　世界金融危機以降の経済成長の要因分析

2007 年アメリカ発のサブプライム危機（subprime crisis）が勃発し，その後，世界金融危機までを引き起こし，世界経済の発展環境が急速に悪化していた。図 6-3 からわかるように，2007 年から中国経済の実質成長率が下降傾向に転じ，2009 年には，4 兆元の景気刺激政策が緊急に行われたにもかかわらず，名目成長率だけが一時浮上しただけで，間もなく 2009 年の水準に戻った。その間，実質成長率は一向に好転しなかった。やはり，産業構造の視点からその両者の違いが何を物語っているのかを探ることは重要であろう。

ここでは，さらに表 6-3 を用いて 2007 年と 2012 年の 2 時点の比較静学分析を追加する。表 6-3 からわかるように，世界金融危機後の 5 年間においては，中国の名目国内生産額は 1.96 倍以上増えた。その間の主導産業は，第 3 部門石炭採掘，第 6 部門飲食料品，第 13 部門窯業土石製品，第 26 部門建設，第 28 部門商業，第 30 部門金融・保険，第 31 部門不動産業，第 32 その他サービス業である。製造業では，輸送機械を除き，すべての産業の成長速度が落ち，中国経済の牽引地位から転落していた。

繰り返すが，輸送機械は，潜在的な成長を持つ産業であると思われたものの，WTO 加盟の際には，世界的な競争に耐えず，国内産業の衰退が危惧され

---

11) 産業連関接続表を用いた分析に関しては徐（2013）を参照。

表6-3 2007-2012年中国経済成長のDPG要因分析 α=1.96

	2007-2012	DPG	家計消費要因	政府消費要因	投資要因	輸出要因	その他要因	輸入代替要因	中間投入変化要因
1	農林水産業	-5.72	1.18	0.13	3.58	-6.44	-5.64	-0.22	1.69
2	石炭	3.36	-0.40	0.07	1.22	-2.31	1.28	-0.66	4.15
3	原油・天然ガス	-5.88	0.48	0.02	0.72	-1.05	0.55	-4.26	-2.33
4	金属鉱物	0.42	-0.03	0.02	0.46	-1.55	0.45	0.13	0.95
5	非金属鉱物	-1.10	0.03	0.01	0.32	-0.48	0.15	-0.21	-0.92
6	飲食料品	5.73	6.12	0.20	1.15	-3.49	-3.85	0.32	5.29
7	繊維工業製品	-11.71	-0.60	0.11	0.22	-17.34	2.28	0.75	2.88
8	衣服・その他の繊維既製品	-5.20	-0.81	0.06	0.22	-0.70	-1.12	-0.03	-2.82
9	製材・木製品及び家具製造業	-2.54	0.12	0.03	-0.44	-1.87	0.92	0.02	-1.32
10	パルプ・紙・印刷	-4.90	0.06	0.23	0.47	-1.26	0.85	0.55	-5.80
11	石油・石炭製品及び核燃料	-1.11	1.17	0.05	2.25	-3.32	1.73	0.56	-3.55
12	化学製品	-0.22	2.03	0.68	2.99	-14.39	0.94	9.46	-1.93
13	窯業・土石製品	1.84	-0.35	0.05	3.33	-1.40	0.84	0.56	-1.20
14	鉄鋼・非鉄金属	-8.65	-0.32	0.18	5.13	-13.43	4.57	1.55	-6.33
15	金属製品	-2.12	-0.30	0.10	2.14	-4.10	1.30	0.96	-2.22
16	一般機械	-5.28	0.20	0.06	3.01	-4.12	1.56	5.07	-11.07
17	輸送機械	0.33	2.80	0.05	9.12	-1.47	-2.93	0.08	-7.31
18	電気機械	-2.72	-0.34	0.17	0.55	-4.27	0.68	3.27	-2.77
19	情報・通信機械・電子部品	-14.33	-0.04	0.23	-1.66	-13.84	-0.88	3.52	-1.67
20	精密機械及び事務用機器	-1.76	0.00	0.03	-0.10	-2.36	0.15	2.51	-1.98
21	その他の製造業	-3.80	-1.28	0.07	-0.55	-0.88	-0.77	0.10	-0.50
22	廃品	-3.98	-0.01	0.01	0.20	-0.48	-0.07	-1.09	-2.55
23	電力・熱供給	-11.88	-2.11	0.17	2.00	-4.15	3.86	0.87	-12.50
24	ガス	0.88	0.81	0.00	0.13	-0.11	-0.08	0.02	0.12
25	水道	-0.56	0.11	0.01	0.04	-0.06	0.06	0.02	-0.73
26	建設	14.68	-1.54	0.04	13.31	-0.29	-0.93	0.29	3.80
27	運輸業・郵便	-1.35	2.05	-0.91	3.72	-5.10	-0.04	-0.21	-0.87
28	商業	14.52	-2.02	0.24	3.20	0.34	-0.97	0.99	12.74
29	宿泊業・飲食店	-5.20	0.58	0.14	0.54	-1.39	-0.59	-0.11	-4.37
30	金融・保険	19.27	2.23	0.62	2.38	-2.83	-0.83	0.74	16.95
31	不動産	11.99	5.67	0.12	3.08	-0.33	-0.30	0.17	3.58
32	その他サービス業	26.97	0.99	5.33	8.96	-5.94	-0.79	4.26	14.15
	合計	0.00	16.49	8.33	71.67	-120.36	2.36	29.95	-8.43

	2007-2012	DPG	家計消費要因	政府消費要因	投資要因	輸出要因	その他要因	輸入代替要因	中間投入変化要因
1	農業（部門：1）	-5.72	1.18	0.13	3.58	-6.44	-5.64	-0.22	1.69
2	鉱業（2-5）	-3.21	0.08	0.12	2.72	-5.39	2.42	-5.00	1.85
3	軽工業（6-10,21-22）	-26.39	3.61	0.71	1.26	-26.00	-1.77	0.62	-4.82
4	重化学工業（10-15）	-10.26	2.23	1.07	15.84	-36.62	9.37	13.08	-15.22
5	機械産業（16-20）	-23.75	2.62	0.54	10.92	-26.05	-1.43	14.44	-24.79
6	建設公共（23-26）	3.13	-2.74	0.21	15.48	-4.61	2.91	1.19	-9.31
7	サービス業（部門：27-32）	66.20	9.51	5.56	21.88	-15.23	-3.52	5.84	42.18
	合計	0.00	16.49	8.33	71.67	-120.36	2.36	29.95	-8.43

(出所) 筆者作成。

ていた部門でもあった。一方，2002年以降の状況を鑑みると，世界的な競争に圧倒され，急激な輸入上昇の傾向は必ずしも硬直的に存在するわけではない。かえってプラスの投資要因が働き，国内中間取引市場の拡大とともに，堅調な国外需要に誘発され，中国経済成長の牽引役になったことがわかる。とくに，世界金融危機以降では，外需不振の逆風を迎えても，潜在的な消費需要が見事に現れ，この産業の成長を下支えた。また，投資要因が持続的にプラス効果を発揮したことも成長の一助になった。

総じていえば，この期間における中国経済の成長を促す要因は，家計消費要因（16.5），政府消費要因（8.3），投資要因（71.7）及び輸入代替要因（30）である。これらの成長要因から見れば，世界金融危機以降の経済成長パターンが著しく変化したことがわかる。通常，中国のWTO加盟によって，中国の政策の透明性と予測可能性が上がり，生産要素の比較優位に誘発され，中国向けの外国直接投資が格段に拡大すると考えられる[12]。外国企業がそもそも国外市場における販路を持つため，外国企業による低廉な中国産製品の販売はより展開しやすくなるであろう。もし，外国企業による中国製品の売れ行きがよくなれば，外国企業による中国向けの追加投資のインセンティブは自然に強くなる。

図6-4は，外資企業による輸出貿易の状況を表した。中国統計局のデータによれば，中国の輸出総額に占める外資企業による輸出貿易のシェアは，2007年の57％から2012年の50％に低下したが，中国の対外貿易においては，外資企業がやはり大きな役割を担っている。そして，2007年から2012年の名目国内生産額は，約1.96倍と拡大したにもかかわらず，外国企業による輸出貿易額の成長ぶりを見れば，中国の経済成長における外国企業の生産活動の役割の重要性が確かに低下したことがわかる。この変化の根底には，外資企業の直接投資パターンの変化が生じたからである。図6-5からわかるように，外資企業が直接投資を行う中では，製造業に対する投資比重が2005年から持続的に低下してきた。すなわち，これまで中国の外資依存輸出主導型成長パターンが

---

[12] 中国のWTO加盟によって投資パターンが変化することに関しては，Ianchovichina-Suthiwart-Narueput-Zhao (2003)，24ページを参照。

図 6-4　外資企業による輸出の成長

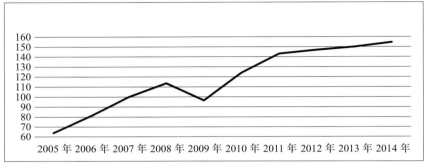

図注：図の縦軸は 2007 年の金額を 100 として各年の金額を指数化した値を表している。
(出所)『中国統計年鑑』(各年版)に基づき，筆者作成。

図 6-5　外資直接投資に占める製造業投資額のシェア

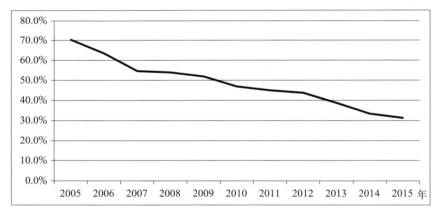

図注：外資直接投資の統計指標は実際使用金額である。
(出所)『中国統計年鑑』(各年版)に基づき，筆者作成。

趨勢的に変貌せざるをえないであろう。

　図 6-5 に示されたように，WTO 加盟後から 2007 年まで，中国の GDP の実質成長率が上昇し続けた。この意味で，WTO 加盟は明らかに中国の経済成長に良い影響を与えた。しかし，2007 年以降の世界金融危機を引金に，世界経済の発展環境が変わり，従来のような成長経路をたどることが難しくなった。景気を安定的に維持するために，中国経済は新たに投資依存内需主導型の発展

パターンに切り替えていた。果たして，これからの対外貿易が中国経済成長にどのような影響を与えることになるか，あるいは，中国の産業を更なる高加工度化するには，対外貿易の役割がどのように位置付けすればよいかを究明し，より詳しく産業構造と貿易の関連を分析する必要がある。

4. 中国のスカイライン分析

図6-6～図6-8は，それぞれ2002年，2007年及び2012年の中国産業連関表を利用して作成されたスカイライン図である。表6-4と表6-5における「各産業の自給率」，「輸出率」，「輸出に誘発された中間財の仮想輸入率」，「国内最終需要に誘発された中間財の仮想輸入率」，「最終財の仮想輸入率」，「輸出生産の対外技術依存度」および「最終財生産の対外技術依存度」列の値は，それぞれ(27)式の ρ_i, ρ_{ei}^*, ρ_{mei}, ρ_{mai}, ρ_{mfi}, r_i, q_i, $(i=1, 2, \cdots, n)$ に対応している。なお，各スカイライン図における産業部門の並び順は，表6-4の32産業部門分類に

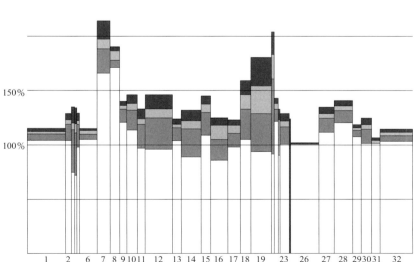

図6-6 2002年中国産業のスカイライン図

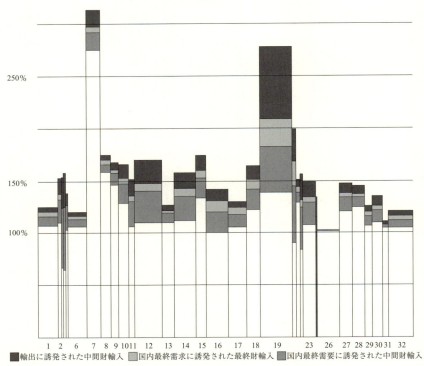

図 6-7　2007 年中国産業のスカイライン図

■輸出に誘発された中間財輸入　□国内最終需要に誘発された最終財輸入　■国内最終需要に誘発された中間財輸入

対応するものである。また，中国の経済発展が輸出に依存している特徴を把握するために，日本の 2005 年 34 部門の産業連関表を援用して両国の産業構造と貿易構造の比較分析をも行う。表 6-6 は 2005 年日本経済のスカイライン図を作成するデータである。

4-1　産業別シェア

表 6-4 の各産業シェアの下半分から最初に見ると，第 1 次産業，農業の産業シェアは，2002 年の 9.1% から 2012 年の 5.6% に継続的に低下した。鉱業（部門 2-5）の産業シェアは，2002-2012 年の 10 年間において，比較的に安定構造を呈している。第 2 次産業の中では，産業シェアが素早く拡大した上位 5

図 6-8　2012 年中国産業のスカイライン図

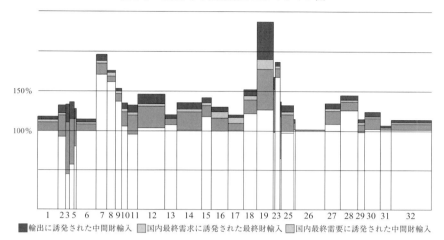

部門は，飲食料品（2002 年 4.6%→2012 年 5.5%），窯業・土石製品（1.9%→2.9%），鉄鋼・非鉄金属（4.9%→6.9%），輸送機械（3.1%→4.1%），電気機械（2.27%→3.13%）である。集計値としての第 2 次産業の産業シェアは，2002 年の 60.8% から 2012 年の 66.4% に一段と上昇した。そして，第 3 次産業の産業シェアは 2002 年以降，第 2 次産業の成長速度に追い着かず，2012 年には 28% に縮小した。

　2005 年の日本経済の状況を見れば，第 1 次産業の産業シェアは 1.4% であり，第 2 次産業のシェアは 40.8% であり。第 3 次産業のシェアは 57.8% である。第 2 次産業の中では，情報・通信機械と電子部品を合わせたシェアは 2.8% であり，鉄鋼・非鉄金属，一般機械，輸送機械および電力・ガス・熱供給業のシェアは，それぞれ 3.4%，3.1%，5.5% および 1.9% である。産業のサービス化を成し遂げた日本の産業構造に比べ，中国の産業構造はまだまだ第 2 次産業に偏り，経済成長は主に製造業に依存していることがわかる。したがって，これから産業構造の変化が徐々にサービス産業に依存していっても，この 5〜10 年の間では，対外貿易の発展は依然として製造業の成長，ないし中国経済の安定的な成長にとっては大きな影響力を持ち続けるのであろう。

4–2 輸出依存度の変化

　2007年まで製造業が中国経済の成長を牽引しているが，その誘因を最終需要側からみれば，国内最終需要の拡大より輸出の伸びのほうがより力を発揮している。衣服・その他の繊維既製品，精密機械および事務機用品と宿泊業・飲食店を除けば，すべての産業の国内生産がより輸出に依存するようになった。とくに，輸出依存度が高くなった産業は，石炭（2002年23％→2007年37.6％），繊維工業製品（98.7％→201.1％），製材・木製品および家具製造業（36.9％→61％），鉄鋼・非鉄金属（21.9％→43.6％），金属製品（38.3％→60.5％），一般機械（18％→30.6％），情報・通信機械・電子部品（53.8％→107.9％）および運輸・郵便（29.2％→37.9％）である。

　2005年の日本経済を見れば，輸出の誘発生産分が国内最終需要の誘発生産分の2割を超えた産業は，化学製品（33.5％），窯業・土石製品（27.5％），鉄鋼（66.2％），非鉄金属（47.4％），一般機械（48.5％），電気機械（63.13％），情報・通信機器（39.77％），電子部品（98.37％），輸送機械（93.34％），精密機械（39.98％），その他の製造工業製品（26.9％）である。かつて，貿易立国を掲げた日本経済にとっては，今も輸出産業が非常に大きな役割を担っているので，上記の指標を見れば，日本の重化学工業および精密機械製造業の輸出依存度が確かに高いことがわかる。一方，日本の産業別輸出依存度に比べれば，窯業・土石製品，鉄鋼，非鉄金属，一般機械，電気機械および輸送機械を除けば，中国のほうがもっと高いことがわかる。それに，中国の産業構造が日本よりはるかに製造業に依存していることを考えれば，中国の輸出主導型発展の特徴がはっきり見えてくる。2002－2007年の間では，世界工場といわれる中国がその特徴をより一層強めていた。

　世界金融危機以降では，世界経済の不振を受け，中国の輸出貿易が顕著に低迷状態に陥ってしまったものの，基本的に製造業の輸出依存度は，日本と比べてまだまだ高いレベルである。とくに，労働集約型産業の繊維工業製品，衣服・その他の繊維既製品，製材・木製品及び家具製造業，その他の製造業および技術集約型産業の情報・通信機械・電子部品，精密機械，事務用機器などの

第6章 中国の経済成長における対外貿易の影響分析 123

表6-4 スカイライン分析によるデータ (1)

No	部門	中国産業における各産業シェア			自給率 (%)			輸出率 (%)			輸出に誘発された中間財の仮想輸入率 (%)		
		2002年	2007年	2012年	2002年	2007年	2012年	2002年	2007年	2012年	2002年	2007年	2012年
1	農林水産業	9.1%	6.0%	5.6%	104.01	107.18	99.80	11.59	20.17	13.86	1.73	4.32	3.07
2	石炭	1.3%	1.2%	1.4%	103.16	109.82	92.64	22.59	37.62	21.98	5.49	13.62	9.43
3	原油・天然ガス	1.0%	1.2%	0.8%	75.15	66.76	45.13	20.54	24.00	11.15	13.78	29.30	20.53
4	金属鉱物	0.5%	0.8%	0.8%	72.33	65.23	56.71	19.39	25.35	15.23	13.66	32.15	19.84
5	非金属鉱物	0.5%	0.5%	0.4%	97.76	103.72	80.16	21.71	27.46	16.15	5.79	10.76	10.98
6	飲食料品	4.6%	5.1%	4.5%	105.84	105.31	100.34	13.18	15.95	11.29	1.13	3.19	2.22
7	繊維工業製品	2.9%	3.1%	2.3%	168.02	279.94	171.01	98.72	201.10	87.65	16.33	14.72	6.62
8	衣服・その他の繊維既製品	2.1%	2.2%	1.9%	170.89	159.06	162.53	86.32	70.32	73.22	3.21	4.07	2.33
9	製材・木製品及び家具製造業	1.3%	1.3%	1.2%	122.33	147.10	137.76	36.86	61.41	48.87	3.31	5.96	3.08
10	パルプ・紙・印刷	1.8%	1.5%	1.1%	99.48	111.08	106.10	24.95	36.66	26.72	7.22	12.23	6.74
11	石油・石炭製品及び核燃料	1.9%	2.6%	2.5%	97.78	106.01	96.66	24.56	36.52	23.36	7.59	14.84	8.35
12	化学製品	6.9%	7.6%	7.6%	95.66	110.33	103.81	32.64	48.06	33.72	12.21	20.52	10.71
13	窯業・土石製品	1.9%	2.8%	2.9%	104.04	109.99	107.48	19.14	20.65	15.85	4.16	5.06	2.56
14	鉄鋼・非鉄金属	4.9%	7.5%	6.9%	88.83	112.73	100.58	21.91	43.62	26.68	8.66	14.05	8.09
15	金属製品	1.9%	2.2%	2.0%	110.81	134.52	117.69	37.97	60.52	34.88	7.34	13.47	5.53
16	一般機械	4.1%	4.8%	4.5%	86.02	99.59	101.08	18.01	30.56	24.25	5.81	10.32	5.07
17	輸送機械	3.1%	4.0%	4.1%	97.66	104.95	100.60	18.07	23.98	16.73	3.93	5.20	2.17
18	電気機械	2.3%	3.3%	3.1%	104.66	121.75	121.92	45.90	50.96	43.99	12.19	12.06	7.48
19	情報・通信機械・電子部品	4.1%	5.0%	4.1%	93.24	138.80	126.64	53.84	107.93	89.54	25.56	68.03	45.68
20	精密機械及び事務用機器	0.5%	0.6%	0.5%	92.72	90.03	98.62	83.44	67.63	52.82	20.51	30.12	14.23
21	その他の製造業	1.1%	1.1%	0.9%	150.01	152.49	167.18	65.46	68.26	81.92	3.53	6.20	4.23
22	廃品	0.3%	0.5%	0.3%	89.00	82.24	65.74	21.47	29.38	17.86	8.64	23.28	17.53
23	電力・熱供給	2.5%	3.8%	3.0%	100.40	107.11	99.79	22.01	34.01	22.69	6.24	13.53	7.63
24	ガス	0.1%	0.1%	0.2%	100.98	104.45	102.58	11.19	23.03	11.19	2.88	9.39	2.66
25	水道	0.2%	0.1%	0.1%	102.46	107.91	101.53	18.54	24.96	11.17	4.56	8.43	3.23
26	建設	9.0%	7.7%	8.7%	100.40	100.44	100.55	1.33	1.08	1.24	0.17	0.12	0.18
27	運輸業・郵便	4.7%	4.3%	3.9%	111.65	119.44	108.82	29.23	37.92	27.91	4.82	8.36	5.71
28	商業	5.5%	3.5%	4.3%	120.70	123.92	126.51	35.94	36.85	39.29	4.48	6.89	4.66
29	宿泊業・飲食店	2.3%	1.8%	1.5%	107.94	106.21	99.52	15.71	18.97	11.34	2.09	4.84	2.84
30	金融・保険	2.3%	2.4%	3.7%	100.81	109.09	103.41	18.50	25.31	18.21	4.90	8.71	5.09
31	不動産	2.3%	1.8%	2.6%	101.66	103.17	102.34	5.42	6.90	5.49	0.99	1.82	1.06
32	その他サービス業	13.0%	10.0%	11.8%	103.54	103.75	102.15	12.02	14.72	10.93	1.73	3.64	2.34

(出所) 筆者作成。

部門の輸出依存度が明らかに高いものである。したがって，雇用を確保するにしても，産業技術を進歩させるにしても，これからの対外貿易が，相変わらず中国経済の安定的な発展に大きな影響をもたらすのであろう。

4-3 輸入依存度の変化と自給率の変化

スカイライン分析の中では，輸出率の上昇速度が輸入率の上昇速度より速い

ことは，国内生産能力の拡大，自給率の増大を意味する。農業，飲食料品，および衣服・その他の繊維既製品の自給率は，それぞれ2002年の104%，105%と170%から2007年の107%，105%と159%に安定性を保っている，正に「自力更生，豊衣足食」というスローガンにぴったりするような好況を反映している。とくに，繊維工業製品の自給率が168%から279%に大幅に上昇した。同産業の生産能力がはるかに国内最終需要を満たす程度の生産力を越え，輸出主導型発展の旗振り産業の特徴が反映されている。第2次産業のうち，衣服・その他の繊維既製品を除き，自給率の低下がみられる産業は，原油・天然ガス（75.2%→66.7%），金属鉱物（72.33%→65.2%）である。しかも，世界金融危機以降でも，この傾向が続いていた。原油・天然ガスと金属鉱物の自給率の低さとその連続的な低下傾向を考えれば，資源の制約が中国経済発展のボトルネック化しつつあることは否定できない。

　一方，ほかの製造業の自給率が上昇しているものの，それは輸出率の上昇速度のほうが速いことを意味し，必ずしも生産上の輸入代替が起きているとは限らない。このことは，世界金融危機以降の中国製造業の成長状況から簡単に確認することができる。つまり，世界金融危機以降の中国製造業の自給率が軒並みに低下したものの，その理由は，決してこれまでの生産能力の増加が新たな需要増加に追い着かず，輸入で賄わなければならないということではなく，むしろ，国内需要を満たせる生産能力があるものの，急速に国外需要が凋落したので，過剰な生産能力の問題が浮上し，嘗ての輸出率が維持できず，自給率が下がってくることになった。名目ベースの国内需要を満たす視点から見れば，2012年時点で原材料資源とエネルギー資源を除き，なお自給できない分野は精密機械および事務用機器のみである。

　そして，産業技術改善の視点から言えば，産業発展とともに技術のスピルオーバー効果があれば，最終需要の増大が続いても，それに誘発される中間財輸入率 q の低下が起きる可能性がある。さらに，加工貿易に依存する中国の産業発展において，輸出財生産に投入される中間財輸入率 r が上昇すれば，技術のスピルオーバー効果が発生せず，むしろ対外技術依存度は高まったと判断で

第 6 章　中国の経済成長における対外貿易の影響分析

表 6-5　スカイライン分析によるデータ（2）

No	部門	国内最終需要に誘発された中間財の仮想輸入率（%）			国内最終需要に誘発された最終財の仮想輸入率（%）			輸出生産の対外技術依存度（%）			最終財生産の対外技術依存度（%）		
		2002年	2007年	2012年	2002年	2007年	2012年	2002年	2007年	2012年	2002年	2007年	2012年
1	農林水産業	4.50	8.26	9.32	3.08	4.73	4.75	1.79	3.69	4.43	1.17	2.56	3.23
2	石炭	14.04	21.59	24.69	5.40	6.21	4.65	0.49	1.39	5.56	0.48	1.48	5.63
3	原油・天然ガス	38.21	51.10	60.80	7.17	6.14	5.42	18.03	26.34	39.07	17.82	26.44	39.55
4	金属鉱物	38.33	51.75	52.95	8.74	8.38	5.57	14.28	28.61	28.86	13.36	26.05	27.93
5	非金属鉱物	19.63	19.75	32.42	4.32	3.99	3.57	5.58	4.97	3.40	8.91	6.23	4.13
6	飲食料品	3.64	6.23	6.72	3.70	4.42	4.23	1.80	2.31	2.38	1.42	1.68	1.78
7	繊維工業製品	20.99	15.56	11.78	9.72	5.60	4.86	7.98	2.45	2.01	10.22	3.90	2.28
8	衣服・その他の繊維既製品	6.30	6.14	5.51	9.13	5.12	5.18	1.83	1.35	1.12	2.68	1.68	2.01
9	製材・木製品及び家具製造業	10.63	9.87	8.15	3.90	4.45	2.97	2.35	1.36	1.44	4.25	2.11	2.30
10	パルプ・紙・印刷	18.95	19.12	15.96	6.52	6.46	4.67	6.30	3.95	3.73	6.50	4.61	4.34
11	石油・石炭製品及び核燃料	20.84	24.44	21.77	5.94	6.08	4.92	5.66	4.54	4.80	6.25	4.99	4.99
12	化学製品	28.19	29.90	24.12	8.79	7.83	5.79	9.48	8.53	6.29	10.31	9.77	7.25
13	窯業・土石製品	10.68	7.83	6.46	4.42	2.83	1.91	1.84	0.93	0.84	2.90	1.60	1.46
14	鉄鋼・非鉄金属	24.72	23.24	20.61	8.35	7.65	5.48	7.29	4.57	5.51	7.44	5.51	6.30
15	金属製品	19.64	18.24	12.39	7.51	7.75	4.80	4.42	1.87	1.38	7.10	2.79	2.05
16	一般機械	18.14	18.86	13.56	13.85	12.10	9.62	10.54	8.21	5.27	9.42	7.59	4.79
17	輸送機械	12.20	10.80	7.81	8.21	8.23	8.32	5.81	4.69	4.14	4.91	4.07	3.62
18	電気機械	27.14	19.00	14.61	14.10	10.22	7.46	9.02	5.46	3.52	13.48	7.73	5.15
19	情報・通信機械・電子部品	34.10	41.69	42.43	26.50	27.44	20.47	15.89	16.78	15.72	14.82	14.95	17.43
20	精密機械及び事務用機器	68.03	53.82	36.38	22.69	23.78	17.83	15.17	19.33	12.12	55.55	37.06	22.52
21	その他の製造業	8.98	9.37	9.70	6.46	6.40	5.04	1.23	1.33	1.23	2.63	2.14	3.32
22	廃品	24.22	38.69	46.78	8.25	8.45	5.34	2.51	17.76	26.64	2.28	16.31	26.38
23	電力・熱供給	15.44	20.49	18.31	6.16	6.41	4.60	0.10	0.04	0.03	0.09	0.04	0.03
24	ガス	7.05	14.07	6.36	3.16	4.51	2.25	0.00	0.00	0.00	0.00	0.00	0.00
25	水道	10.97	12.26	7.22	5.11	4.79	2.42	0.00	0.00	0.00	0.00	0.00	0.00
26	建設	0.42	0.19	0.39	0.52	0.45	0.30	0.18	0.13	0.08	0.02	0.01	0.01
27	運輸業・郵便	12.14	13.39	14.11	5.44	5.09	4.98	1.18	1.94	3.09	1.41	2.56	3.67
28	商業	10.08	8.70	8.84	5.15	4.23	3.94	0.00	0.00	0.00	0.00	0.00	0.00
29	宿泊業・飲食店	4.99	4.81	4.72	2.78	4.75	4.61	0.03	2.14	3.19	0.02	1.68	2.05
30	金融・保険	12.20	11.26	10.96	5.49	4.96	3.84	2.94	0.49	0.57	2.48	0.37	0.51
31	不動産	2.34	2.42	2.19	1.42	1.31	0.96	0.00	0.00	0.00	0.00	0.00	0.00
32	その他サービス業	4.34	5.58	5.21	4.14	5.39	3.57	1.61	2.61	1.77	0.85	1.32	0.96

（出所）筆者作成。

きる。

　まずは，表 6-5 の輸出財生産の対外技術依存度を測る指標 r を見れば，鉱業を除き，2007 まで依存度が上昇した製造業は，情報・通信機械・電子部品（15.9％→16.8％），精密機械及び事務用機器（15.17％→19.3％）である。世界金融

表 6-6　2005 年日本スカイライン分析によるデータ

No	部門	日本産業における各産業シェア(%)	自給率(%)	輸出率(%)	輸出に誘発された中間財の仮想輸入率(%)	国内最終需要に誘発された中間財の仮想輸入率(%)	国内最終需要に誘発された最終財の仮想輸入率(%)	輸出生産の対外技術依存度(%)	最終財生産の対外技術依存度(%)
1	農林水産業	1.35	75.52	1.83	0.66	16.11	10.2	10.12	8.86
2	鉱業	0.1	5.77	1.33	24.23	95.85	0	71.01	70.35
3	飲食料品	3.69	83.55	1.18	0.18	6.16	11.48	6.58	4.05
4	繊維製品	0.45	51.26	9.76	5.46	31.06	27.43	20.76	15.86
5	パルプ・紙・木製品	1.32	84.36	11.88	4.17	23.04	4.47	9.71	10.85
6	化学製品	2.83	102	33.48	6.5	25.64	5.84	6.90	10.58
7	石油・石炭製品	1.74	88.18	16.29	5.21	20.85	7.26	9.28	7.92
8	窯業・土石製品	0.74	110.01	27.47	4.38	13.84	3.61	4.17	6.49
9	鉄鋼	2.6	143.96	66.23	7.96	16.65	5.61	2.87	3.27
10	非鉄金属	0.75	93.73	47.38	27.6	46.98	6.67	18.05	19.04
11	金属製品	1.28	101.62	18.2	3.2	12.63	3.95	3.41	4.39
12	一般機械	3.13	132.37	48.53	2.51	6.35	9.81	2.90	3.21
13	電気機械	1.63	137.17	63.13	5.72	10.11	15.84	5.53	5.77
14	情報・通信機器	1.13	100.07	39.77	1.59	3.64	36.06	3.27	2.63
15	電子部品	1.67	143.4	98.37	26.02	39.14	15.83	13.06	16.83
16	輸送機械	5.45	178.52	93.34	6.34	9.05	5.76	3.11	3.44
17	精密機械	0.38	99.51	39.98	2	10.8	29.67	3.99	9.24
18	その他の製造工業製品	2.63	100.97	26.9	5.51	18.87	7.06	7.54	8.67
19	建設	6.51	100.02	1.5	0.32	1.07	0.4	0.00	0.00
20	電力・ガス・熱供給業	1.92	99.8	12.98	3	9.8	3.38	0.01	0.00
21	水道・廃棄物処理	0.85	99.28	6.34	1.3	4.64	2.42	0.02	0.01
22	商業	10.93	108.82	15.67	1.2	4.07	2.78	0.29	0.22
23	金融・保険	4.28	97.36	10.79	2.6	10.44	2.99	0.84	0.72
24	不動産	6.81	100.15	1.61	0.28	1.02	0.44	0.00	0.00
25	運輸	5.22	95.89	19.8	4.66	18.98	4.94	3.02	3.89
26	情報通信	4.73	99.76	7.93	1.43	5.43	2.75	1.21	0.78
27	公務	3.96	99.44	0.41	0.17	0.85	0.13	0.00	0.00
28	教育・研究	3.73	104.53	14.42	2.39	5.56	4.34	1.41	0.38
29	医療・保健・社会保障・介護	5.17	100	0	0	0	0.01	0.00	0.00
30	その他の公共サービス	0.52	99.25	3.57	0.73	2.7	1.62	0.50	0.13
31	対事業所サービス	6.56	99.99	14.01	2.78	10.24	3.78	1.27	1.23
32	対個人サービス	5.35	96.56	1.99	0.05	0.34	5.09	0.55	0.21
33	事務用品	0.16	101.9	14.12	2.43	8.11	4.11	0.00	0.00
34	分類不明	0.41	83.57	12.01	4.94	24.73	3.71	12.19	13.33

（出所）筆者作成。

危機以降には，この指標が上昇した部門は，鉄鋼・非鉄金属（4.6%→5.5%）である。次に，国内最終財生産の対外技術依存度を測る指標 q を見ると，2007 まで依存度が僅か上昇した製造業は，情報・通信機械・電子部品（14.8%→15%）である。世界金融危機以降にも，この傾向が続き，さらに 17.4% までに上昇した。

同じく，2005 年日本産業の自給率を見ると，鉱業（5%）の極端に低い自給

率は，技術力だけでは克服できない天然資源の賦存制約を反映している。そのほかに，飲食料品（84%），繊維製品（51%），パルプ・紙・木製品（84%）などの労働集約型産業の自給率が100%に達していないのは一つの大きな特徴である。中国に比べて，日本の労働賃金における比較優位が低く，労働集約型産業の製品を国外で賄い，国内では技術集約型産業の生産に重石を置いているので，一般機械（132%），電気機械（137%），電子部品（143%），輸送機械（179%），精密機械（100%）の自給率はいずれも中国の同産業より高い。さらに，輸出財および国内最終財生産の対外技術依存度を見ると，一般機械（2.9%と3.2%），電子部品（13%と16.8%），輸送機械（3.1%と3.4%），精密機械（4%と9%）は，中国の同産業の対外技術依存度より低いことがわかる。しかし，注意すべきことは，世界金融危機以降，中国の技術集約型産業の産業技術が向上し，情報・通信機械・電子部品を除き，技術上の対外依存度が継続的に下がっていることである。

　ロストウの経済発展段階論によれば，各発展段階で成長に大きく貢献する主導産業が異なる。産業連関研究の分野では，主導産業を識別するために，チェネリーのDPG分析が使われてきた。その主導産業は総生産のシェアが拡大し，同時に自給率も高まっている産業と理解しても大過がなかろう。本章でいえば，2007年まで鉄鋼・非鉄金属，一般機械，輸送機械，電気機械，情報・通信機械・電子部品が主導産業に当たり，世界金融危機以降は建設及びサービス部門が経済成長を牽引している。果たして，これから中国経済の発展は新たな産業ソフト化の段階に入ったのであろうか。以下では，自給率に輸出財および国内最終財生産の対外技術依存度を加えて，中国の産業構造の変化を引き起こす主導産業の発展と対外貿易の役割を再吟味する。

　鉄鋼・非鉄金属は，育成産業として従来から重要視されてきた。2007年までは，鉄鋼・非鉄金属の産業シェアの拡大が続いており，重化学工業化の軌道から脱していないことがわかる。資源と環境の制約のもとで，高い経済成長率を持続的に維持することは不可能である。日本の経済発展の経験に即して考えれば，適度な脱重化学工業化を図らない限り，成長率が下降すれば，過剰生産

能力が景気調整にマイナス影響をもたらすことは避けられない。正に，今は中国の実質成長率が7%台を下回り，鉄鋼産業の過剰生産能力が大きな問題になっている。さらに，輸出財および国内最終財生産の対外技術依存度からいえば，国内外の需要は鉄鋼産業の品質にこだわりつつあり，今までの量的成長は必ずしもこれからの発展にふさわしいとは言えない。したがって，時宜に合わせて適切に生産能力の調整が必要であろう。

一般機械に関しては，2007年には，自給率が大幅に改善され，ほぼ自給自足の水準に達したが，輸出財および国内最終財生産の対外技術依存度は，それぞれ，2002年の10.5%，9.4%から2007年の8.2%，7.6%に下がった。言い換えれば，一般機械部門は，産業シェアが拡大しながら，自給率が大幅に上昇することができただけではなく，技術上のスピルオーバー効果も表れてきた[13]。世界金融危機以降では，産業シェアの拡大が止まっても，技術上のスピルオーバー効果が継続的に発揮したため，輸入代替が進み，輸出率が下がっても，自給率の向上が実現された。

輸送機械の自給率は，2002年の98%から2007年の105%に改善された。WTO加盟後は，輸出財および国内最終財生産の対外技術依存度の低下が見られる。原因として考えられるのは外国企業の市場参入による国内生産能力の急拡大である。WTO加盟後，世界自動車生産量ランキング上位15位の大手企業が全て中国市場に参入し，中国企業と合弁企業を作った[14]。WTO加盟により中国自動車産業に与える影響を緩和する政策の一つとして，外資誘致を通じて国内生産を促進し，輸入品の上昇を抑える方針がWTO加盟前から採用された可能性もある[15]。世界金融危機以降では，輸出率が下がったものの，外資誘致の政策が功を奏し，産業技術の向上が成し遂げ，輸入代替が生じたことに伴

---

[13] 90年代の中国の機械産業の技術的評価に関しては，丸山（2000），129-132ページを参照。

[14] 韓，袁（2004）を参照。

[15] WTO加盟後，中国自動車産業の研究に関しては，ブングシェ・ホルガー（2007）を参照。また，外資誘致による輸入品の急増事態を抑制する政策を論じた研究に関しては，郭（2001）を参照。

い，旺盛な国内需要の増加にも支えられ，技術集約型産業のうち，輸送機械が唯一産業シェアの拡大を実現した部門になった。

電気機械の自給率は，2002年104.7％から2007年の121.8％までに上昇した。名目ベースでは，機械産業のうち，情報・通信機械・電子部品と並べて自給率が相対的に高い部門である。しかし，両者の違いは，技術上の対外依存度にある。電気機械の輸出率は，情報・通信機械・電子部品ほど高くないが，輸出財および国内最終財生産の対外技術依存度においては，歴然の差異がある。したがって，同じく国外需要不振の逆風に当たっても，電気機械の輸出率は，情報・通信機械・電子部品ほど大きく下がっていない。やはり，対外技術依存度が下がったことで，国際競争力がある程度上昇したことに間違いがない。

そして，実質ベースでは，情報・通信機械・電子部品は，2007年まで中国の経済発展及び産業構造の高加工度化に最も貢献した主導産業であるが，輸出財および国内最終財生産の対外技術依存度といった視点からみれば，技術進歩を遂げた主導産業であると言い切れない。情報・通信機器・電子部品の自給率は，確かに2002年の93.2％から2007年の138.8％へ上昇した。一方，輸出率は，53.8％から107.9％へ急上昇することと，輸出財の対外技術依存度は15.9％から16.8％へ増加することを考量すれば，自給率上昇の原因は，主に，旺盛な海外需要が背景にあり，大規模な加工貿易を通じて生産能力が急激に高まったことである。技術及び販売市場が海外に依存しているため，2012年に見られた国外需要の縮小によって，自給率が急速に低下したことを理解し難くない。したがって，情報・通信機器・電子部品は，中国の経済発展を促進し，積極的に産業の高加工度化をもたらす重要な産業であるが，国際市場における強い競争力をもった産業になるまでには至っていない。これから産業の成長においては，発展の原動力を産業技術の向上に求めるしか道がないであろう。

世界金融危機以降，これまで国外需要に依存してきた製造業の成長が著しく鈍化し，その代わりに，建築およびサービス部門が経済成長を大きく牽引してきた。しかし，表6-4と表6-5からわかるように，産業シェアを大きく占める建築産業では，対外貿易との関わりが非常に弱いものである。また，サービ

部門においては，日本の同部門ほど産業シェアが大きくないゆえに，たとえ商業が日本よりもっと対外貿易と関わっているとしても，その対外的関係が経済全体に対する影響力はさほど大きくないであろう。そして，産業シェアからみれば，たとえ中国の産業構造がこれからサービス化あるいはソフト化が進んでも，雇用およびサンクコストの現実問題が存在するため，これからの 5 年間では，第 2 次産業の地位を大きく揺るがすことができないであろう。

自給率と対外技術依存度から判断すれば，雇用確保の機能を担っている軽工業にはまだまだ競争力があり，そして国内需要のレベルをはるかに超える生産能力が存在しているので，これからは，さらなる産業技術の向上と商品品質を追求しながら，引き続き国外市場に活路を求めるしかないであろう。

また，技術集約型産業部門においては，まだまだ，技術競争力を高める余地が大きく，対外貿易を通じて高品質の国外製品に刺激されながら，質を磨くしか良策がなかろう。この意味で，これからも対外貿易の重要性を見過ごしてはいけない。たとえ国外需要不振の状態がすぐに好転しなくても，国内需要を掘り起こしながら，国外市場における競争力の向上をより一層追い求める必要がある。

5. おわりに

1992 年，鄧小平の「南巡講話」を皮切りに，これまでの改革開放の成果が謳歌され，さらなる「以進養出」，「招商引資」，すなわち「加工貿易」，「外資誘致」に代表される輸出主導型工業化路線が推し進められた。事実上，アジア金融危機以降の中国経済は，対外開放を本格に展開し，伝統的に輸入代替政策に重点を置いた化学製品，鉄鋼・非鉄金属，輸送機械といった産業においても，対外貿易に頼る成長ぶりが益々浮き彫りにされている。2007 年までの経済発展の状況から考えると，重化学工業と機械産業が主導産業の役割を果たしたことは，中国の産業政策の立案者にとって，期待された経済発展の方向に一致し，最も望ましい結果に違いない。WTO 加盟後，輸出要因は，予想の通りに大多数の主導産業の成長を誘発する最大の要因になった。また，主導産業に

おける中間投入変化要因の大きなプラス効果は，対象期間中において中国の中間財取引市場の拡大および中国の産業構造における「高加工度化」の傾向を示唆している。

　さらに，中国経済全体の対外依存への傾斜による発展パターンを自給率や，中間財輸入率などの角度から分析し，再点検した。対外開放のもとで，貿易拡大を通じて，経済成長を大いに促進し，WTO 加盟以降は，鉄鋼・非鉄金属，一般機械と輸送機械の輸出財および国内最終財生産の対外技術依存度がゆっくりと低下している。世界金融危機以降にも，技術集約型産業の産業技術が向上し，情報・通信機械・電子部品を除き，技術上の対外依存度が継続的に下がっている。技術集約度の高い産業部門の生産は，外資系企業によるところが多いものの[16]，長年中国現地化生産が行った結果としては，対外開放政策の一つの大きな目標，いわゆる「以技術換市場」[17]（国内市場を提供する代わりに，国外の優れた技術を取り入れる）の政策目標は，技術集約型産業においては少しずつ達成されている。

　確かに，世界金融危機以降では，建設やサービス部門の成長が外需不振による製造業成長の鈍化を補い，加えて外資企業の投資パターンも変わり，伝統的な外資依存輸出主導型の経済発展パターンが変貌し始めたようにみえたものの，産業シェアからみれば，たとえ中国の産業構造がこれからサービス化あるいはソフト化が進んでも，雇用およびサンクコストの現実問題が存在するため，これからの 5 年間では，第 2 次産業の地位を大きく揺るがすことができないであろう。

　総じていえば，WTO 加盟を通じて経済発展を促進させる戦略が功を奏している。1978 年の対外開放政策が採用されてから，中国の産業構造は，次々に変動し，主導産業が軽工業から重化学工業，精密機械産業へ移り変わり，かつ

16）　郭（2005）によれば，技術集約型産業においては，外資企業の生産シェアは，1998 年の 28.6％ から 2003 年の 41.7％ に達した。そのうち，電子計算機製造業における外資企業の生産シェアは，1998 年の 51.7％ から 2003 年の 84％ までに達した。
17）　この政策に関しては，王（2008），474-478 ページを参照。

て日本で生じた雁行形態型発展の軌道に，順調に辿っているようである。その中に，貿易は小島教授により指摘されたような役割を果たしている。すなわち，中国経済の構造変動的脱皮は，日本と同じく，輸入が先行的に質的に代わり量的に急増大することによって実現された。中国における産業構造の変動は，正に，この輸入先行的構造変動に当てはまる。新しい産業構造が確立された着実な安定的成長期においては，内需と並んで，あるいは，それを上回って拡大することによって輸出が重大な役割を演じたという視点から判断すると，WTO加盟後の中国主導産業の輸出貿易は，このような主役を部分的に演じている。

そして，国際金融危機以降，今までの発展経路が行き止り，中国の製造業が伝統的な国外市場の長期不振に直面する際に，苦しい産業調整を遂行し，国内需要を掘り起こしながら，産業技術の改善努力を怠らなかった。雇用確保の機能を担っている軽工業にはまだまだ競争力があり，そして国内需要のレベルをはるかに超える生産能力が存在しているので，これからも，さらなる産業技術の向上と商品品質を追求しながら，引き続き国外市場に活路を求めるしかない。技術集約型産業部門においては，技術競争力を高める余地が大きく，対外貿易を通じて高品質の国外製品に刺激されながら，質を磨くしか良策がなかろう。この意味で，これからも対外貿易の重要性を見過ごしてはいけない。たとえ国外需要不振の状態が長期化にしても，国外市場における競争力の向上をより一層追い求める必要がある。

中国対外貿易の発展は，中国の経済成長に寄与するだけではなく，世界生産分業ネットワークにも影響を与えている。グローバル化が着実に深化し続ける中で，世界生産分業ネットワークの変化と中国の中間財貿易の発展との関わりを実証分析することは今後の課題にしたい。

参 考 文 献

大橋英夫（2013）「中国における対外経済政策の転換」『JRI レビュー』第3巻第4号，42-59 ページ．

王在喆（2001）『中国の経済成長　地域連関と政府の役割』慶應義塾大学出版会．

呉敬連（2007）『現代中国の経済改革』NTT 出版。
岡本信広（2013）『中国—奇跡的発展の「原則」』アジア経済研究所。
小島清（1958）『日本貿易と経済発展』国元書房。
滕鑑（2001）『中国経済の産業連関』渓水社。
藤川清史（1999）『グローバル経済の産業連関分析』創文社。
徐贇（2013）「アジア金融危機後の中国産業構造の変化—産業連関の視点から」『中央大学経済研究所年報』第 44 号，225–244 ページ。
ブングシェ・ホルガー（2007）「中国の自動車産業：世界の自動車産業の工場からグローバル・プレーヤーへ？」『産研論集』第 34 号，75–86 ページ。
丸川知雄編著（2000）『移行期中国の産業政策』アジア経済研究所。
丸山伸郎（2000）「産業技術政策」（丸川知雄編著（2000）所収）。
宮川幸三（2005）「スカイライン・チャートによる産業構造分析の新たな視点」『産業連関』第 13 巻第 2 号，54–66 ページ。
李潔（2005）『産業連関構造の日中・日韓比較と購買力平価』大学教育出版。
渡部経彦（1970）『数量経済分析』創文社。
渡辺利夫編著（2004）『東アジア経済連携の時代』東洋経済新報社。
Chenery, H. B. (1960), "Patterns of Industrial Growth," American Economic Review, Vol. 50, No. 4, pp. 624–654.
Chenery, H. B., S. Shishido, and T. Watanabe (1962) "The Pattern of Japanese Growth," Econometrica, Vol. 30, No. 1, pp. 98–139.
Hummels, D., J. Ishii and K. M. Yi (2001) "The Nature and Growth of Vertical Specialization in World Trade," Journal of International Economics, 2001, 54, pp. 75–96.
Ianchovichina, Elena, Sethaput Suthiwart-Narueput and Min Zhao (2003)「中国の WTO 加盟にともなう東アジア地域への影響」（K. Krumm and H. Kharas 編・田村勝省訳（2004），『東アジアの統合』シュプリンガー・フェアラーク東京所収）。
Leontief, W. W (1963) "The Structure of Development," in Leontief, W. W. (1966) Input-Output Economics, New York : Oxford University Press.（「発展の構造」新飯田宏訳（1969），『産業連関分析』岩波書店）。
Martin, William J., Deepak Bhattasali and Shangtong Li (2003)「中国の WTO 加盟：中国への影響」（K. Krumm and H. Kharas 編・田村勝省訳（2004）『東アジアの統合』シュプリンガー・フェアラーク東京所収）。
中国語：
郭克莎（2001）「加入 WTO 之后中国汽车工业面临的影响及应对思路」『中国工业经济』2001 年第 10 号，22–32 ページ。
郭克莎（2005）「我国技术密集型产业发展的趋势，作用和战略」『产业经济研究』2005 年第 5 号，1–12 ページ。
韩民春，袁秀林（2004）「跨国汽车公司对我国轿车行业市场结构的影响」『国际贸易问题』2004 年第 12 号，62–65 ページ。
王巾英（2008）「中国利用外资理论」（薛栄久総主編（2008）『国际经贸理论通鉴—中国当代国际经贸理论』対外経済貿易大学出版社所収）。

第 7 章

中国の都市化と経済成長へのインパクト

岡 本 信 広

1. はじめに

　世界貿易の中でアメリカは最終財のアブソーバーとしての位置にある一方，中国は生産工場（いわゆる「世界の工場」）として中間財のアブソーバーの位置にある。中国の持続的発展のためには世界の市場とくに最終財の輸出先としてアメリカが必要であり，これがアメリカをして世界のFTA交渉で力を持つ要因となっている。中国が自律的な発展を目指す，あるいは中国が「世界の市場」になるためには，生産拠点としての中国から消費拠点としての中国へ転換しなければならない。

　中国は現政権が成立して以降，2012年12月の中央経済工作会議，2013年3月の全国人民代表大会で強調されたのが「新型都市化」である。2014年3月には中共中央および国務院から，「国家新型都市化計画2014～2020年」（以下，「新型都市化計画」）が発表された。

　中国が経済政策として都市化を進めるのは，まさに生産型拠点から消費拠点への転換を目指しているからである。大量の過剰生産能力を抱え，投資・供給型の経済発展は限界に近づきつつあり，消費・需要型の発展モデルへ転換しなければならない。

　都市は消費の中心である。中国の工業化は進んだが都市化は遅れて来た。中

国の都市常住人口は 56.1％（2015 年）だが都市戸籍人口は 40％ である[1]。中国の都市化率は先進国平均の 80％，途上国平均の 60％ に及ばない。そして都市の常住人口と戸籍人口の差である約 16％ の農民工（約 2 億人）が都市に生活しているものの，出稼ぎ労働者として生産活動に従事し，都市という空間を間借りしているような状況になっている。この農民工たちを制度面でも経済面でも本当に都市に定住させることができれば，新たな消費者層として内需を拡大することが可能となり，サービス産業化の進展によって産業構造の高度化も可能となる。この人の都市化こそが中国の「新型都市化」の中心テーマである。

中国の経済成長は毎年投資が牽引している。中国 GDP の 5 割強が投資である。投資主導型成長は社会インフラの過剰投資につながり，供給増加には貢献するものの需要が追いつかない結果となる。別の言い方をすれば，投資需要による経済成長は将来的な需要を先食いしているというのが現状であろう。

このように中国の「新型都市化」の使命は，出稼ぎに来ている農民を都市に定住させるとともに，都市が消費主導経済成長の主役になることが期待されているのである。

本章では，都市化が中国の地域開発に与える影響を考察する。とくに直轄市に焦点をあて，その都市化が中国全土にどのような影響を与えるかを考察したい。

直轄市に焦点をあてるのは，北京は首都であるとともに，天津，上海，重慶には国家級の新区と総合改革試験区を持ち，都市化政策の中でもパイロットケースとして適当だからである。

本章は以下の構成をとる。まず先行研究から地域化（Regionalization）の手法を応用して，都市化が経済に与える影響を分析できる産業連関モデルを構築する。次に実証分析を行い，ファインディングスを整理し，最後にまとめを行う。

---

[1] 中国では戸籍制度により都市住民と農村住民とが分けられている。ここでいう常住人口とは都市に住んでいる農村戸籍の住民が含まれており，戸籍人口とは都市戸籍を持っている住民の数である。

2. モ デ ル

2-1 先 行 研 究

都市化と経済成長には強い相関がある。UN-HABITAT（2013, p.43）は都市化にともなって都市の規模と生産性は増大することを示している。この半世紀（1960年から2010年まで）世界全体で都市人口比率は33％から51％に増加し，1人当たり所得は152％上昇した。具体的には2382ドルから6006ドルへの上昇であった。

都市化は集積の経済という外部性をもたらすことによって経済成長を促す。一方で経済成長自体も都市化に影響を与える。

中国では，経済成長が都市化をもたらすのか，都市化が経済成長をもたらすのかという議論が盛んである。中国では経済成長が都市化をもたらすという成果（李・段2006，李2008）もあるが，最近の成果によれば基本的には都市化が経済成長をもたらすのではないかと指摘する成果（段・安2009，姚・郭2010，郭・程2013）が多い。

この違いが出るのは都市化の定義や国の規模なども影響するためである。ただしウィリアムソン仮説にもみられるように経済発展が遅れている国は都市化と経済成長に正の相関があるが，経済が成熟するに従って都市化は低下する（もっと正確にいえば一極集中から数個の都市に分散する）。少なくとも経済成長の初期段階であれば，経済特区などの一部の地域にインフラを建設し多くの企業を誘致すれば，企業間の技術移転や労働者雇用にメリットが存在するために，都市化は間違いなく経済成長を促すであろう。

中国は経済の発展程度が遅れているのでウィリアムソン仮説の初期段階にあると考えられること，上でも述べたように近年の先行研究でも都市化は成長をもたらすことが一般的であることから，都市化の推進による持続的経済成長を目指す李克強の政策には学術的裏付けはあるのかもしれない。

2–2　モ デ ル

　管見のかぎり，都市化と経済成長に関して産業連関分析が用いられたことはない。経済成長への影響などインパクト分析は産業連関分析の得意なところであるが，この分野での応用がないのは，「都市化」を産業連関分析の枠組みでどう数量化するかが困難を極めるからであろうと思う。

　都市化は一般に都市住民の人口比率で計る。本章における都市化は企業の集積という観点からアプローチする。企業の集積によって地域内取引が増加することによる経済成長への影響を計測したい。モデルについては，全国表から小地域の産業連関モデルを構築する手法を参考にしつつ，都市化（企業集積）の影響を分析するモデルを構築する。

　産業連関モデルには地域化（Regionalization）という手法がある。これは分析対象地域の産業連関モデルがない場合，全国の産業連関表を用いて推計する方法を指す。この手法の考え方は，産業連関モデルの重要な係数である技術係数を何らかの「地域の情報」を用いて調整する手法である。具体的には，技術係数（technical coefficient）を地域の情報（係数）によって以下のように調整する（Miller and Blair 2009）。

$$a_{ij}^{rr} = \alpha_{ij} a_{ij}^{r} = \alpha_{ij} a_{ij}^{d}$$

ここで，
a_{ij}^{rr}：地域内技術係数
α_{ij}：地域の情報が含まれる係数
a_{ij}^{r}：地域の技術係数（移入を含む）
a_{ij}^{d}：全国の国内技術係数（輸入を含まない）
である。一般的に地域の技術係数が得られることはないので，生産技術は全国どこでも同じ（$a_{ij}^{r} = a_{ij}^{d}$）として扱われている。

　ここで肝心なのは，地域の情報を示す α_{ij} である。α_{ij} には以下の情報が利用される。

第 7 章　中国の都市化と経済成長へのインパクト　139

（1）立地係数

$$LQ_i^r = \left(\frac{x_i^r/x^r}{x_i^n/x^n} \right) = \left(\frac{x_i^r/x_i^n}{x^r/x^n} \right)$$

（2）クロスインダストリー係数

$$CIQ_{ij}^r = \left(\frac{x_i^r/x_i^n}{x_j^n/x_j^n} \right) = \left(\frac{LQ_i^r}{LQ_j^r} \right)$$

（3）FLQ

$$FLQ_{ij}^r = (\lambda) CIQ_{ij}^r (i \neq j)$$
$$FLQ_{ij}^r = (\lambda) LQ_i^r (i = j)$$

なお，$\lambda = \left\{ \log_2 \left[1 + \left(\frac{x^r}{x^n} \right) \right] \right\}^\delta$, $0 \leq \delta < 1$ である。

ここで，x_i^r, x_i^n は地域と全国の総産出データ（あるいは雇用，付加価値など）である。これらの係数が 1 より小さいとき，その地域に当該産業が少ないため供給力が全国より小さいと考えられ，全国表の技術係数がその分だけ小さく調整される。

LQ の場合，1 より小さいとその地域の産業は全国よりも集積していない。つまり全国並に供給できないと考えられ，行（産出）方向で全国の技術係数を小さくする。域内供給力が少なく，他地域から移入すると仮定されている。

CIQ は供給（行）と需要（列）の両面を考えている。CIQ が 1 より小さい場合当該地域の産業の需要に比べて地域の供給は小さいので，その他地域からの移入が増えると考えられている。

FLQ は，CIQ に地域経済の規模という情報を加えたものである。地域経済の規模が小さければ小さいほど移入が多いと考えられ，その分だけ移入が増えるように調整される（Flegg et al.（1995），Flegg and Webber（1997））。

（4）AFLQ

地域化の手法は，地域は移入が多いので地域内技術係数は全国の技術係数よ

り小さいというのを前提としている[2]。しかし，McCann and Dewhurst（1998）は産業集積による特化の経済においては，地域内購入が増加することを示している。そこで Flegg and Webber（2000）は FLQ の改善版（Augmented FLQ）を提案した。

$$AFLQ_{ij}^r = \begin{cases} [\log_2(1+LQ_j^r)]FLQ_{ij}^r & \text{if } LQ_{ij}^r > 1 \\ FLQ_{ij}^r & \text{if } LQ_{ij}^r \leq 1 \end{cases}$$

これは今までの係数調整の中で，地域の産業の供給力，需要力，経済規模，特化の程度をすべて織り込むというモデルである[3]。

中国の都市化の大きな特徴は産業誘致である。経済特区から始まった改革開放政策によって外国資本を呼び込み，都市は雇用を生む場所として（農民工を受け入れる場所）として発展してきた。

このような現状を鑑み，都市化と経済成長について以下のような産業連関モデルを提案する。

まず都市化は産業集積ととらえて地域内投入が増加するとする。

$$\dot{a}_{ij} = \beta_j a_{ij}^{rr}$$

ここで $\beta_j \geq 1$ である。ここでパラメータ β を定式化する。

$$\beta_j = \log_2(1+1.01^*LQ_j^r)/\log_2(1+LQ_j^r)$$

これは現在の地域内投入係数は現在の立地係数によって決定されていると考えられている。その立地係数が1%増加した（都市化した）ときに，地域内投入係数がどれだけ増加するかという関係を示している。

地域と地域の2地域モデルを考えると，地域間投入係数は以下のようになる。

---

[2] また中国の省レベルの地域内技術係数は必ずしも全国表より小さいわけではない（岡本 2013）。
[3] 実証的には AFLQ よりも FLQ のパフォーマンスがよいとされることが多いが，岡本（2015）は中国では AFLQ の当てはまりがいいことを示している。

$$\begin{bmatrix} a_{ij}^{rr} & a_{ij}^{rs} \\ a_{ij}^{sr} & a_{ij}^{ss} \end{bmatrix}$$

したがって，レオンチェフ逆行列は，

$$\begin{bmatrix} l_{ij}^{rr} & l_{ij}^{rs} \\ l_{ij}^{sr} & l_{ij}^{ss} \end{bmatrix} = \left(\begin{bmatrix} I & 0 \\ 0 & I \end{bmatrix} - \begin{bmatrix} a_{ij}^{rr} & a_{ij}^{rs} \\ a_{ij}^{sr} & a_{ij}^{ss} \end{bmatrix} \right)^{-1}$$

となる。ここで，r 地域内部で都市化がすすみ j 産業の集積がすすんだとしよう。この場合，j 産業の地域内投入係数は増加し，以下のような新しい地域間投入係数行列およびレオンチェフ逆行列が得られる。

$$\begin{bmatrix} \dot{a}_{ij}^{rr} & a_{ij}^{rs} \\ a_{ij}^{sr} & a_{ij}^{ss} \end{bmatrix}$$

$$\begin{bmatrix} \dot{l}_{ij}^{rr} & \dot{l}_{ij}^{rs} \\ \dot{l}_{ij}^{sr} & \dot{l}_{ij}^{ss} \end{bmatrix} = \left(\begin{bmatrix} I & 0 \\ 0 & I \end{bmatrix} - \begin{bmatrix} \dot{a}_{ij}^{rr} & a_{ij}^{rs} \\ a_{ij}^{sr} & a_{ij}^{ss} \end{bmatrix} \right)^{-1}$$

$\dot{a}_{ij} > a_{ij}^{rr}$ なので，一般的に $\dot{L}$ の各要素は L よりも大きい。そこで

$$\dot{L} - L = \begin{bmatrix} \dot{l}_{ij}^{rr} & \dot{l}_{ij}^{rs} \\ \dot{l}_{ij}^{sr} & \dot{l}_{ij}^{ss} \end{bmatrix} - \begin{bmatrix} l_{ij}^{rr} & l_{ij}^{rs} \\ l_{ij}^{sr} & l_{ij}^{ss} \end{bmatrix}$$

が都市化による地域内地域間インパクトを示すこととなる。経済成長，とくに各地域の GDP にどれだけ影響を与えるかを測定するために，最終需要によって誘発された付加価値の違いを都市化による経済成長へのインパクトとする。モデルで示すと，

$$\dot{V} - V = \begin{bmatrix} \hat{v}_i^r & 0 \\ 0 & \hat{v}_i^s \end{bmatrix} \begin{bmatrix} \dot{l}_{ij}^{rr} & \dot{l}_{ij}^{rs} \\ \dot{l}_{ij}^{sr} & \dot{l}_{ij}^{ss} \end{bmatrix} \begin{bmatrix} f_i^r \\ f_i^s \end{bmatrix} - \begin{bmatrix} \hat{v}_i^r & 0 \\ 0 & \hat{v}_i^s \end{bmatrix} \begin{bmatrix} l_{ij}^{rr} & l_{ij}^{rs} \\ l_{ij}^{sr} & l_{ij}^{ss} \end{bmatrix} \begin{bmatrix} f_i^r \\ f_i^s \end{bmatrix}$$

である。$\dot{V}$ は産業集積効果によって地域内取引が増加した時の付加価値（GDP），V はオリジナルの付加価値，$\hat{v}_i^r$ は r 地域の産業別付加価値率を対角行列にしたもの，そして f_i^r は r 地域の最終需要である。

3. 実証結果

3-1 データ

本章で用いたデータは，劉衛東ら (2012) が作成した2007年30省市の地域間産業連関表である。この表の対象地域はチベットを除く30省市自治区，対象部門は農林水産業，工業，建築業，運輸業，商業，サービス業の6産業部門である。

表形式は移輸入を取り除いた非競争型産業連関表となっている（図7-1）。地域間取引はマトリックスで表示されており，ある地域のある産業がどの地域のどの産業から財・サービスを購入しているかがわかるようになっている。輸入マトリックス，いわゆる輸入表は提供されていない。各地域が海外からどれくらい輸入したかを示す輸入の行が中間取引マトリックスの一番下に入っている。つまり輸入についてはある地域のある産業の輸入総額を示しているのみである。

それでも本データの特徴は他の地域間表（Institute of Developing Economies 2003，張・斉 2012）と違って，輸入が第三象限に置かれているために，導出されるレオンチェフ逆行列は輸入を含まない純粋な地域間波及を示すことである。他の地域間表は移入非競争型輸入競争型であったために計算されたレオンチェフ逆行列の値は輸入を含む分過大評価される。本データの特徴はまさにここにあり，産業集積による都市化の地域間波及効果を純粋に把握することができる。

図7-1 2007年中国地域間産業連関表のフレームワーク

		中間需要			最終需要			輸出	総産出
		地域1	...	地域r	地域1	...	地域r		
中間投入	地域1	Z^{11}	...	Z^{1r}	f^{11}	...	f^{1r}	e^1	x^1
	⋮	⋮	⋱	⋮	⋮	⋱	⋮	⋮	⋮
	地域r	Z^{r1}	...	Z^{rr}	f^{r1}	...	f^{rr}	e^r	x^r
輸入		im^1	...	im^r	fm^1	...	fm^r		
付加価値		v^1	...	v^r					
総投入		$(x^1)'$	...	$(x^r)'$					

（出所）筆者作成。

各行列の定義は以下の通りである。

Z^{rr}，中間取引量

f^r，最終需要（列）

e^r，輸出ベクトル（列）

x^r，総産出ベクトル（列）

$(x^r)'$，総産出（行）

im^r，中間財輸入ベクトル（行）

fm^r，最終需要輸入ベクトル（行）

v^r，付加価値ベクトル（行）

3-2 結　果

　モデルでもみたように，本章では都市化を産業集積とそれによる地域内取引の増加としてとらえている。経済成長への影響を測定するために，二つのシミュレーションを行った。

　一つは，工業化である。中国の都市化の大きな特徴は旧市街地の外に経済特区，経済開発区などの地域を設定し，そこに外資系企業を中心とした工場を誘致するというものである。

　例えば上海であれば，長江の支流黄浦江西側の租界地域が旧市街地であったが，その西側に虹橋経済開発区を設置し，企業や工場を誘致した。その後黄浦江西側（浦西と呼ばれる）がだんだん手狭になり，開発の地域は黄浦江東側（浦東と呼ばれる）に重点が移る。浦東地域は元来農村であったが，1991年の浦東新区の設置，開発により空港，物流拠点，企業団地，ニュータウンが建設された。

　経済開発区では製造業の誘致がメインであり，他の関連製造業も進出してきた。例えば天津経済技術開発区では，トヨタの進出に伴い，電装部品を供給するデンソーが進出している。このように川下製造業の進出にそって川上の製造業も進出している。

　以上のような現状を鑑みて，第1のシミュレーションでは，工業（製造業）

部門の産業間取引の増加が与える各地域へのインパクトを計測する。

二つ目のシミュレーションの仮定は，工業化とサービス産業化である。都市化は脱農業であり工業化とその周辺のサービス産業化を伴う。外資系企業などが誘致されるにしたがって，都市機能として電気ガス水道などの供給が行われるようになるし，工場間の中間財やりとりなどで運輸や倉庫業も発展するであろう。中国という複雑なビジネス環境に対応するために法律，会計などのビジネスサービスが発展するだろうし，なんといっても資金面でのサポート，金融サービスの発展も必要となってくる。このように都市化は工業化のみならずサービス業の発展をも伴う。

そこで第2のシミュレーションは，工業部門およびサービス産業部門間の産業間取引が増加する都市経済を仮定して各地域へのインパクトを計測する。

シミュレーションの仮定の次に重要なのは，どの地域の都市化を対象とするか，である。中国は世界第2位の面積をもつ大国である。一級行政区は31の省市自治区であり，それぞれがヨーロッパやアジアの1国レベルの人口，面積規模を持っている。したがって30省の地域間産業連関表を持ちいるとはいっても，各地域の分析は国際産業連関表における一国の分析に等しい。

本来ならば，各省自治区のうち大都市を取り出して都市地域間の産業連関モデルを構築していくのが望ましいが，それは今後の課題として，本章では直轄市（北京，天津，上海，重慶）を対象として都市化のインパクトを計測してみたい。30省地域産業連関表の中で，地域的に人口が集中して都市となっているのは上記4都市のみだからである。ここでは華北地域（北京，天津）の都市化，華東地域（上海）の都市化，西部地域（重慶）の都市化の地域的な分散にも配慮しつつ，経済成長へのインパクトに違いがあるかどうかを考えながらシミュレーション分析を行っていく。

まず各地域の都市化は工業化，製造業部門の地域内取引の増加とみた場合，その効果がどうなるか見てみよう。

まず中国全土への影響を見てみる。各4直轄市のそれぞれの都市化のインパクトは上海のケース0.019％，天津のケース0.009％，北京のケース0.007％，

表7-1 都市化のインパクト（工業化）

（単位：%）

	北京	天津	上海	重慶
北京	0.149	0.004	0.006	0.001
天津	0.005	0.299	0.007	0.004
河北	0.005	0.009	0.009	0.002
山西	0.004	0.005	0.005	0.001
内蒙古	0.006	0.011	0.009	0.002
遼寧	0.003	0.004	0.003	0.001
吉林	0.003	0.006	0.005	0.001
黒竜江	0.004	0.004	0.004	0.001
上海	0.003	0.004	0.311	0.002
江蘇	0.002	0.002	0.005	0.001
浙江	0.001	0.002	0.006	0.001
安徽	0.003	0.004	0.009	0.001
福建	0.001	0.001	0.003	0.001
江西	0.001	0.002	0.004	0.001
山東	0.001	0.002	0.005	0.001
河南	0.002	0.003	0.007	0.002
湖北	0.001	0.002	0.004	0.001
湖南	0.001	0.001	0.003	0.002
広東	0.001	0.001	0.003	0.003
広西	0.003	0.003	0.004	0.004
海南	0.001	0.001	0.002	0.001
重慶	0.003	0.004	0.004	0.304
四川	0.001	0.002	0.002	0.006
貴州	0.001	0.003	0.004	0.008
雲南	0.001	0.002	0.004	0.006
陝西	0.003	0.005	0.012	0.005
甘粛	0.003	0.003	0.006	0.002
青海	0.001	0.003	0.005	0.002
寧夏	0.004	0.006	0.006	0.001
新疆	0.004	0.008	0.007	0.002
全国	0.007	0.009	0.019	0.006
沿海	0.011	0.012	0.030	0.002
東北	0.003	0.005	0.004	0.001
中部	0.002	0.003	0.005	0.001
西部	0.003	0.004	0.006	0.030

（出所）筆者作成。

表7-2 都市化のインパクト（工業化，サービス産業化）

（単位：%）

	北京	天津	上海	重慶
北京	0.357	0.005	0.010	0.002
天津	0.009	0.440	0.012	0.006
河北	0.012	0.013	0.014	0.003
山西	0.008	0.007	0.008	0.002
内蒙古	0.012	0.015	0.014	0.002
遼寧	0.006	0.006	0.006	0.002
吉林	0.006	0.008	0.008	0.002
黒竜江	0.007	0.006	0.006	0.002
上海	0.005	0.005	0.533	0.003
江蘇	0.004	0.003	0.008	0.001
浙江	0.002	0.002	0.010	0.001
安徽	0.006	0.006	0.014	0.002
福建	0.002	0.002	0.005	0.001
江西	0.002	0.002	0.007	0.001
山東	0.002	0.003	0.008	0.001
河南	0.003	0.004	0.011	0.003
湖北	0.002	0.003	0.006	0.002
湖南	0.002	0.002	0.006	0.003
広東	0.002	0.002	0.005	0.004
広西	0.005	0.004	0.007	0.006
海南	0.003	0.002	0.003	0.001
重慶	0.006	0.005	0.006	0.469
四川	0.002	0.002	0.003	0.008
貴州	0.003	0.004	0.007	0.012
雲南	0.003	0.003	0.006	0.009
陝西	0.007	0.007	0.019	0.007
甘粛	0.005	0.004	0.009	0.003
青海	0.003	0.004	0.008	0.003
寧夏	0.009	0.009	0.010	0.003
新疆	0.009	0.010	0.011	0.003
全国	0.017	0.012	0.032	0.010
沿海	0.026	0.018	0.051	0.002
東北	0.006	0.006	0.006	0.002
中部	0.004	0.004	0.009	0.002
西部	0.006	0.006	0.009	0.046

（出所）筆者作成。

重慶のケース 0.006% である。

　都市化がその都市自身に与える影響は，上海 0.331%，重慶 0.304%，天津 0.299%，北京 0.149% である。

　近隣地域への影響では，上海→陝西 (0.012%)，重慶→貴州 (0.008%)，天津→内モンゴル (0.011%)，北京→内モンゴル (0.006%) となっている。

　四大地域別で見てみると，北京，天津，上海の沿海への影響はそれぞれ 0.011%，0.012%，0.030% であり，北京，天津の都市化は東北→西部→中部の順にインパクトが小さくなっていき，上海は西部→中部→東北へインパクトが小さくなり，その影響の順序が違う。

　唯一の内陸直轄市である重慶の場合，西部への影響が 0.030% であり，そのインパクトは沿海→中部→東北へと伝わっていく。ただし重慶の場合，西部地域内への影響が大部分であり他地域へのインパクトは小さい。

　次に二番目のシミュレーション，各直轄市の都市化によって工業化とサービス産業化が進み，地域内取引が活発になったケースを見てみよう。

　国全体への影響を見てみると，大きい順に上海の都市化が 0.032%，北京の都市化が 0.017%，天津の都市化が 0.012%，重慶の都市化が 0.010% である。工業化による都市化とまったく同じである。

　都市化がその都市自身に与える影響は，上海が 0.533%，重慶が 0.469%，天津が 0.440%，北京が 0.357% である。これも工業化による都市化と同じ結果であるが，工業化のみのケースよりもサービス産業における集積が含まれるため，数値全体が大きくなっている。。

　近隣省に与える影響では上海→陝西 (0.019%)，重慶→貴州 (0.012%)，天津→内モンゴル (0.015%)，北京→河北 (0.012%) である。ここは，上記と違い，北京の都市化が内モンゴルよりも河北に与える影響の方が若干高くなっている。

　四大地域別で見てみると，北京，天津，上海の沿海への影響はそれぞれ 0.026%，0.018%，0.051% となっている。工業化による都市化と違い，北京のサービス産業化は沿海に与える影響は大きくなっている。ただし他地域への影

響は同じで北京，天津が東北→西部→中部の順になっており，上海は西部→中部→東北の順になっている。

　西部地域の重慶の都市化は西部地域にもっとも影響を与えるが，やはり工業化と同じく他地域に与える影響は小さい。

　以上のシミュレーション分析の結果から以下がファインディングスとしてまとめられよう。

（1）上海の都市化が中国経済にもその地域の経済にも最も大きなインパクトを与える。それとともに遅れている西部地域の発展を促す結果となっている。

（2）北京，天津の都市化の影響は上海ほど多くないにせよ，上海と同じく西部地域の発展を促す。

（3）重慶の都市化が中国全土の経済成長に与える影響は直轄市の中で最も小さいが重慶および西部の成長をもたらす。

4．おわりに

　本章では，中国が進める都市化が経済成長に与える影響を分析した。本章の特徴は，都市化を工業部門やサービス産業部門の産業集積による地域内取引効果の増加としてとらえ，その結果中国の経済成長および各地域の経済成長にどのような影響を与えるか，を把握した点である。

　対象地域は4直轄市（北京，天津，上海，重慶）のみであったが，それでも重要な分析結果が得られた。

　上海の都市化は中国全土への影響が最も多く，しかも内陸部とくに西部地域へのインパクトが最も大きい。

　1991年から上海では浦東地域が新区として経済特区以上の優遇政策で国外からの外資を導入し，インフラ建設も同時に進めてきた。2005年には上海は国家級の総合改革試験区に指定されるとともに，2013年10月より自由貿易試験区（国務院決定）[4]として国際貿易の新たな改革実験場となった（『人民網』2013年9月17日）。

4）2015年4月に天津，福建，広東も中国自由貿易試験区に指定されている。

自由貿易試験区では，会社設立の簡素化・日程の短縮，サービス業（旅行業や医療機関など）における進出業種の緩和，金融分野の制度改革，物流拠点としての利便性の向上，などが改革の目玉として自由化が進行中である。

中国は TPP 交渉に参加していないが，上海が自由貿易試験区として成功を収めれば，都市化・産業集積によって中国全土の発展を牽引するとともに，製造業からサービス業へ，生産拠点から消費拠点への転換が可能になるかもしれない。

シミュレーション結果としても上海は中国経済成長の空間的柱であり，今後のアジア経済圏における自由貿易都市として注目を集めることだろう。

追記　本稿は科研費（課題番号 24530268（研究代表者：岡本信広））の助成を受けている。記して謝意としたい。

参 考 文 献

岡本信広（2013）「中国の地域（省市自治区）産業連関モデルと移輸入」『中央大学経済研究所年報』第 44 号。

岡本信広（2015）「中国産業連関表を地域化するのに FLQ は有効か？」『地域学研究』第 44 巻第 4 号，423-436 ページ。

段瑞君・安虎森（2009）「中国城市化和经济增长关系的计量分析」『经济问题探索』2009 年 3 期。

Flegg A. T., Webber C. D. and Elliott M. V. (1995) "On the Appropriate Use of Location Quotients in Generating Regional Input-Output Tables", Regional Studies Vol.29, No.6, pp.547-561.

Flegg A. T. and Webber C. D. (1997) "On the Appropriate Use of Location Quotients in Generating Regional Input-Output Tables : Reply", Regional Studies Vol.31, No.8, pp.795-805.

Flegg, A. T. and Webber, C. D. (2000) "Regional Size, Regional Specialization and the FLQ Formula", Regional Studies, Vol. 34, No. 6, pp. 563-69.

Flegg, A. T. and Tohmo, T. (2013) "Regional Input-Output Tables and the FLQ Formula : A Case Study of Finland", Regional Studies, Vol. 47, No. 5,pp. 703-721.

郭炳南・程贵孙（2013）「城市化水平，贸易自由化与经济增长关系的实证研究」『国际贸易问题』2013 年 04 期。

Henderson, Vernon (2003) "The Urbanization Process and Economic Growth : The So-What Question", Journal of Economic Growth, No.8, 47-71.

Institute of Developing Economies-JETRO (2003) Multi-regional Input-Output Model for China 2000, Statistical Data Series No.86, Chiba : Institute of Developing Economies-

JETRO.
李树坤（2008）「我国城市化与经济增长的计量分析」『统计与决策』2008 年 16 期。
李金昌・程开明（2006）「中国城市化与经济增长的动态计量分析」『财经研究』2006 年 9 期。
McCann P. and Dewhurst J. H. L. (1998) "Regional size, Industrial Location and Input-Output Expenditure Coefficients", Regional Studies Vol.32, No.5, pp.435-444.
Miller, R.E. and Blair, P.D. (2009), Input-Output Analysis-Foundations and Extensions Second Edition. Cambridge University Press. New York, United States.
刘卫东・陈杰・唐志鹏・刘红光・韩丹・李方一（2012）『中国 2007 年 30 省区市区域间投入产出表编制理论与实践』中国統計出版社。
張亜雄・斉舒暢編（2012）『中国区域间投入产出表（2002,2007）』中国統計出版社。
UN-HABITAT（2013）State of the World's Cities 2012/2013—Prosperity of Cities, United Nations Human Settlements Programme.
姚奕・郭军华（2010）「我国城市化与经济增长的因果关系研究—基于 1978－2007 年东，中，西部，东北地区面板数据」『人文地理』2010 年 06 期。

第 8 章

アジア太平洋での経済圏形成の動きと ASEAN の対応

助 川 成 也

1. はじめに

　ASEAN は 2015 年 11 月 22 日，マレーシアで開催された ASEAN 首脳会議において，ASEAN 共同体が同年 12 月 31 日に正式に設立されることを宣言した。その ASEAN 共同体は 3 つの分野別共同体で構成されるが，経済面での舵取りを担うのが，ASEAN 経済共同体、いわゆる AEC である。

　ASEAN が AEC 構築に踏み出したきっかけは，ASEAN 設立 30 年の節目で発生したアジア通貨危機である。同危機が直撃した ASEAN は，「投資先としての地位の低下」に見舞われた。投資誘致を経済成長のエンジンに据える ASEAN 各国は危機感を高め，自ら地域統合に踏み出したのである。

　AEC 構想を掲げた ASEAN は，AEC ブループリント（工程表）を策定し，2008 年から 8 年越しでモノ，サービス，資本，人の移動の自由化を推進するなど地域経済圏形成に取り組んできた。しかし ASEAN は，所得は最大で 46 倍，また経済規模では同 68 倍の域内格差を内包する。更に ASEAN 憲章では「内政不干渉」，「協議とコンセンサスによる意思決定」などの原則を抱える。このような特徴をもつ ASEAN が EU 型の経済統合を進めれば，加盟各国に様々な経済的・社会的歪みをもたらすことが容易に想像できる。そのため ASEAN は，EU が実現した共同市場とは異なる，独自の「緩やかな経済共同体づくり」を

進めた。

　2017年に設立50年の節目を迎えたASEANは，再び求心力喪失の危機にあった。2016年2月，環太平洋経済連携協定（TPP）が12カ国の間で署名され，その中にASEAN加盟国が4カ国参加していた。「投資の求心力」面で圧倒的に不利な状況になるTPP未参加のASEAN加盟国は，「われ先に」とTPPに向かう動きも見せ，ASEANの「中心主義」，「求心力」は大きく毀損する懸念があった。しかし2017年1月にTPPからの離脱を掲げて米国大統領選を勝ち抜いたトランプ氏の大統領就任でTPPは漂流の危機に瀕する一方，TPP参加を巡るASEAN分断の懸念はひとまず薄らいだ。

　本論では，モノ，サービス，人の移動を中心に，所得・経済格差を内包するASEANの「単一の市場と生産基地」実現に向けた取り組みを考察する。また，メガFTA時代を迎え，「ASEAN中心主義」維持に向けた，ASEANのとるべき方向性を検討する。

2．ASEAN経済共同体（AEC）の形成と日本

2-1　日本企業にとってのASEANの重要性

　日本企業は，概して1985年のプラザ合意以降の円高局面突入を契機に，生産コストの圧縮を目指し，海外進出を果たしてきた。1985年当時，日本企業（製造業）の海外生産比率[1]は2.9%に過ぎなかったが，約10年後の1996年度には10.4%と10%台に，2012年に20%台に，それぞれ到達，直近の14年度は24.3%であった。

　その中でも日本企業の海外における製造拠点として重要な役割を担っているのはアジア，中でもASEANである。2014年度における在外日系現地製造業全体の売上高は，129兆7,130億円であったが，そのうちASEANは約4分の1（24.1%）を占める31兆2,812億円に達している。これは，米国（同23.3%），中国（同22.6%）を上回る。

---

1) 海外事業活動基本調査（経済産業省）各年版。

図 8-1 海外現地法人（地域別）と日本国内の売上高経常利益率推移（全産業）

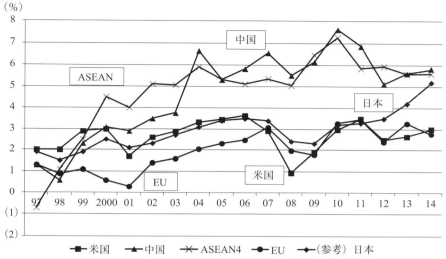

（資料）海外事業活動基本調査（経済産業省），法人企業統計（財務省）。

　さらに，ASEAN の経常利益率は特に欧米に比べて高い。2014 年度に現地法人が世界全体の海外事業活動で稼いだ経常利益額の地域別シェアを見ると，特に製造業での経常利益（実績）5 兆 7,224 億円のうち 28.7％ を ASEAN で稼いでおり，中国（同 30.9％）に迫る。また，ここ 10 年間の経常利益率は 5〜7％ で推移しており，欧米現地法人の 2〜4％ に比べ，ASEAN は利益率が高い，重要な生産拠点である。

2-2　サービス・リンク・コスト削減に向けた ASEAN の取り組み

　日本企業は，長年に亘って ASEAN 各国に重層的に資本を投下し，ASEAN 域内に生産・調達ネットワークを構築してきた。特に製造業について見ると，日本企業の海外進出現地法人企業数[2]の上位 10 カ国・地域のうち ASEAN 加

---

[2] 経済産業省調査によれば，2013 年度で海外進出を果たしている日系製造業企業数は 10,545 社。うち ASEAN は中国（3,879 社）には及ばないものの，10 カ国合計で 3,007 社に達する。

盟国は 5 カ国（タイ，インドネシア，ベトナム，マレーシア，フィリピン）が入っている。これら在 ASEAN 日系製造企業の輸出先は，日本向けが最も高く輸出額のうちの 43.0% を占め，次いで ASEAN 域内向けが 32.5% で続く[3]。ASEAN が市場として見做されるまでに成長してきたこともあるが，日本企業が ASEAN 域内で中間財や資本財の相互補完を行っていることが数値を底上げしている。

　ASEAN の拠点間の取引や分業には，輸送費や貿易関連コストなど，いわゆるサービス・リンク・コストが必要とされ，そのコストの圧縮が競争力強化の鍵である。世界銀行[4]によれば，「国境を越える貿易」に関する ASEAN の競争力は，最も高いシンガポールで 41 位，これにマレーシア（49 位），タイ（56 位）が続くが，先発加盟国ではブルネイとインドネシアが，後発加盟国ではラオスとミャンマーが，それぞれ 100 位以下である。また，100 位以内に入ったカンボジアとベトナムであるが，各々 98 位，99 位に甘んじている。特に，輸出入に際し，文書の作成・提示等に要する「コスト」や「時間」に注目すると，ASEAN 後発加盟国とインドネシアの競争力のなさが際立っている。

　ASEAN は経済共同体（AEC）を実現することで，関税を含めサービス・リンク・コストの圧縮に取り組んでいる。域内関税という面からみれば，ASEAN 物品貿易協定（ATIGA）のもと，ASEAN 自由貿易地域（AFTA）の自由化率（関税が撤廃されている品目数の割合）は TPP に比べても遜色のない水準になっている。2016 年 1 月時点で，ASEAN 先発加盟 6 カ国の自由化率は 99.2%，後発加盟国の同比率は 91.1%，ASEAN 全体で 96.1% に達している。2016 年 2 月に署名した TPP での日本の自由化率が 95.1% であることから見ても，AFTA は今やアジアを代表する高水準の FTA である。後発加盟国は一部品目について関税撤廃を 2018 年 1 月まで猶予されており，2018 年 1 月に残る一部品目の関税を撤廃すれば自由化率は 98.0% に上昇，ASEAN 全体では少なくとも 98.8% に達する予定である。

3）日本貿易振興機構（2016）。
4）World Bank (2015).

第 8 章　アジア太平洋での経済圏形成の動きと ASEAN の対応　155

表 8-1　ASEAN 各国の AFTA のもとでの関税削減状況

(2016 年 1 月時点)

	総品目数	関税率 0%		0% 超			5% 超 ※1	その他 ※2
			総品目数に対する割合	0% 超 5% 以下	総品目数に対する割合			
ブルネイ	9,916	9,844	99.3%	72	0	0.0%	−	72
インドネシア	10,012	9,899	98.9%	113	2	0.0%	15	96
マレーシア	12,337	12,182	98.7%	155	60	0.5%	13	82
フィリピン	9,821	9,685	98.6%	135	90	0.9%	19	26
シンガポール	9,558	9,558	100.0%	0	0	0.0%	−	−
タイ	9,558	9,544	99.9%	14	14	0.1%	−	−
ASEAN-6	61,202	60,713	99.2%	489	166	0.3%	47	276
カンボジア	9,558	8,748	91.5%	810	662	6.9%	80	68
ラオス	9,558	8,537	89.3%	1,021	934	9.8%	−	87
ミャンマー	9,558	8,847	92.6%	711	660	6.9%	−	51
ベトナム	9,471	8,619	91.0%	852	648	6.8%	93	111
CLMV	38,145	34,751	91.1%	3,394	2,904	7.6%	173	317
ASEAN 10	99,347	95,464	96.1%	3,883	3,070	3.1%	220	593

(注) 1) ※1 は一般的除外品目 (GEL),センシティブ品目 (SL),高度センシティブ品目 (HSL) から関税削減・撤廃対象品目 (IL) に組み込まれた品目。主にスケジュール E (未加工農産品,各国独自スケジュールで MFN 税率を削減) 品目。※2 はスケジュール H 品目 (GEL)。
2) ベトナムは税率設定がなくなった輸送機器 HS 87 の CKD 87 品目を除去した。
(出所) ATIGA Annex 2 (Tariff Schedules) をもとに筆者が算出,作成。

　しかし ASEAN に進出している日系企業は,輸出入関連手続きが煩雑,手続きの不透明性,輸入してから貨物を引き取るまでに時間がかかる,など関税面以外でも大きな悩みを抱えている。関税の削減・撤廃は相当程度進展している一方で ASEAN は,「関税撤廃だけでは,開かれた市場は創出されない」[5]として,非関税面においても制度改善を通じ,域内貿易拡大・円滑化を推進する姿勢を示している。

　日本企業にとって ASEAN はようやく「稼げる地域」に位置付けられるようになってはいるが,関税以外の税関円滑化措置,具体的には非関税障壁の撤廃や ASEAN シングル・ウィンドウ (ASW) の導入を通じて,より高い利益率を

---

5)　ASEAN Secretariat (2011) P 10.

あげられる地域へと変貌しようとしている。ASWとは，貿易関連書類や情報を電子的に一元的に受け付け，一括処理されるとともに，通関にかかる一元的意思決定を経て，それらが輸入相手国の一元的窓口を通じて瞬時に関係機関に電送されることで，通関手続きに要する時間やコストを大幅に削減する取り組みである。特に，ASWに対する在ASEAN日系企業の期待は高い。前述のジェトロ調査では，AECに期待している事項として，在ASEAN日系企業2,067社のうち53.8％を占める1,112社が「通関手続きの簡素化」（通関申告書の統一，輸出入のシングル・ウィンドウ化）をあげている。これは「熟練労働者の移動自由化」（同20.9％）や「サービス業の出資規制の緩和・撤廃」（同17.7％）等を大きく引き離し，最も期待されている事項である。

　ASEANは，域内経済協力・経済統合の集大成として2015年11月22日，マレーシアで開催されたASEAN首脳会議において，ASEAN経済共同体が同年12月31日に正式に設立されることを宣言した。ASEANはモノ，サービス，資本，人の移動の自由化を推進することで，自らの「単一の市場と生産基地」化を目指してきたものの，ASEANは加盟国間で所得格差は最大で46倍[6]，また経済規模では同68倍もあり，ASEANがこの経済格差を残したままでEU型の経済統合を進めれば，加盟各国に様々な経済的・社会的歪みをもたらすことが容易に想像できる。

　モノ，サービス，資本，人の移動の自由化が実現した地域統合は「共同市場」と呼ばれる。AECは例外も多く，共同市場としては不完全であるが，ASEANは域内で抱える経済格差を踏まえEUが実現した共同市場とは異なる独自の「緩やかな経済共同体づくり」を進めている。ASEANが経済共同体を形成・深化させる過程で，ASEAN進出日系企業もそれら統合措置を理解し，有効に活用できる体制へ進化できれば，更に日本企業の「稼ぐ力」は強化されよう。

6）　IMF (2016).

3. AEC 形成の現状とその目的

3-1 脆弱な経済統合とその形成の真の狙い

　ASEAN は 2008 年から 8 年越しで経済共同体設立に取り組んできた。ASEAN の統合工程表（ブループリント）は全部で 611 措置で構成されるが，特に経済・ビジネス面に影響を与え，且つ 15 年末までに成果が求められる優先重要措置（PKDS）として 506 措置が抽出されている。これらを実現することで，自ら「単一の市場と生産基地」化を目指した。2015 年末の AEC 創設時点で報告された PKDS の実施率は 93.9%[7]であった。31 措置は実施未了であったが，16 年末までの完了を目指した。

　ASEAN の EU とは異なる「緩やかな独自の経済共同体づくり」は，2007 年 11 月にシンガポールで署名され，翌 2008 年 12 月に発効した ASEAN 憲章[8]にも明記されている原則，いわゆる「内政不干渉の原則」と「協議とコンセンサスによる意思決定」が影響している。同じく ASEAN 憲章には「ASEAN 中心主義（ASEAN Centrality）」が謳われているものの，ASEAN の合意や協定，取極めは，国内法に優先するわけではない。また，市場統合について加盟各国から ASEAN 首脳会議や同事務局に主権の委譲が行われているわけでもない。ASEAN 内で決めた統合措置の実施は，加盟各国政府が法令化，行政指導を通じ，あくまで国内措置として実施される。そのため，合意や協定の内容によっては，加盟国の政治情勢や国内利害関係者との調整状況も影響し，前に進めない状況になることも度々発生する。これが ASEAN 加盟国にとって「地域的約束を実施する政治的意志」がより重要とされる理由である。

　一方，地域統合の先駆けである EU の場合，統合措置に関する権限は ASEAN に比べ強化されている。具体的には，EU 規則の場合，加盟国の立法手続きを経ることなく直接的に加盟国に適用される。一方，EU 指令の場合は，加盟国

---

7) 全 611 措置の進捗状況は 82.3%（503 措置で実施）。
8) ASEAN 憲章は以下で閲覧できる（http://www.asean.org/storage/images/ASEAN_RTK_2014/ASEAN_Charter.pdf）。

に対し所定の期間内に国内法の改正・整備を求めるなど，EU の権限は ASEAN に比べて強化されている。仮に，加盟各国が EU の基本条約に違反する行動をとった場合，EU 政府とも言われる欧州委員会が EU 条約違反で欧州裁判所に提訴することもあり，強制力を兼ね備えている。

　加盟各国の国内事情に配慮しながら，緩やかに部分的な統合や自由化を進める「ASEAN 経済共同体」であるが，ASEAN が「経済共同体」という表現を使った真の狙いは，ASEAN に外国直接投資を惹き付けることである。ASEAN にとって外国直接投資は，雇用創出，工業化，輸出拡大を通じ，経済成長を実現するエンジンである。ASEAN 事務局のセベリーノ元事務総長はその回顧録の中で，当時，シンガポールのゴー・チョクトン首相が「『アジア通貨危機以降，ASEAN の外国投資を誘致する力が弱体化する中で，統合の深化が（外国投資を惹き付ける）唯一の方法』と考えており，ASEAN は地域統合に真剣であり，統合を実現すべく前進する意思を，投資家に理解させなければならないと ASEAN の首脳達が考えたことが，『経済共同体』という言葉を使用した理由」と述べている[9]。

　その意味から言えば，ASEAN の取り組みは成功したと言える。「ASEAN 経済共同体」の名称が初めて用いられたのは，2003 年 10 月の首脳会議で採択された第 2 ASEAN 協和宣言（バリ・コンコードⅡ）である。UNCTAD 統計によれば同年，世界全体の対内直接投資受入残高に占める ASEAN の割合は 3.9% であった。直近の 2015 年で ASEAN は 6.8% にまでその比率を向上させている。

3-2　「単一市場と生産基地」を演出する ASEAN

　ASEAN 経済共同体の最大の成果は，いわゆる ASEAN 自由貿易地域（AFTA）の域内関税の削減・撤廃である。ASEAN は今から約 20 年以上も前の 1993 年から ASEAN 産品を対象に域内取引関税を削減してきた。その結果，2016 年 1 月時点で ASEAN 全体の関税撤廃品目比率，いわゆる自由化率は 96.1% に達

9）　Rodolfo C. Severino (2006).

したことは既に述べた。

　さらに ASEAN は，貿易に付随する制度等の簡素化に乗り出している。具体的には，原産地規則の簡素化，原産地の自己証明制度（SC）や事前教示制度の導入等の推進である。また既に述べた通り，在 ASEAN 進出日系企業が最も期待しているのが，ASEAN シングルウインドウ（ASW）の導入である。

　原産地の自己証明制度や ASW は 2015 年末の AEC 設立には間に合わなかったが，現在，2016 年末の正式導入を目指し，パイロット・プロジェクトが続けられていた。しかし自己証明制度については，パイロットプロジェクトの評価や ASEAN 物品協定に付属する運用上の証明手続き（OCP）の改定が間に合わず，2016 年 8 月の ASEAN 経済相会議で同年末の導入を断念することが報告された。ASW 導入に向けたパイロット・プロジェクトでは，2016 年 4 月現在，NSW を構築した 7 カ国のうちインドネシア，マレーシア，シンガポール，タイに加え，5 カ国目として，ベトナムが 2015 年 9 月に参加した。これに続いて，2016 年にブルネイとフィリピンが遅れて参加することになっていた。ASW が本格稼働すれば，通関やその手続きに関する時間，コストも確実に削減されることが見込まれ，ASEAN の国境障壁が大きく下がることが期待される。ASW が実現すれば，世界銀行の「ビジネスのしやすさ」[10]における「国境を越える貿易」の順位についても上昇していくことが期待される。

3-3　緩やか且つ部分的な自由化を目指すサービス・人の移動

　高い水準の自由化を目指す物品貿易に対し，サービスや人の移動の自由化は緩やかな部分的統合・自由化にとどまっている。まず，サービス分野の自由化について，注目されているのは外資（ASEAN 加盟国資本）出資規制の緩和である。完全自由化（外資出資比率 100％）ではないものの，ASEAN 企業であることを条件に，少なくとも「同比率 70％ 以上」を容認する。加盟各国はパッケージ毎に AEC ブループリントで約束された業種数だけ外資規制緩和容認業

---

10)　World Bank (2015).

表 8-2　ASEAN のサービス分野の市場アクセス（投資自由化）の自由化状況

パッケージ	国名	パッケージ別自由化必要業種数	パッケージ別自由化業種数	自由化は当該業種全て			自由化は当該業種の一部		
				100%	99～70%	69～51%	100%	99～70%	69～51%
第9パッケージ	タイ	104 (最大柔軟措置業種数：26)	109	16	0	15	1	93	0	86	7
	インドネシア		78	37	0	10	27	41	4	10	27
	マレーシア		89	44	9	18	17	45	8	10	27
	ベトナム		92	68	36	16	16	24	18	3	3

（出所）ASEAN サービス枠組み協定（AFAS）第9パッケージ約束表より筆者が作成。

種を抽出，他の加盟国に提供する。ただし，15％ に相当する分野数は柔軟性（例外）を容認する。当初，AEC が完成する 2015 年末までに第 10 パッケージで全 128 業種の自由化を目指していた。しかしこれら作業は遅れ，2015 年 11 月に 128 業種のうち 104 業種を自由化する第9パッケージに漸く署名した段階である。

しかし，ASEAN におけるサービス自由化は，実際には外資が参入できる分野は極めて限られるなど，経済格差や国内事情に配慮した緩やかなものである。具体的には，加盟国が自由化を約束した業種であれば，全て例外なく外資規制が緩和されているとは限らない。当該業種内の極めて限られた一部であっても「外資出資比率 70％」を認めていれば，当該業種は「自由化約束を果している」と見做される[11]。そのため加盟各国では保護を主張する国内産業界に配慮し，当該業種を細分化し，自由化への影響が限られる業種を自由化対象に選定する誘因が働いている。ASEAN のサービス自由化が「見せかけの自由化」と批判されている理由である。

最後に，「人の移動の自由化」は，「実業家・熟練労働者および才能ある人材」に絞って推進している。ASEAN は，「専門サービスの相互承認取極め」（MRA）により，専門サービス人材における資格の相互承認を推進している。これまで ASEAN が締結している MRA は，エンジニア，建築士，測量技師，

11）例えば，タイは「卸売」を自由化しているが，自由化の対象は「薬の卸売」に限っている。

会計士，看護士，開業医，歯科医，観光専門家の計8種類である。そのうち専門人材として，ASEAN公認職業エンジニアとASEAN建築士の資格登録受付が始まっている。2016年11月確認時点で加盟10カ国から各々1,983人[12]，361人[13]が登録している。また，新たにASEAN公認（勅許）職業会計士についても，登録が始まる予定である。

　しかし，国毎に当該資格者の技能や訓練・教育水準が異なるため，ASEAN専門サービス資格登録者が加盟各国でそのまま自由に働けるわけではない。各国は資格登録の条件や手続き等を独自で決定出来る，またビザ，労働許可証の発給などについても受入国側が各々規定する。例えば，タイでASEAN公認職業エンジニアが働くには，その技能資格の水準に応じた必要学位，実務経験年数，実務経験証明書類に加えてタイ語による試験が課される。言語が類似しているラオス以外のASEAN人にとって非常にハードルが高い。

　熟練労働者の移動自由化に資するもう一つの柱「ASEAN自然人移動協定」は，2012年11月に締結された。締結から約3年半が経過した2016年6月に漸く発効した。

　同協定は，物品・サービス貿易，投資に従事するASEAN人，その他加盟国がAFASの下での約束スケジュールで特定した者について，熟練労働者，専門家，企業幹部による業務出張や企業内転勤，契約サービス提供などの一時入国・滞在の際，ビザ，労働許可などの手続きについて，合理化・透明性化を図るものである。これまでの各国の手続き自体がなくなるわけではないものの，域内で広く事業や拠点を展開する多国籍企業にとって，現地従業員の出張・転勤手続きが簡素化するメリットは大きいとみられる。

　ただし，全ての熟練労働者が対象になるとは限らない。協定本文に加え，加盟10カ国がどのサービス分野で約束しているか，またその約束範囲を約束表

---

12) ASEAN Chartered Professional Engineers Coordinating Committee ウェブサイト（2016年11月4日最終アクセス，http://acpecc.net/v 2/よりダウンロード）。
13) ASEAN Architect Council ウェブサイト（2016年11月4日最終アクセス，http://www.aseanarchitectcouncil.org/よりダウンロード）。

で確認する必要がある。個別約束表では，分野横断的約束を規定する国もあれば，個別のサービス分野毎に約束する国もあり，その約束水準は国毎に大きく異なることに注意を要する。

4．メガ FTA の登場で問われる ASEAN の一体感

これまで述べてきた通り，ASEAN は，物品については自由化水準の高い FTA を目指す一方で，サービス，人の移動については，緩やかな部分的自由化を目指しながら，自ら「単一の市場と生産基地」像を演出している。更に日本，中国，韓国，豪州・NZ，インドとの FTA，いわゆる5つの「ASEAN＋1 FTA」を締結することで，「東アジア地域のハブ」を自認するまでになった。ASEAN 加盟国個々では投資先としての魅力に欠けるが，人口6億2千万人を抱える統合市場・生産拠点を演出することで，投資先としての魅力を増幅させた。しかし，その構図は TPP などメガ FTA の登場によって変質の危機に瀕した。

2016年2月4日，環太平洋経済連携協定，いわゆる TPP に参加12カ国が署名した。以降，参加各国は国内批准手続きを行い，2年以内の発効を目指していた。TPP は人口8億1,820万人と世界全体（73億4,947万人）[14]の11.1％を占めるに過ぎない。しかし，その経済規模で見れば，世界全体の約4割（37.3％）を占める。TPP には ASEAN からブルネイ，シンガポール，マレーシア，ベトナムの4カ国が参加していた。これら4カ国は，米国を始め，カナダ，メキシコなどこれまで ASEAN が FTA 交渉をしてこなかった国々への市場アクセスが向上することが期待されていた。

TPP は，高い水準の物品やサービスの自由化のみならず，電子商取引，労働など WTO でカバーされていない新たな分野も含まれるなど，21世紀型の画期的な通商ルールと言われた。TPP 参加国は，自国企業および自国に進出している企業に，より安心・安全な投資環境を提供する結果，投資誘致力が一層強化されることが期待されていた。例えば，進出企業が相手国政府から不当な扱い

14） United Nations (2015).

図 8-2　アジア太平洋における地域経済圏別参加国

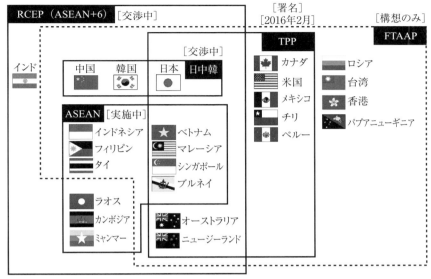

(出所) 著者作成。

を受けて損害を被った際に，直接，国際仲裁へ訴えることが可能になる「国」対「投資家」の紛争解決手続 (ISDS) を定めた。通関関連では，TPP 加盟国からの貨物が到着から原則 48 時間以内に引き取れるなど，通関の迅速化が見込まれた。また，知的財産保護については，模倣品の水際での職権差止め権限の各国当局への付与や商標権を侵害しているラベルやパッケージの使用への刑事罰義務化など，WTO 協定の一部「知的所有権の貿易関連の側面に関する協定」(TRIPS 協定) には含まれていない，より高度または詳細な規律が定められた。また，国有企業が他国企業に対し無差別待遇を与える原則を定めるなど，競争条件の整備も期待されていた。

　これまで ASEAN は経済共同体構築を旗印に，一体感を醸成し，ASEAN として外国投資誘致を目指してきた。しかし，高水準且つ WTO をも上回る範囲のルールを規定する TPP が登場し，これに ASEAN 4 カ国が参加していることによって，投資誘致面での競争環境は一変すると見られていた。TPP 参加国と未参加国とを比べた場合，より有利な製造・輸出条件や投資環境整備を約束す

るTPP参加国に外国投資の注目が集まるのは当然のことである。

　投資誘致面で不利に立たされたTPP未参加のタイやインドネシア，フィリピンは，投資誘致条件でTPP参加4カ国の後塵を拝する事態に焦りを募らせていた。その結果，ASEAN域内で不協和音が高まれば，「ASEAN中心主義」に亀裂が入ることは避けられない情勢であった。しかし，2017年1月に，反TPPを掲げて米大統領選を勝ち抜いたトランプ氏が米国大統領に就任したことで，一転してTPPは存続の危機に瀕することになった。「ASEAN分断の危機」は当面遠のいたものの，約5年半もの時間をかけて構築してきた「21世紀型新通商ルール」が水泡に帰すことや，TPPの漂流を契機にFTAの「逆ドミノ現象」が起こる懸念がある。これまで自由貿易の恩恵を受けたきた日本やASEANはこれら危機にある状況を認識し，自由貿易に向けたモメンタムを失わないよう対処する必要がある。具体的にはRCEPやASEAN経済共同体2025に，TPP交渉で築いた「21世紀型新通商ルール」を移植していくことである。

　現在，交渉が続いているRCEPはTPPに比べ，自由化水準や対象範囲，また速度面でも柔軟性を持つ枠組みである。経済規模はTPPに見劣りするものの，それでも30.7%に達する。一方，人口で見れば，RCEPは世界第1位と第2位の中国，インド，第4位のインドネシアなど，世界の人口上位10カ国のうち3カ国を抱え，総人口は35億300万人と世界全体の実に47.7%を占める。RCEPは最終的には自由化水準についても，また通商ルール面でも，TPPに比肩する枠組みにすることが求められるが，まずはASEANを内包するRCEPを前に進めることが「ASEAN中心主義」を維持する上で最も重要である。

　これまでRCEPは，インドなど一部の自由化に後ろ向きな交渉参加国に足を引っ張られる形で，交渉は当初予定から大きく遅れ，また目指す自由化の水準も決して満足できるものではない。この状況を打破するためには，「ASEANマイナスX」方式を導入するなど，交渉加速化に向けた刺激を与える必要がある。同方式は，予定通り進める国は先に，準備の整わない国は整った時点で参加を容認することを意味するが，RCEPを前に進める上でも，「ASEANマイナ

スX」方式を活用しつつ，ASEAN が一体となって RCEP を牽引し，「ASEAN 中心主義」を維持する必要がある。

　RCEP 構築は，日本のサプライチェーンを鑑みれば，日本にとっても同交渉を前進させる経済的意味合いは大きい。日本の貿易のうち 2015 年時点での FTA のカバー率は 22.7％ である。TPP が発効したとしてもカバー率は 16.8％ 分上乗せされるに過ぎなかったが，一方，RCEP は TPP の倍近い 26.8％ が上乗せされることになる。ASEAN 加盟各国は ASEAN が 1967 年の創設から 50 年の間，果たしてきた役割やその重要性，そして自由貿易体制で ASEAN は最も恩恵を受けている地域であることを踏まえ，次のステップに踏み出す必要がある。

参 考 文 献

石川幸一・清水一史・助川成也（2013）『ASEAN 経済共同体と日本』文眞堂。
石川幸一・清水一史・助川成也（2016）『ASEAN 経済共同体の創設と日本』文眞堂。
経済産業省（各年版）『海外事業活動基本調査』。
日本貿易振興機構（各年版）『在アジア・オセアニア進出日系企業実態調査』。
深沢淳一・助川成也（2014）『ASEAN 大市場統合と日本』文眞堂。
ASEAN Secretariat (2011) "A Blueprint for Growth : ASEAN Economic Community 2015 : Progress and key Achievments."
IMF (2016), "World Economic Outlook, October 2016".
Rodolfo C. Severino. (2006), Southeast Asia in search of an ASEAN COMMUNITY, Insight from the former ASEAN Secretary-General: Institute of South East Asia Studies, Singapore (ISEAS).
United Nations (2015) "World Population Prospects" 2015 Revision.
World Bank (2015) "Doing Business 2016" -Measuring Regulatory Quality and Efficiency.

第 9 章

工場団地の性格の相違による生産工程の立地変化

石 川 利 治

1. はじめに

　企業の生産工程の在り方および経済活動の空間的範囲の拡大による生産工程の立地的変化は20世紀はじめから注目を集め，産業立地理論においても分析が積み重ねられてきている。これまでの大きな展開の流れに基づけば，生産工程の立地は集積と分散という2つの傾向をそれぞれ示してきていると言える。集積の経済が十分に発揮されない経済発展段階においては，生産活動の分散傾向が示された[1]。次いで生産工程が機械化されるにつれ集積経済の役割が増加し，その立地牽引力が強力に作用する段階に入るにつれ大きな工業地域が形成されることになった[2]。生産活動一般の集積傾向は長く継続されてきたが，20世紀後半から終盤にかけて生じてきた経済活動の地球的な拡大は生産工程に大きな変化をもたらし，いくつかの工程を再び分散させる傾向を生じさせることになった[3]。すなわち運賃率の低下と情報通信技術の革新によるその費用削減は地球規模での価格競争を企業間に惹起し，とりわけ製造系企業を価格引き下

---

[1] Lazonick（1986）のイギリス経済史分析はここでの考察に大いに参考になる。
[2] 生産経営の生産工程の分散と集積の関係は工業立地論の創始者といえる Weber（1909）により以前から言及されている。
[3] Shi-Yang (1995), Arndt-Kierzkowski (2001) そして Dluhosch（2000）などの考察はこの点を首尾よく説明している。

げ競争とそれに続く費用削減競争に巻き込むことになった[4]。この費用削減競争に対応するため多くの製造系企業はその生産工程を細分化し，さらに細分された工程を既存工業地域から国内の周辺地域あるいは発展途上国へ分散させることになった。

　細分されて分散した生産工程は関連する各工程および諸機能と連携している。そのため各工程は各種の支援を当該企業本体そして関連企業群から受けながら運営されることになる。したがって，細分された生産工程の立地移動先は必要とされる生産基盤が整備された地点に定められることになる。このような状況から企業活動が地球的規模で拡大する時代においては生産工程の立地決定の過程は長くなる。すなわち企業は一連の立地決定過程を経て段階的に立地可能範囲を絞り込み，最終的に1つの地点を選択することになる。立地決定過程の各段階においてはそれぞれ固有の立地因子が取り入れられ評価される[5]。立地決定過程の初期段階においては，立地可能地域が設定され，その中にはいくつかの国が包含されることになる。この段階での立地因子として国の法人税率や利子率などが重要視されて立地可能地域内において国の選択がなされる。この選択後においては，当該国内で地域や都市の経済および社会的実績などが評価され，地域と都市の選択がなされる。立地決定過程の最終的段階では，用地取得の容易性など細かい要因が立地因子となり立地を確定することになる。

　経済活動が広域化される以前では，生産工程は大型であり，生産に用いられる知識，技術の範囲も広いため，生産工程の新しい立地点の候補地ははじめから限定される可能性が高い。そのため生産工程自体の移動費用は高いが，その立地決定は比較的容易である。他方，経済活動が広域化している時代においては，工程の移動自体にかかわる費用は少ないが，生産工程の新しい立地点の候補地は広範囲にわたり，その立地点の決定は比較的長い過程を要することになる。

---

4) この経路以外でも企業を費用削減競争に巻き込む原因は存在する。例えば製品のいわゆる成熟化がある（Ishikawa, 2015 a）。
5) 立地決定の原理に関してはGreenhut（1956）の考察が大いに参考になる。

細分された生産工程の新たな立地がいくつかの過程を経て決定されてゆく場合，立地決定過程の中盤からの段階では立地先における生産・生活基盤の性質とそれらの充実度は重要な影響を及ぼすことになる。この点に関して視点を変え，工場誘致を計画する国や地域の行政府からみれば，どのような性格の生産・生活基盤をどのような規模で整備すれば，行政府が誘致したい業種の工場を首尾よく牽引できるかが政策課題になる。このような背景から，本稿は工場団地の建設を想定し，工場団地が指向する性格がいかに企業の生産工程の決定に影響し，そして工場団地自体の建設場所に作用するかを分析する。

　本稿の構成と主内容は次のようである。2節では分析仮定と枠組みを説明する。ここでは2つの工場を有する企業を想定し，工場の生産関数と立地の関係そして2工場間での中間財の輸送に用いられる移転価格を紹介，説明し分析基盤を形成する[6]。次いで形成された分析基盤上で，工場における中間財の生産での生産性の変化が，工場立地に影響し，その影響の程度は運賃率の水準に依存することを明らかにする。3節では2節での分析結果を利用し考察を展開する。すなわち国あるいは地域政府の立地政策として，工場の生産性を向上させることを指向する工場団地と，規模の経済に基づく外部経済の発生を主として指向する工場団地を建設する場合の2つを想定する。これらの性格を有する工場団地の開発により工場誘致を図る場合に，その性格の相違がいかに工場団地の立地，したがってまた工場立地に影響するかを明らかにする。4節では2，3節での考察に基づいて生産工程の典型的な立地体系を整理，説明する。5節は本稿での分析結果を要約し結論する。

2．生産性向上による工場の立地移動

2-1　分析の仮定および枠組

　1つの製造企業が2つの生産工程により中間財とそれを用いて最終製品を生産するものとする。前工程を担う工場1は自国内に立地し中間財を生産する。

---

[6]　本節での分析枠組は Ishikawa（2009, 2015 b）による一連の立地分析のものと基本的に同じである。

その中間財は，外国にある市場地に立地している後工程を担う工場2に移送され，最終製品に組み立てられ市場に供給される。1単位の中間財が1単位の最終製品の製造に用いられ，中間財の量は企業の生産する製品量に一致する。工場間での中間財の移動では移転価格が用いられる。すなわち工場1は工場2に中間財を移送し，この移送においては移転価格をつける。最終製品は工場2が立地している外国の市場において販売されるが，製造企業は独占の立場にありその製品価格は以下に示される様式で工場2が定めることになる[7]。

当該企業の工場2は工場2の利潤が最大化されるように市場での最終製品の販売量を決める。したがって中間財の生産量をも決めることになる。他方，工場1は当該企業全体の利潤が最大化されるように移転価格を決定する。企業は工場が立地している国にそれぞれ法人税を納め，自国と外国での法人税率はそれぞれ t と t^* である。

当該企業の工場1が得る利潤 Y_1 は次式で示される。

$$Y_1 = (1-t)[mp^* mq - C(mq) - F_1] \qquad (1)$$

ただし mp と mq はそれぞれ，移転価格，中間財の量を示す。$C(mq)$ は費用関数であり，費用関数は中間財の生産関数と用いられる原料価格そして中間財および原料の輸送費により定まることになる。F_1 は工場1の固定費用である。

ここでは以下のような立地図形を想定して費用関数を導出する。当該企業の工場1は代替関係にある2種類の原料 m_1, m_2 を用いて中間財を生産する。製造過程では潤滑材を必要とし m_3 で示される。これらの原材料の産出地はそれぞれ点 M_1, M_2 そして M_3 で示され座標 (x_1, y_1), (x_2, y_2), (x_3, y_3) で指示される。工場1の立地点は L で表され，座標 (x, y) で指示される。原料 m_1, m_2 の運賃率は t_m であり，潤滑材 m_3 のそれは t_e で示される。それらの工場渡価格はそれぞれ p_1, p_2, そして p_3 で表されそれぞれ与えられた価格であり変動しない。中間

---

7) 移転価格については Eden（1985）および Hirshleifer（1956）などを参照。そして移転価格と関税評価における課税価格に関する簡潔な説明は平田（2014）によりなされている。

図9-1 原料地と市場地を中心とする立地図形

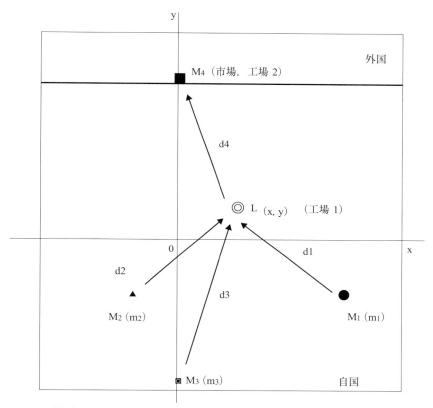

(出所) Ishikawa, T., (2015 b) p. 69 を改変して作図。

財は工場2が立地している外国にある地点 M_4 に輸送される。地点 M_4 の座標は (x_4, y_4) で示される。中間財の運賃率は t_g で示される。図9-1は工場1で用いられる原材料の産出地と市場地の地理的関係を示す立地図形である。分析内容に影響を与えないので、自国の領域は単純に大きな長方形、外国の領域は小さな長方形で示される。

次に、中間財を製造する工場1の生産関数は (2) 式で与えられる。

$$mq = Am_1^\alpha m_2^\beta \tag{2}$$

ただし，A は工場 1 の生産性を表す係数，α そして β は各原料に付く係数であり，A>0, 0<(α+β)<1 である。工場 1 と各原料産地 M_i (i=1, 2, 3) との距離 d_1, d_2, d_3, は次の 3 式で示される。

$$d_1 = ((x - x_1)^2 + (y + y_1)^2)^{0.5}, \tag{3a}$$

$$d_2 = ((x - x_2)^2 + (y + y_2)^2)^{0.5}, \tag{3b}$$

$$d_3 = (x^2 + (y + y_3)^2)^{0.5}. \tag{3c}$$

同じく工場 1 と市場地 M_4 の距離 d_4 は（3 d）式で示される。

$$d_4 = (x^2 + (y - y_4)^2)^{0.5}. \tag{3d}$$

次に用いられる潤滑材の量は中間財の製造量に等しくなるので工場 1 の利潤 Y_1 は（4）式で表されることになる。

$$Y_1 = (1-t)[mq((mp - t_g d_4 - (p_3 + t_e d_3)) - (p_1 + t_m d_1)m_1 - (p_2 + t_m d_2)m_2 - F_1]. \tag{4}$$

工場 1 の用いる 2 つの原料の量はそれらの引渡価格に依存することになるので，それらの量は（5 a）と（5 b）式により与えられる。但しここでは簡単化のために係数 α と β はともに 0.4 と仮定されている。

$$m_1 = A^{-1.25} mq^{1.25}((p_2 + t_m d_2)/(p_1 + t_m d_1))^{0.5}, \tag{5a}$$

$$m_2 = A^{-1.25} mq^{1.25}((p_1 + t_m d_1)/(p_2 + t_m d_2))^{0.5}. \tag{5b}$$

潤滑材の量 m_3 は（5 c）式により与えられる。

$$m_3 = mq. \tag{5c}$$

これらの量から工場 1 の費用関数 C (mq) は（6）式で表されることになる。

$$C(mq) = 2 A^{-1.25} mq^{1.25}(p_1 + t_m d_1)^{0.5}(p_2 + t_m d_2)^{0.5} + mq(p_3 + t_e d_3) + F_1. \tag{6}$$

したがって工場 1 の利潤 Y_1 は（7）式により再述されることになる。

$$Y_1 = (1-t)[mq((mp - t_g d_4) - (p_3 + t_c d_3)) - 2\,mq^{1.25}A^{-1.25}(p_1 + t_m d_1)^{0.5}$$
$$(p_2 + t_m d_2)^{0.5} - F_1]. \tag{7}$$

次に製造企業の工場2は工場1の中間財から製品を組み立て販売する後工程を担当する。仮定されたように最終製品の製造には1単位の中間財が1単位の最終製品の製造に用いられる。したがって工場2の利潤 Y_2 は次式のように導出される。

$$Y_2 = (1 - t^*)[(p - mp)Q - C(Q) - F_2] \tag{8}$$

ただし p は市場での製品価格であり，以下の(10)式で示されるように市場で販売される製品量の関数となる。C(Q) は工場2の最終製品の組み立て費用であり Q の関数として(9)式で与えられる。F_2 は工場2の固定費用である。

$$C(Q) = bQ(g + Q)^2/h \tag{9}$$

ただし，b，g，h はそれぞれ定数であり，分析の利便性のために b = 1.5，g = 2，h = 200 と仮定される。F_2 は工場2の固定費用である。

製品市場は当該企業が独占し工場2が直面する逆需要関数は(9)式で示される。

$$p = a - vQ \tag{10}$$

ただし係数 v は計算の簡単化のため1とされる。

2-2　企業の利潤関数と生産量の導出

上記のように当該製造企業においては，製品の組み立て販売を担う工場2が工場2の利潤を最大化するように製品の価格，したがって製品の販売量と生産量を決定する。ここでの仮定の下では製品の生産量は(11)式で示されることになる。ただし(10)式における a の値は計算の利便性のために600と仮定されている。

$$Q = 0.22(-206 + (582409 - 900\,mp)^{0.5}) \tag{11}$$

上式のように生産量は移転価格 mp の関数として導出できる。したがって，当該製造企業の利潤関数は（12）式で導出されることになる。

$$Y = (1-t)[(0.22(-206+(582409-900\,mp)^{0.5}))(mp_4 - t_g d_4) - (p_3 + t_e d_3) -$$
$$-2(0.22(-206+(582409-900\,mp)^{0.5}))^{1.25}A^{-1.25}(p_1 + t_m d_1)^{0.5}$$
$$(p_2 + t_m d_2)^{0.5} - F_1] + (1-t^*)[600 - (0.22(-206+(582409-900\,mp)^{0.5})) -$$
$$mp)(0.22(-206+(582409-900\,mp)^{0.5})) - F_2]. \tag{12}$$

2-3 企業の最適移転価格および工場立地点の導出

　中間財を製造する工場 1 は企業全体の利潤を最大化するように移転価格 mp および工場 1 の最適立地 (X, Y) の導出を行う。企業全体の利潤はこれまで考察から上記（12）式で与えられている。それゆえ（12）式から最適な移転価格と工場の立地点が導出される。ここでは Gradient dynamics 手法を用いてそれらを導出する。この手法は次のようである。はじめに以下に示される（13 a），(13 b)，そして（13 c）の 3 式による連立方程式の解の初期値を x_n, y_n, そして mp_n とし，それらを（13 a, b, c）式に代入する。次にその連立方程式を解き，それを一時解として x_{n+1}, y_{n+1}, mp_{n+1} とする。この過程を繰り返して $(x_{n+1}, y_{n+1}, mp_{n+1})$ が (x_n, y_n, mp_n) に一致したとき，これらを解とみなすものである。

$$x_{n+1} = x_n + j^* \partial Y/\partial x, \tag{13 a}$$
$$y_{n+1} = y_n + j^* \partial Y/\partial y, \tag{13 b}$$
$$mp_{n+1} = mp_n + j^* \partial Y/\partial mp, \tag{13 c}$$

ただし j はいわゆるステップ幅，n は繰り返し計算の回数である[8]。図 9-2 は自国と外国にの法人税率は同じであり 0.4，中間財の運賃率を 0.3 と仮定して

---

[8] Gradient dynamics による解法に用いられる式とその具体的内容については Puu (1998) および Ishikawa (2015 b) を参照。

第 9 章　工場団地の性格の相違による生産工程の立地変化　175

図 9-2　工場の立地期待地域の形成

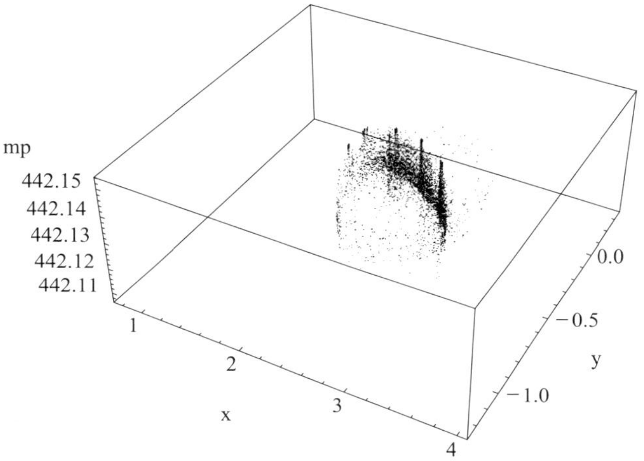

```
mp
442.15
442.14
442.13
442.12
442.11
        1
          2
            3
              4
                x
                        y
                      0.0
                     −0.5
                     −1.0
```

（出所）筆者作成。

上記の連立方程式を解いた計算結果を示している。図 9-2 で示される計算結果に基づけば最適な移転価格はほぼ 442.1 と確定できる。他方，工場 1 の最適立地点は，カオス的現象の発生により確定できないが，立地図形内においてほぼ原料 m_1 が産出される地点 M_1 の周辺に定まることになる。この結果は曖昧なものであるが，以下のように有用な情報を製造企業の立地決定において与えることになる（Ishikawa, 2009, 2015 b）。

　確かにカオス的現象により最適立地点は特定化できないが，カオス的現象は最適点の周辺に出現する[9]。この現象内に工場立地と移転価格が決められるならば，企業の利潤はさほど相違せず，いわゆる目標利潤の水準からは乖離することはない[10]。したがって，カオス的現象が生じる地域は工場の立地期待地域，あるいは立地可能地域として考えられ，企業に対して有用な情報を提供する。すなわち次のように考えられる。企業の生産活動がかなりの広範囲に広が

---

9)　カオス的現象はいわゆる鞍点の周辺にも出現するので，この場合の立地決定にはより細かい計算が必要とされる。
10)　このような論理はいわゆる満足最大化原理 Greenhut（1956）による立地論にも繋がるものであり興味深い展開ができる可能性がある。

る場合には，工場の立地の探査範囲も広くなり，その探査範囲自体の設定もかなり厄介である。さらにより現実的には，たとえ最適立地点が首尾よく確定できても，軟弱な地盤，高い地価や交渉の長期化，周囲の生産・生活環境などにより，その地点を回避することになる。この場合に，その地点の周囲の地域において次善の立地点を探査する探査地域を設定しなければならない。このように現代の製造企業の工場立地の決定においては立地可能地域の設定がまずなされることになる。このような設定には，基本的な立地因子のみを考慮して導出される最適立地点の周囲に出現するカオス的現象は有用な情報を提供すると考えられる。カオス的現象の発生は，本稿において示されるように原料地や市場地近傍のみならず，これらの地点の中間地域においてもみられ，生産工程1が中間地域のある地点に定まる場合もありうることになる（Ishikawa, 2015 b）。

2-4 生産性向上による工場の立地移動

本小節においては次のような想定の下で中間財を製造する工場1の生産性の向上により，その立地点がいかに移動するかを分析する。ここでは工場1から工場2へ輸送される中間財の運賃率 tg を 0.55，各国の法人税率を $t = t^* = 0.27$ とする。そして生産関数のパラメータAを最初にA=1とし，次いでA=2として，工場1における生産性の向上がどのように工場1の立地に影響するかを分析する[11]。生産性を示すAが1の場合における最適移転価格と立地点は上記の導出方法に沿って図9-3のように求められる。

移転価格は442.4，立地可能地域は工場1の立地点は立地図形の内部で原料地 M_1 の周辺に出現する。原料地 M_1 の極近傍に工場が立地点を定める場合における企業の生産量，利潤，そして各国の法人税収を求めると表9-1のようになる。

続いて，生産性Aが2の場合における最適移転価格と立地点は上記の導出

---

11) パラメータAに関連する考察に関してはRomer（1990）の分析が大いに参考になる。

図9-3　生産性が低い場合における移転価格と工場立地

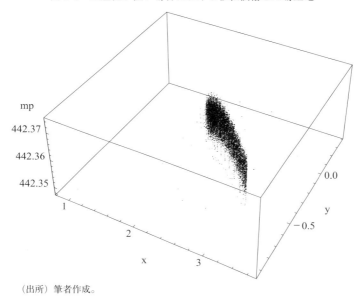

（出所）筆者作成。

方法により図9-4のように求められる。この場合には、移転価格は441，立地可能地域は立地図形の内部で市場地 M_4 の周辺に出現することになる。市場地 M_4 のごく近傍に工場1が立地点を定める場合における企業の生産量、利潤、そして各国の法人税収を求めると表9-2のようになる。工場1の生産性Aが2へ上昇する場合には、工場1の工場の立地は原料地原料地 M_1 の周辺から市場地 M_4 の近傍に移動する。工場1の生産性の上昇は工場の立地にも作用を及ぼすことになり、また企業の利潤と各国の税収を増加させる。

　上記の分析においては中間財の運賃率が0.55と想定されている。この想定の下では、生産性の上昇は工場の立地移動を引き起こすが、中間財の運賃率が0.225と低い場合、またそれが0.625と高い場合には、異なる結論が引き出される。運賃率が0.225と低い場合には、工場1の生産性が2へ上昇しても工場立地は原料地 M_1 の周辺に定まることになる。また運賃率が0.625と高い場合には、工場1の生産性が1あるいは2であっても工場立地は市場地 M_4 の周辺に定まることになるという分析結果を得る。したがって、ここでの想定の下で

図9-4 生産性が高い場合における移転価格と工場立地

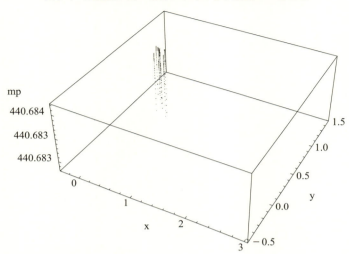

（出所）筆者作成。

表9-1 低生産性の場合における立地，生産量，利潤，税収

立地点	生産量	利潤	自国税収	外国税収
M_1近傍	49	13350	4434	504

表9-2 高生産性の場合における立地，生産量，利潤，税収

立地点	生産量	利潤	自国税収	外国税収
M_4近傍	50	13589	4503	527

は運賃率の高低の差異は工場の生産性の差異より強い立地的影響力を有すると考えられる。それゆえ次のようにいえよう。運賃率が中程度にある場合，工場の生産性は立地的影響力を発揮し，その上昇は工場1を工場2の立地点へ近づけるような働きをする。

3．工場団地の性格と立地の関係

本節においては，法人税率と範囲の経済と規模の経済をこれまでの考察枠組みに取り入れ，工場団地の建設とその立地を分析する。

3-1 範囲の経済の発生と生産性向上を指向する工場団地建設における立地問題

次のように想定しよう。工場1が外国の市場地にある工場2と立地を同じくし集積を形成すれば，範囲の経済が発生し，工場1の固定費が削減され，その削減額は200であると仮定する。中間財の運賃率 tg は0.225と0.85の2水準を想定する，法人税率は自国と外国において同じであり，$t = t^* = 0.82$ とする。他の分析仮定は最初の状態と同じである。

3-1-1 低運賃率の場合における工場団地の立地

工場1の生産する中間財の運賃率が0.225である場合において工場1の最適立地点を求めよう。この場合，工場1は原料地 M_1 の近傍に決まり移転価格は442となり，生産量は49である。そして企業利潤は3307である。いま移転価格と生産量を同じに保ち，工場1を市場地 M_4 へ移動し集積させ範囲の経済200を享受するとすれば，企業の利潤は3332へ増加する。表9-3 A はここでの状況を示している。

この状態では企業は工場1を，より多くの利潤を得るように外国にある市場地へ移動させ，範囲の経済を得るように工場1と2を集積させることになる。もしこの集積が実現するとなれば，自国の法人税収はゼロとなり，自国の法人税収入に著しい負の影響を与えることになる。そこで，自国の政府が工場1の生産性を向上させる性格を持つ工場団地を建設し工場1を自国に立地させることを計画する場合，工場1の生産性をどの程度上場させれば工場1を自国に引き戻せるかを分析しよう。工場1をもし原料地 M_1 に引き戻すとし，原料地 M_1 に建設する工場団地は生産性をいくらまで向上させる必要があるかを求めよう。必要な生産性 A の値は次の (14) 式を A について解くことで導出できる。

$(1 - 0.82)^*((600 - Q)^*Q - 442^*Q - 1.5^*Q^*(2 + Q)^2/200 - 2500) +$

表9-3 A　低運賃率における立地体系の相違と企業利潤

	移転価格	生産量	利潤
M_1-M_4 の分散立地	442	49	3307
M_4 での集積	442	49	3332

表9-3 B　生産性を上昇させる工場団地建設による立地体系と法人税収

生産性	立地体系	自国税収	外国税収
2.32	M_4-M_4 近傍	13634	1543

$$(1-0.82)^*(Q^*(442-0.225^*(3^2+1.5^2)^{0.5}-(0.2+0.01^*(3^2+1^2)^{0.5}))-$$
$$2^*A^{-1.25}*Q^{1.25}*(0.25+0.11(0^2+0^2)^{0.5})^{0.5}*(2+0.11((3+3^{0.5})^2+0^2)^{0.5}\,)^{0.5}-$$
$$5000)-3332=0 \tag{14}$$

ただし，Q = 49.19 である。(14) 式から A = 2.38 と求められる。このように工場団地が原料地 M_1 に建設され，生産性が 2.38 へ上昇すれば，工場 1 を原料地 M_1 に引き戻すことができる。

ところで，前節での考察において生産性が高くなる場合，工場 1 の立地は市場地へ移動することが明らかにされている。そこで，工場団地が自国内の地点で市場地近傍に建設する場合に，その工場団地が工場 1 を牽引するのに必要な生産性を求めてみよう。その生産性は（14 a）式から A = 2.32 と導出される。

$$(1-0.82)^*((600-Q)^*Q-442^*Q-1.5^*Q^*(2+Q)^2/200-2500)+$$
$$(1-0.82)^*(Q^*(442-0.225^*(0+0)^{0.5}-(0.2+0.01^*(0+(1+1.5)^2)^{0.5}))-$$
$$2^*A^{-1.25}*Q^{1.25}*(0.25+0.11((0+3)^2+(1+0.5)^2)^{0.5})^{0.5}*(2+0.11\,`((0+3^{0.5})^2$$
$$+(1+0.5)^2)^2)^{0.5}\,)^{0.5}-5000)-3332=0 \tag{14 a}$$

したがって，工場団地はより低い生産性の達成ですむように，自国内の地点で市場地に近い場所に建設し工場 1 を自国内に牽引する。この場合における各国の法人税収は表 9-3 B で示される。工場団地の建設により，工場 1 の生産性が 2.32 以上に上昇すれば，自国は工場 1 を自国に牽引でき，それにより 13634 の税収を得られることになる。自国政府の工場団地を建設する動機は高いと予測される。

3-1-2　高運賃率の場合における工場団地の立地

次に，中間財の運賃率 tg が 0.85 である場合を想定する。ここでも上記と同じく，範囲の経済を考慮せずに工場 1 の最適立地点を求めると，立地は市場地 M_4 の近傍に決まり，移転価格は 443 であり生産量は 48.97 である。企業の利

表 9-4 A　高運賃率における立地体系の相違と企業利潤

	移転価格	生産量	利潤
市場地付近で並存	443	48.97	3279
市場地での集積	443	48.97	3315

表 9-4 B　生産性を上昇させる工場団地建設による立地体系と法人税収

生産性	立地体系	自国税収	外国税収
2.34	M_4-M_4 近傍	13595	1506

潤は 3279 である。ここでの 2 つの工場の立地状態は国境を挟んでの並存である。いま移転価格と生産量を変化させず，工場 1 を市場地自体 M_4 へ移動し集積させて範囲の経済 200 を享受するとすれば，企業の利潤は 3315 へ増加する。この状況は表 9-4 A のように整理される。

この状態では企業は工場 1 を外国にある市場地へ移動させ，範囲の経済を得るように工場 1 と 2 を集積させる。この集積により自国の法人税収はゼロになる。自国の政府が工場 1 の生産性を向上させる性格を持つ工場団地を国境沿いに建設し，工場 1 を自国に立地させて国境を挟んでの工場の並存状態を実現させようとする場合，工場 1 の生産性をどの程度上場させれば，再度，工場 1 を工場 2 と国境を挟んで並存させられるかを分析しよう。工場の国境を挟んでの並存を実現させるのに必要な生産性 A の値は（15）式を A について解くことで導出される。

$$(1-0.82)*((600-Q)*Q - 443*Q - 1.5*Q*(2+Q)^2/200 - 2500) +$$
$$(1-0.82)*(Q*(443 - 0.85*(0+0)^{0.5} - (0.2 + 0.01*(0+(1+1.5)^2)^{0.5})) -$$
$$2*A^{-1.25}*Q^{1.25}*(0.25 + 0.11((0+3)^2 + (1+0.5)^2)^{0.5})^{0.5}*(2 + 0.11`((0+3^{0.5})^2$$
$$+ (1+0.5)^2)^{0.5})^{0.5} - 5000) - 3315 = 0 \tag{15}$$

ただし，Q = 48.97 である。（15）式から A = 2.34 と求められる。このように工場 1 の生産性が上昇し，工場立地が国境を挟んで並存すれば各国の法人税収は表 9-4 B で示されるようになる。工場団地の建設により，工場 1 の生産性が 2.34 以上に上昇すれば，自国は工場 1 を自国に牽引でき，それにより 13595 の税収

を得られることになる。

　上記の分析から示されるように，自国に工場1を牽引し，法人税収を獲得しようと自国政府が生産性向上を指向する工場団地を建設する時には，工場団地を市場地 M_4 付近の国境沿いに建設することになる。また達成すべき生産性の向上は運賃率が低い場合にやや低い水準になる。しかし，工場の牽引に必要な生産性向上の差はあまりないということになる。なお，ここでは法人税率の水準差の立地的作用については示していないが，次のような結果を得る。すなわち，2国の法人税率が同率である限り，法人税率差の違いは工場団地の立地に影響せず，工場1と2の国境を挟んでの並存を実現するには生産性は 2.32 必要となる。もちろん法人税率が国の間で異なる場合にはこれらの値は変化する。

3-2　外部経済を指向する工場団地の建設とその立地

　本小節においては，製造企業が上記の表9-3 A と表9-4 A で示される状態にあるものとして，自国政府が外部経済の増加を指向する工場団地の建設により工場1の自国への誘致を図るものと想定する。すなわち生産基盤を中心に大型の工場団地を開発し，工場1がいわゆる外部経済，いわゆる規模の経済を享受でき，その固定費用 F_1 を削減できると仮定する。このような場合における工場団地の立地点を分析する。

3-2-1　低運賃率の場合における工場団地の立地

　上記のように中間財の運賃率が 0.225 である場合，企業は表9-3 A で示されるような状態の下に置かれることになり，工場1は市場地に立地し工場1と2は外国の市場地で集積することになる。いま，自国の政府が工場1に対して規模の経済により工場1の固定費の削減を指向する工場団地を建設し工場
を自国に誘致する計画を立てると想定する。

　そこで自国が工場1を原料地 M_1 に引き戻し，地点 M_1 と M_4 に工場1と2を分散させる場合，当該工場団地は工場1の固定費をどの程度削減させる必要があるかを分析しよう。工場1を原料地 M_1 に引き戻すために必要な固定費削減

額は次の（16）式を E について解くことで導出できる。

$$(1-0.82)^*((600-Q)^*Q-442^*Q-1.5^*Q^*(2+Q)^2/200-2500)+$$
$$(1-0.82)^*(Q^*(442-0.225^*(3^2+1.5^2)^{0.5}-(0.2+0.01^*(3^2+1^2)^{0.5}))-$$
$$2^*1^{-1.25}*Q^{1.25}(0.25+0.11(0^2+0^2)^{0.5})^{0.5}*(2+0.11((3+3^{0.5})^2+0^2)^{0.5})^{0.5}-$$
$$(5000-E))-3332=0 \qquad (16)$$

（16）式から工場 1 を原料地 M_1 に引き戻すために必要な固定費削減額は市場地における規模の経済より低い額の 137 と導出される。すなわち当該工場団地が工場 1 の固定費を 137 減額する規模の経済を生じさせれば，工場 1 を原料地 M_1 に引き戻すことが可能となるのである。

3-2-2 高運賃率の場合における工場団地の立地

続いて，中間財の運賃率が高く 0.85 である場合，企業は表 9-4 A で示されるような状態の下に置かれることになる。市場地で範囲の経済が働けば，工場 1 は市場地に立地し工場 1 と 2 は外国の市場地で集積する。自国の政府が工場 1 の固定費を規模の経済の享受により引き下げるという性格の工場団地を国境沿いに建設し工場 1 を自国に立地させ，国境を挟んだ工場の並存状態を実現させようとする場合，工場団地は工場 1 の固定費をどの程度削減させる必要があるかを分析しよう。工場の国境を挟んでの並存を実現させるに必要な固定費削減額は次の（17）式を E について解くことで導出できる。

$$(1-0.82)^*((600-Q)^*Q-443^*Q-1.5^*Q^*(2+Q)^2/200-2500)+$$
$$(1-0.82)^*(Q^*(443-0.85^*(0+0)^{0.5}-(0.2+0.01^*(0+(1+1.5)^2)^{0.5}))-$$
$$2^*1^{-1.25}*Q^{1.25}(0.25+0.11((0+3)^2+(1+0.5)^2)^{0.5})^{0.5}*(2+0.11\ '((0+3^{0.5})^2$$
$$+(1+0.5)^2)^{0.5})^{0.5}-(5000-E))-3315=0 \qquad (17)$$

（17）式から国境を挟んでの工場の並存を実現させるに必要な固定費削減額は市場地における範囲の経済と同額の 200 と導出される。すなわち自国の工場団地が工場 1 の固定費を 200 減額する規模の経済を生じさせれば，国境を挟んでの工場の並存を可能にする。表 9-5 は中間財の運賃率と工場団地の立地点そし

表 9-5　工場団地の立地点と自国への工場牽引に必要な固定費削減額

中間財の運賃率	立地体系	必要固定費削減額
0.225	M_4-M_1 近傍	137
0.85	国境を挟む並存	200

て工場 1 を自国に牽引する場合に，工場団地が達成しなければならない工場 1 の固定費の減額を示している。

なお，ここでの分析においても法人税率の水準差の立地的作用については示していないが，次のような結果を得る。すなわち 2 つの国の法人税率が同率である限り，法人税率差の違いは工場団地の立地に影響せず，工場 1 を原料地に引き戻されるのに必要な固定費の削減額は 137，工場の国境を挟んでの並存を実現するには削減額は 200 必要となる。法人税率が国の間で異なる場合にはこれらの値は変化することになる。

4. 生産工程の立地と立地体系

第 2，第 3 節での考察に基づいて企業の生産工程の立地と立地体系を検討し整理しよう。元来，生産工程の立地は企業にとっての基本的立地因子，輸送費，原料，製品の価格，労働費，そして集積経済により導出される利潤を最大化する地点に決定される。しかしながら，上記分析で示されたようにそのような地点を特定することは困難である場合が多いと考えられる。したがって，目標とされる利潤水準を達成できると期待される地域，すなわち，立地期待地域を確定し，その地域内で生産工程の立地点を絞り込んでいくという過程が採られることになる。この状況はいわゆるグローバル化経済が進展している経済発展段階では一般的であると考えられる。すなわち費用削減のために生産工程が細分化され，その細分された工程は小型であり，単純化された生産には狭い知識，技術が用いられる。これにより生産工程の移動は容易であり移動距離も長くでき，移動先において大型の生産基盤の整備の必要性は低い。このような場合には利潤を最大化する最適立地点が基本的立地因子により明確に特定される可能性は低い。したがって立地期待地域の設定が企業の生産工程の立地決定の

第1段階になる。この段階では，立地期待地域の場所が市場の付近であるか，ある原料地の近辺であるか，あるいは立地期待地域の広さがどの程度であるかが最初に検討されることになる。この段階では次のように生産工程の立地が表現される。ある生産工程を担う工場は市場地や原料地に立地するというより，工場は市場地あるは原料地付近に設定される立地期待地域の内側に立地する。

上記の分析に基づけば中間材の運賃率が高い場合においては，立地期待地域は当該工程の生産する製品が用いられる地点の近辺に設定され，その運賃率が低い場合には中間財の原料が産出される原料地付近に設定される。したがって，その運賃率が高い場合には生産工程の立地体系は比較的集中的になり，運賃率が低い場合には生産工程の立地体系は比較的分散的なものになると考えられる。さらに，生産工程の生産性がもつ立地的作用について見ると次のようにいえる。運賃率が中程度である場合を前提とするが，その生産性が低い場合，立地期待地域は原料地付近に設定され，生産工程の立地体系は分散的になる。他方，生産性が高い場合にはその財が使用される地点に立地期待地域は設定され，立地体系は集中的になる。

次に第3節における考察を基に工場団地の立地的作用を取り込んで，生産工程立地とその生産工程の立地体系を整理しよう。工場団地が企業の設定する立地期待地域内に存在する，あるいは開設される場合には，工場団地はいわゆる局地立地因子になり，まさにその地点に生産工程を牽引する。立地期待地域内であれば，企業は生産工程を利潤の観点からどの地点にも立地させられるが，工場団地は企業の利潤に直接明確に影響し，立地期待地域内で決定的な立地牽引力を発揮できるからである。他方，工場団地が立地期待地域外にある，あるいは開設される場合には，その立地牽引力が考慮され，その地点に工程が移動する可能性は低下する。したがって，国あるいは地方政府が工場団地を開設する場合には，多くの企業が設定する立地期待地域の交差面内に工場団地を立地させることが多数の生産工程の牽引には重要となる。

続いて工場団地が指向する性格を考慮する。工場団地を開発する政府が誘致する工程の業種を限定し特定の性格を有する生産工程を牽引するものとし，そ

表9-6　生産工程の立地体系

工程1の立地	工程2の立地	立地体系
原料地付近	市場地	分散
中間点付近	市場地	拡散
国境沿い	市場地	並存
市場地（外国）	市場地	集積

れらの生産性の向上を指向する工場団地を建設すると想定しよう。この場合工場団地は生産工程の製品が用いられる市場地付近に開設させることになる。そして生産工程の立地体系は集中的なものとなる。とりわけ当該国における運賃率が高い場合にはこの傾向はより強いものとなる。続いて，次のように想定する。国内の交通網などの生産基盤一般の整備が進み，交通網政府が種々の性格を有する生産工程を誘致し，工場団地を産業団地あるいは工業団地の性格をも有するように大型化し企業の固定費を低下させるように目論む場合を想定する。この場合には生産工程がその市場地に牽引される傾向は弱化する。工場団地は国内の原料地の近辺，あるいは種々の支援機能や施設を有する都市の近傍に開設されることになり，生産工程の立地体系は分散的なものになる。

　これまで示された生産工程の立地体系を第2，第3節での考察を用いながら整理してみよう。表9-6は生産工程の典型的な立地体系を示している。

　法人税が自国より外国において低く，範囲の経済が作用する場合には，当然ながら市場地での生産工程の集積の可能性は高くなる。中間財の運賃率が高い場合，生産工程間の距離は短い方が企業には有利である。しかし，法人税率が自国において十分に低い場合には国境を挟んでの生産工程の並存という立地体系が有力である。生産工程の立地は，国の間における制度などの相違によりこのような並存体系をとる場合が多い。生産工程が国境を挟んで並存するという立地体系はグローバル化経済が進展するなかでも国の間においての制度的な相違が大きい場合には，しばしば見られるものであり，今後の立地体系の考察において重要で興味深いものになると考えられる。最後に，本稿の分析では取り上げなかったが，第2節での分析において想定された原料地 M_3 で算出される原料価格が上昇する場合には市場地と原料地 M_3 の中間地点に生産工程1が立

地する場合があり典型的な拡散立地体系が見られることになる。

　工業団地そして産業団地をより現実的状況を想定しながらその立地を考察すると次のように考えられる。生産性向上を指向する工場団地は立地する生産業種を限定し，その性格に合致する基礎生産施設の具備に限定される。国内における交通機関が十分に発達せず，運賃率が高い段階にある場合，工場団地を国境沿いの地域に建設することは十分な経済的合理性をもつ。他方，規模の経済を活かし，企業の固定費を削減することを主眼とする工業団地は，多業種で数多くの企業を団地へ立地させる必要がある。ここでは異業種交流機能，人材育成のための研修機能，海外の工場団地との交流などのような機能，施設からホテル，レストラン，コンビニエンスストア，歯科医院などのような施設まで種々様々な支援施設，機能の立地が期待される。これらの支援機能，施設を工業団地に開設できれば良いが，全てを開設することは困難である。これらの支援機能と施設は都市が本来有するものであり，都市のもつ支援機能に工業団地は大いに依存することになる。したがって，企業の固定費を削減することを主眼とする工業団地は，交通機関が整備され，運賃率が低い国においてより強く建設される傾向を有する。そしてその建設場所は国境沿いに限定されず，既存の優れた支援施設や機能を有する都市に近い地域に開設されると考えられる。すなわち，この性格を有する工業団地は既存の都市および都市体系により配慮し，その立地点を選定することになる[12]。

5．要約と結論

　経済活動が広範囲に広がり，個別企業の生産活動も国際的に行われる時代において，多くの製造系企業は厳しい価格競争とそれに伴う費用削減競争にさらされる。多くの企業はこれらの競争に対応するため生産活動を細分化し，細分された生産工程を空間的に既存の地点から分離しそれらの生産に適した地点に

---

12) 工業団地，工場団地および産業団地の性格とその立地点に関して本稿で導出されたような傾向を有するかについての実証分析が今後の重要な考察課題となる。

分散させている。分散された生産工程はその工程と関連する工程や機能と連携することになる。そのため工程の立地点は基本的な生産基盤が整備されている地点になり，その生産に適した生産環境を有する場所になる。

本稿ではこのような状況を背景とし，細分された生産工程がどのような地点に立地し，どのような立地体系が形成されるかを分析した。そして国が生産工程を工場団地の建設で誘致しようとする場合，どのような性質の工場団地をどこに建設するかを考察した。

最初に本稿での分析は次の事柄を明らかにした。いわゆる中間財の運賃率は生産工程の立地に大きく影響を与える。この運賃率が高い場合には工程はその工程が生産する中間財の使用地付近に立地する傾向をもち，運賃率が低い場合には，中間財の原料地付近に立地する傾向を有する。運賃率が中程度である場合には，工場の生産性も立地的作用をもつことを示し，生産工程の生産性が上昇すると工程は中間財の使用地に近づくことを明らかにした。

次に分析の重点を工場団地に移し，工場団地の性格を，生産性向上を指向する型と規模の経済の増加により固定費削減を指向する型に分け，工場団地が工場を牽引する場合にそれぞれどの地点に建設されるかを分析した。生産性向上を指向する工場団地は，その建設費用が低額であり，市場地近傍で国境沿いに建設され易いことを明らかにした。次いで規模の経済の増加により固定費削減を指向する工場団地の建設費用は比較的高いが，中間財の運賃率が低い場合には，原料産地付近で優位性をもつので，この型の工場団地は原料産地近傍に建設され易いことを示した。より実際的な視点からは，多くの支援機能と施設を有する既存の優れた都市の近傍により建設され易いことを示唆した。

上記の分析から生産工程の立地体系は，生産工程が市場地と原料地に分離，分散される型，市場地とそれらの地点の中間に工程が分かれる拡散型，国境を挟んでの並存型，そして市場地での集積型に分けられることを説明した。

生産性向上を指向する工場団地は，低額予算で建設され市場地近傍で国境沿いに建設され易いという考察結果，そして規模の経済の増加により固定費削減を指向する工業団地は既存の優れた都市近傍により立地し易いという理論的示

唆は大変興味深く，今後，実証分析を詳細に行う価値を有すると考えられる。

追記　本稿は中央大学経済研究所，Discussion paper, No.258（2015）に掲載された論文「工場団地の性格の相違による生産工程の立地変化」に加筆，修正したものである。また本稿は平成 26 年度科学研究費助成事業および基盤研究（C）26380316 の研究成果の一部である。記して感謝したい。

参 考 文 献

石川利治（2015）「工場団地の性格の相違による生産工程の立地変化」中央大学経済研究所，Discussion paper, No. 258。

平田哲也（2014）「グローバル・バリュー・チェーン下の関税評価制度と移転価格税制」貿易と関税，3 月，45-52 ページ。

Arndt, S. W. and H. Kierzkowski, (2001) *Fragmentation*, Oxford University Press.

Dluhosch, B., (2000) *Industrial Location and Economic Integration -Centrifugal and Centripetal Forces in the New Europe-*, Cheltenham, Edgar Elgar.

Eden, L., (1985) "The microeconomics of transfer pricing," *In multinationals and transfer pricing*, in a Rugman, M. and L. Eden (eds.), New York, St. Martin's Press.

Greenhut, M., (1956) *Plant location in theory and practice*, University of North Carolina Press.

Hirshleifer, J., (1956) "On the economics of transfer pricing," *Journal of Business*, July, pp. 172-184.

Ishikawa, T., (2009) "Determination of a factory's location in a large Geographical area by using chaotic phenomena and retailers' location networks," *Timisoara Journal of Economics*, pp. 141-150.

Ishikawa, T., (2015 a) "Fragmentation of production process due to growth and survival competition," Ishikawa, *ed*, *Firms' location selections and regional policy in the global economy*, Tokyo, Springer.

Ishikawa, T., (2015 b) "Effects of corporation tax rates on factory locations through the function of the transfer price," Ishikawa, *ed*, *Firms' location selections and regional policy in the global economy*, Tokyo, Springer.

Lazonick, A., (1986) "The cotton Industry," *The decline of the British economy*, Elbaum-Lazonick *ed*, pp. 18-50, Oxford University Press, Oxford.

Puu, T., (1998) "Gradient dynamics in Weberian location theory," Beckmann et. al, *Knowledge and networks in a dynamic economy*, Springer, 34, pp. 569-589.

Romer, P., (1990) "Endogenous technological change," *Journal of Political Economy*, Vol. 98, October, pp. S 71-S 102.

Shi, H. and X. Yang., (1995) "A new theory of industrialization," *Journal of Comparative Economics*, 20, pp. 171-189.

Weber, A., (1909) *Über den Standort der Industrien*, Tubingen, J. C. B. Mohr.

第 10 章

アジアにおける環境サービスと環境企業の現状と展望

佐々木　創

1. はじめに

2000年9月，国連ミレニアム・サミットがニューヨークで開催され，21世紀の国際社会の目標として国連ミレニアム宣言が採択された。簡潔で明快な8つの目標とより具体的な21のターゲットと60の指標で構成されるミレニアム開発目標（MDGs）が設定された。MDGsは1990年を基準年とし，2015年に達成期限を迎えた。

MDGsの目標1「極度の貧困と飢餓の撲滅」で掲げられた「1日1.25ドル未満で生活する人口の割合を半減させる」という野心的な目標は2010年に達成し，2015年は3分の1まで減少させることができた。これは東アジア地域，特に中国の経済発展の寄与が大きく，発展途上国間で発生している地域格差が浮き彫りとなった。

さらに，経済発展の負の側面として捉えることができる環境問題は，MDGsでは目標7「環境の持続可能性確保」で設定されたが，例えば，衛生施設に関する目標（改良衛生施設を利用できない人の割合を半減）では1990年の46％から2015年に32％までしか減少できず，その他多数の項目で達成できなかった。

特に，二酸化炭素排出量の推移では，先進地域では減少に転じているが，発展途上地域では増加しており，その中でも経済発展が著しい東アジア地域で

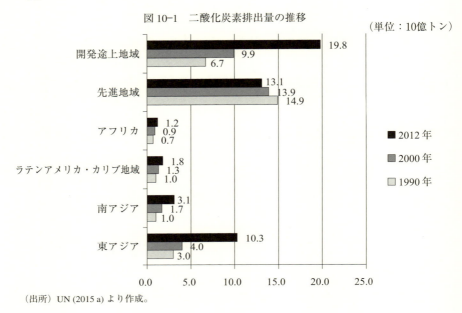

図10-1 二酸化炭素排出量の推移

（出所）UN (2015 a) より作成。

は，1990年の30億トンから2012年の103億トンと3.4倍も増加している（図10-1）。

MDGsで残された課題は，2015年9月に開催された「国連持続可能な開発サミット」で採択された持続可能な開発目標（SDGs）へと引き継がれた。SDGsでは全17の目標の中で，目標6（水），7（エネルギー），11（都市環境），12（生産と消費），13（気候変動），14（海洋と海洋資源），15（生物多様性等）と多数の環境問題に注力する目標が掲げられている（UN 2015 b）。

アジア地域がこれらの環境問題を改善しながら持続可能な発展へ移行するためには，環境ビジネスの拡大が不可欠である。経済産業省・環境省「アジア経済・環境共同体」構想では，アジアの環境ビジネス市場は2008年時点の64兆円から2030年には300兆円と4.7倍に拡大すると推計している。

このようなアジアにおける環境ビジネスへの参入の機会に対して，日本企業は優れた環境技術を持つものの，国際市場において運営・管理を含むトータルマネジメントの実績が少ない状況であることが憂慮されている。そこで，経済

産業省や環境省，国際協力機構（JICA）などが環境関連ビジネスの国際展開に関する研究会や実証事業等を数多く実施している。例えば，経済産業省「海外水インフラPPP協議会」，同省「アジアリサイクルビジネス展開可能性調査」，環境省「日系静脈産業メジャーの育成・海外展開促進事業」，JICA「中小企業連携促進基礎調査」といった事業があり，各事業の目的や背景では優れた環境技術を保有しているが，海外市場で導入実績や運営・管理の実績の不足が共通して指摘されている。

環境関連機器を販売・輸出する，いわゆる「機器売り」だけではなく，国際市場で運営・管理を含むトータルマネジメント事業として環境ビジネスを実施するならば，必然的に輸出国に進出し，汚染物を回収・収集し，機器のメンテナンスまで実施する環境サービスを展開することになる。これは「環境サービスの国際展開」に他ならず，国際環境ビジネスが内包する「サービス貿易」の観点に着目する必要がある。

本章では，まずアジアにおける環境サービスの現状を近年の国際交渉や地域経済連携交渉などとの関連で，アジアにおける環境サービスの自由化度の計測を試みる。次に，アジアにおける環境ビジネスの現状を外国資本の参入状況に着目し分析する。その上で，最後にアジア環境ビジネスの国際展開の在り方について政策的含意について付言する。

2. アジアにおける環境サービスの現状

2-1 環境物品と環境サービスの国際交渉の展開

環境物品と環境サービスの国際交渉は，2001年WTO（World Trade Organization）体制の下で初めてドーハ・ラウンドで開始された。ドーハ閣僚宣言では環境分野は31〜33項に明記され，その中の31項（iii）に環境物品・サービスの関税撤廃交渉が規定され，2004年12月を交渉期限として活発な議論が行われた。

環境物品交渉（EGA：Environmental Goods Agreement）では，主要先進国が作成する特定品目の一覧（環境物品リスト）に基づき議論が進められたが，先進国と

発展途上国との意見が収斂せず，WTOにおける環境物品の議論は停滞した。EGAは2014年7月から再開し，オーストラリアを議長とし，日本を含んだ17か国のメンバーにおいて，環境物品リストの絞り込み作業が進められ，2015年12月のWTO閣僚会議で合意することが期待されていた。しかし，WTO閣僚会議後の議長声明では，「かなりの進展が見られた」に留まり，気候変動に対処するための支援の取り組みを中心に2016年に再開すると発表されている（WTO 2015）。

　WTOでEGAが再開した背景には，2012年にAPEC(Asia-Pacific Economic Cooperation)において，再生可能エネルギー関連製品，汚水処理関連機材，大気汚染制御装置など環境物品54品目リストが作成され，その実行関税率を2015年末までに5%以下に引き下げることに合意したことが影響したと考えられる。

　他方で，環境サービスについては，ウルグアイ・ラウンドで「サービスの貿易に関する一般協定」(GATS : General Agreement on Trade in Services)が合意された。GATS第1条で「政府が提供するサービスを除く，あらゆるサービス」が対象とされ，12分野（実務，通信，建設・エンジニアリング，流通，教育，環境，金融，健康・社会事業，観光，娯楽，運送，その他）に分類されている。またGATSでは，サービス貿易を「国境を超える取引（第1モード）」，「海外における消費（第2モード）」，「業務上の拠点を通じてのサービス提供（第3モード）」，「自然人の移動によるサービス提供（第4モード）」の4つの形態（モード）での取引と定義している。

　環境サービスについては，環境委員会特別会合（CTESS : Committee on Trade and Environment Special Session）で議論が進められた。2002年にWTO事務局分類表（CPC : Central Product Classification）（W/120）のうち，汚水，廃棄物処理，衛生等を指すことを提案し，さらに，2008年に廃棄物処理に関して改定の提案が行われている（表10-1）。

　その後，2010年にWTO事務局が背景情報を更新した。その第4章50パラグラフにおいて，WTO自身が分類したCPCの中に，環境サービスと関係がある他のサービス分野を指摘している（WTO 2010）。この指摘は，今後環境サー

第10章　アジアにおける環境サービスと環境企業の現状と展望　195

表10-1　WTOの環境サービスCPC分類

GATS (W/120)	CPC version 1.1 (2002)	CPC version 2 (2008)
A. Sewage services	941 - Sewage services	941 - Sewerage, sewage treatment and septic tank cleaning services
	94110 Sewage treatment services	94110 - Sewerage and sewage treatment services
	94120 Tank emptying and cleaning services	94120 - Septic tank emptying and cleaning services
B. Refuse disposal services	942 - Refuse disposal services	942 - Waste collection services
	94211 - Non-hazardous waste collection services	94211 - Collection services of hazardous medical and other biohazardous waste
	94212 - Non-hazardous waste treatment and disposal services	94212 - Collection services of industrial hazardous waste (except medical and other biohazardous waste)
	94221 - Hazardous waste collection services	94219 - Collection services of other hazardous waste
	94222 - Hazardous waste treatment and disposal services	
–	–	943 - Waste treatment and disposal services
		94311 - Hazardous waste preparation, consolidation and storage services
		94312 - Ship-breaking and other dismantling of wrecks services
		94313 - Non-hazardous recyclable materials preparation, consolidation and storage services
		94319 - Other non-hazardous waste preparation, consolidation and storage services
–	–	944 - Remediation services
		94411 - Site remediation and clean-up services, air
		94412 - Site remediation and clean-up services, surface water
		94413 - Site remediation and clean-up services, soil and groundwater
		94420 - Containment, control and monitoring services and other site remediation services
		94430 - Building remediation services
		94490 - Other remediation services
C. Sanitation and similar Services	943 - Sanitation and similar services	945 - Sanitation and similar services
	94310 Sweeping and snow removal services	94510 - Sweeping and snow removal services
	94390 Other sanitation services	94590 - Other sanitation services
D. Other	949 Other environmental protection services	949 - Other environmental protection services
	9490 - Other environmental protection services	94900 - Other environmental protection services

（出所）WTO事務局分類表（W/120）より作成。

ビス貿易を把握する上で重要であるが，どのように整合性を図るのかという見解は示されてはいない。

WTO 加盟国からの環境サービスの提案は 2000 年から 2001 年に集中している。しかし，その後，他の提案が提出されておらず，WTO において環境サービスに関する議論について大きな進展はないといってよい。

WTO 以外の国際機関においても，国際通貨基金（IMF : International Monetary Fund），経済協力開発機構（OECD : Organisation for Economic Co-operation and Development），欧州連合統計局（EUROSTAT）なども環境サービスの定義さえ定まっていない状況である。こうした中で，唯一 OECD/EUROSTAT が IMF の国際収支マニュアル第 5 版を細分化し，独自に Waste treatment and depollution の貿易状況を公開している（佐々木 2014）。

ただし，筆者による OECD 統計局へのヒアリングでは，Waste treatment and depollution の定義だけが確定しているが，その他の環境サービスは定義すら確定していないこと，また同貿易量の大半は，インターネットを通じたコンサルティングサービスといった「国境を超える取引（第 1 モード）」しか把握できておらず，「業務上の拠点を通じてのサービス提供（第 3 モード）」を把握することは困難であることが明らかになっている（佐々木 2016）。

2-2　アジアにおける環境サービスの自由化度の計測

環境サービスに限らず，サービス貿易については GATS での交渉が進展しない中で，2 国間の自由貿易協定（FTA : Free Trade Agreement）または「経済連携協定（EPA : Economic Partnership Agreement）」，そして地域貿易協定（RTA : Regional Trade Agreement）が進展している。

アジア地域においては，「形式的にも内容的にも GATS を踏襲しつつ，…（中略）…アセアンサービス枠組み協定（AFAS : ASEAN Framework Agreement on Services）のもと，加盟国のサービス産業の効率性・競争力向上をねらって，自由化を進めている」（渥美 2014）。

これらの貿易協定では，サービス貿易の自由化の合意内容が記載されている

第10章　アジアにおける環境サービスと環境企業の現状と展望　197

表10-2　アジアにおける環境サービスの自由化度の計測

	GATS	AFAS package 8 (2010年)	対日本EPA	ASEAN―中国FTA
日本	0.47	−	0.72	−
中国	0.38	−	−	0.38
ブルネイ	n.a.	0.75	n.a.	n.a.
カンボジア	0.75	0.88	−	0.75
インドネシア	n.a.	0.75	n.a.	n.a.
ラオス	0.50	0.75	−	n.a.
マレーシア	n.a.	0.75	n.a.	n.a.
ミャンマー	n.a.	0.63	−	n.a.
フィリピン	n.a.	0.67	n.a.	0.38
シンガポール	n.a.	0.50	0.63	0.50
タイ	0.53	0.50	0.50	n.a.
ベトナム	0.58	0.63	0.63	0.50
総平均	0.54	0.68	0.62	0.50

（注）n.a.：約束表に記載なし，−：協定未締結を示す。
（出所）GATS及びASEAN‐中国FTAについては，the World Trade Organization and the World Bank, "*I-TIP Services*", AFAS package 8（2010年）については，ASEAN Framework Agreement on Services, "*Protocol to Implement the 8th Package of Services Commitments (2010)*", 対日本EPAは，日本国外務省より作成。

「約束表（commitment table）」を把握しても定性的な情報しか得ることができない。そこで，Hoekman（1995）は，約束表に記載された「規制なし（None）」を1点，「規制あり（Limitation）」を0.5点，「約束せず（Unbound）」を0点として集計するHoekman指標でサービスの自由化度を計測することを提案している。

これを援用し，サービス貿易全体の自由化度をHoekman指標で計測した先行研究は多数存在するが，環境サービスの自由化度に特化した研究は非常に少ない。したがって，環境ビジネスの主要な市場と目されているアジア地域で環境サービスの自由化度を計測し，先行研究と比較することは意義がある。その結果を表10-2に示す。

サービス貿易全体の自由化度を計測した先行研究においては，伊藤・石戸（2014）は，GATSおよび東アジアのFTAごと，国ごとのHoekman指標を算出し，すべて0.5を下回っていることを明らかにし，「FTAにおける約束状況でさえ，決して高い水準のモノとはいえない」と指摘している。また，石戸（2013）はTPP参加表明国とAPECメンバーのサービス貿易自由化をGATSの

約束表を基に，11 のサービス分野の Hoekman 指標を算出している。この結果では，環境サービスの平均値は，TPP 参加表明国で 0.24，APEC メンバーで 0.23 となっている。

　これらの先行研究と表 10-2 の結果を比較すると，アジアにおける環境サービスの自由化度は平均でも 0.5 を上回っている。つまり，アジアにおける環境サービスの自由化は進んでいると考えられる。しかし，多くの研究で指摘されている通り，Hoekman 指標では，多様な規制形態が存在するにもかかわらず「規制あり（Limitation）」を一律に 0.5 点としており，他のサービス分野と同様に環境サービスにおいても，特に第 3 モードでは外資の参入規制に関する記述が散見される。さらに，表 2 を国別で比較すると，Hoekman 指標は後発国で高い一方で，中所得国以上は総じて低い傾向にあり，萌芽段階にある自国の環境企業を保護している可能性を指摘できる。

2-3　小　括

　WTO における環境サービスについては GATS の中で合意され，2002 年に WTO 事務局分類表で環境サービスも提案されているが，環境物品と比較すると，環境サービスに関する議論について大きな進展はなく，環境サービス貿易の把握は進んでいない。

　WTO 交渉が進展しない中で，2 国間の FTA または EPA，RTA が進展しており，アジアにおける環境サービスの自由化は，他のサービス分野より進んでいるといえる。

3．アジアにおける環境ビジネスの現状

3-1　アジア環境ビジネスの国際展開の把握

　前節において，アジア地域で環境サービスの自由化度を Hoekman 指標で計測し，アジアにおける環境サービスの自由化が進んでいることを明らかにした。

　サービス取引の属性として，「サービスを利用するためには供給者と消費者

が時間的に同時に，空間的に同じ場所にいる必要」(井上 2006) がある。WTOが定義したサービス貿易の4態様のうち，企業による環境ビジネスの国際展開は「業務上の拠点を通じてのサービス提供（第3モード）」に該当すると考えられる。この他にも，インターネットを通じたコンサルティングサービスといった「国境を超える取引（第1モード）」や，技術者の短期滞在による支援など「自然人の移動によるサービス提供（第4モード）」も環境サービスとして提供される。しかし，本章の問題関心は，企業による運営・管理を含むトータルマネジメントとしての国際展開を主眼としており議論の対象から除外する。

第3モードの国際取引を捉えるためのデータソースとしては，直接投資や海外現地法人に関する統計を利用することが検討されている。しかし，国際収支統計で定められている直接投資統計は，投資金額と残高のみ計上されており，海外現地法人の売上は把握されていない（伊藤・石戸 2014）。

したがって，将来的に環境サービス貿易を把握するためには，海外現地法人の売上を把握することが有効な代替手段の1つである。筆者は，世界各国で上場している環境ビジネス企業の海外売上高比率などの個社データを活用し経済分析したところ，従来から指摘されてきた「日本の環境企業の国際展開が欧米企業と比較して出遅れている」とはいえないこと，特筆すべきこととして「環境企業の海外展開はどの国でもそれほど進んでいない」ということを明らかにした（佐々木 2016）。

他方で，アジア環境ビジネス市場においては，先進国のみならず韓国や中国，シンガポールの環境企業の進出が続いていることが現地調査や現地報道から指摘できる。そこで，アジアの環境ビジネス企業に対する外資系企業の出資動向を把握する。

アジアの環境ビジネス企業の個社データの入手方法としては，世界最大級（約1億1千万社）企業・財務データベースであるORBIS（ビューロー・ヴァン・ダイク社提供）を活用した。

分析対象となる環境ビジネス企業の抽出方法は，業種分類として米国 SIC (Standard Industrial Classification) codes を活用し，下水道処理サービス (SIC code 4952

- Sewerage systems)，廃棄物処理サービス（同 4953 - Refuse systems），その他の衛生サービス（同 4959 - Sanitary services, not elsewhere specified）を主業として登録しているアジアの企業（以下，アジア環境ビジネス企業）を対象とした。

同データベースにおいて分析対象となる企業は，2014 年 7 月末で全世界では 291,106 社に対して，アジア地域では 862 社となった。

3-2　アジア環境ビジネス企業の分析

アジア環境ビジネス企業 862 社の業種ごとの内訳は，下水道処理サービスが 101 社（全体の 12%），廃棄物処理サービスが 729 社（同 84%），その他の衛生サービスが 32 社（同 4%）となっている。また，アジア環境ビジネス企業のうち外資受入企業は 57 社（同 6.6%）である（表 10-3）。国別には中国が最も多く 23 社，次いでインド 9 社，韓国 7 社，日本 5 社と続く。

ただし，例えば，フィリピンは外資受入企業割合が 100% となっているなど，外資受入企業だけが情報公開していることや，反対に地場の環境ビジネス企業の情報公開が進んでいないことなどは留意する必要がある。

また，図 10-2 の通り，外資受入企業の業種を全体の業種割合と比較すると，大規模な設備投資が必要となる下水道処理サービスの割合が高い。

アジア環境ビジネス企業のうち外資受入企業の業種割合を国別にみると，下水道処理サービスに出資する外資系企業の総数 19 社のうち，88% は中国に集中していることがわかる（図 10-3）。

直近 3 年間の平均利益は，全体平均では 107 万ドルに対して，アジア環境ビジネス企業の外資受入企業では 1,034 万ドルと非常に高くなっている。また，保有資産においても，全体では 3,505 万ドルに対して，外資受入企業では 67 億 8,821 万ドルと非常に高い（表 10-4）。

アジア環境ビジネス企業に出資している外資系企業の所在国別の出資企業数では，アメリカが 46 社と最も多く，次いでイギリス 13 社，シンガポール 11 社，香港 10 社と続く。アジア環境ビジネス企業に出資する日本企業は 8 社であり，欧米企業のみならずシンガポールや香港といった他のアジア企業よりも

第10章 アジアにおける環境サービスと環境企業の現状と展望　201

表10-3 アジア環境ビジネス企業の概要と外資系企業の出資動向

	下水道処理サービス	廃棄物処理サービス	その他の衛生サービス	合計	外資受入企業数	外資受入企業割合
CN	36	130	0	166	23	13.9%
HK	0	2	0	2	1	50.0%
IN	1	32	0	33	9	27.3%
JP	10	195	11	216	5	2.3%
KR	40	233	9	282	7	2.5%
KZ	3	117	0	120	1	0.8%
MY	6	6	3	15	1	6.7%
PH	0	2	1	3	3	100.0%
SG	3	6	0	9	2	22.2%
TH	1	5	3	9	2	22.2%
TW	0	1	4	5	3	60.0%
VN	1	0	1	2	0	0.0%
合計	101	729	32	862	57	6.6%

(注) CN：中華人民共和国，HK：香港，IN：インド，JP：日本，KR：大韓民国，KZ：カザフスタン，MY：マレーシア，PH：フィリピン，SG：シンガポール，TH：タイ，TW：台湾，VN：ベトナム
(出所) ORBIS より作成。

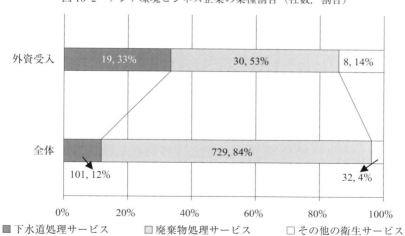

図10-2 アジア環境ビジネス企業の業種割合（社数，割合）

(出所) ORBIS より作成。

図 10-3 国別の環境ビジネス外資受入企業の業種

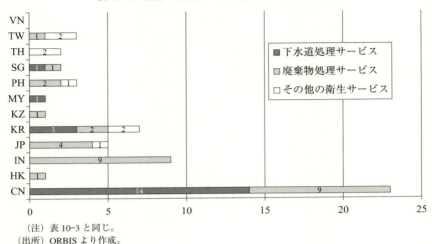

（注）表 10-3 と同じ。
（出所）ORBIS より作成。

表 10-4 直近 3 年間の平均利益と保有資産の比較（万ドル）

	全体平均	外資系出資環境ビジネス企業の平均
直近 3 年間の平均利益	107	1,034
平均保有資産	3,505	678,821

（出所）ORBIS より作成。

出遅れている。これに対して，出資の受入では日本が 37 社と中国の 33 社を凌ぎ，アジアで最大の受入国になっている（表 10-5）。

受入国別に出資元の外資系企業の業種割合を整理すると，全体の傾向では，環境企業（11%），銀行（28%），製造業（23%），ファンド（39%）となっている。

他方で，出資の受入が多い中国と日本では，中国では製造業が 39% と最も多いことに対して，日本ではファンドが 49%，銀行が 43% と金融機関が大半を占めていることに特徴がある（図 10-4）。

アジア環境ビジネス企業に出資している企業の業種割合を所在国別に，出資企業数が多いアメリカ，イギリス，シンガポール，香港，日本で比較すると，アメリカ，イギリス，香港は銀行やファンドが多く，シンガポールと日本は環境企業や製造業が多いことに特徴がある（図 10-5）。

第10章 アジアにおける環境サービスと環境企業の現状と展望　203

表10-5　アジア環境ビジネス企業の外資系企業の所在国別の出資企業数

		外資系企業の所在国																							合計
		AT	AU	BM	CA	CH	CY	DE	DK	ES	FR	GB	HK	IL	IN	IT	JP	KY	NL	NO	PL	SE	SG	US	VG	
出資受入国	CN		1	2							2	10					3	1	1				8	5		33
	HK																								1	1
	IN	1	1		1	1		1		2					3									1		11
	JP			1	4	3		1	1		3	5								1			2	16		37
	KR									1	1			1										4		7
	MY			1						1	3								1	1			1	6		14
	KZ																			1						1
	PH	1	1																					1		3
	SG												1	1												2
	TH												1				3									4
	TW		1		1			1			2											1	1	13		20
合計		1	4	5	6	4	1	2	2	5	13	10	1	3	8	1	2	3	1	1	11	46	1			133

（注）出資受入国は表3と同じ。
　　　外資系企業の所在国は下記の通り。
　　　AT：オーストリア，AU：オーストラリア，BM：バミューダ，CA：カナダ，CH：スイス，
　　　CY：キプロス，DE：ドイツ，DK：デンマーク，ES：スペイン，FR：フランス，
　　　GB：イギリス，HK：香港，IL：イスラエル，IN：インド，IT：イタリア，JP：日本，
　　　KY：ケイマン諸島，NL：オランダ，NO：ノルウェー，PL：ポーランド，
　　　SE：スウェーデン，SG：シンガポール，US：アメリカ，VG：イギリス領ヴァージン諸島
　　　複数国・複数の外資から出資を受け入れる企業もあるため，外資受入企業の57社と一致しない。
（出所）ORBISより作成。

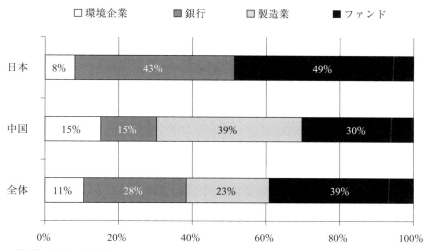

図10-4　受入国別の出資元外資系企業の業種割合

（出所）ORBISより作成。

図 10-5 所在国別の出資企業の業種割合

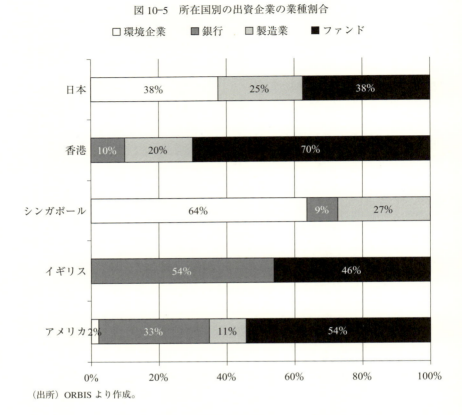

(出所) ORBIS より作成。

アジア環境ビジネス企業のうち外資受入企業 57 社のうち,外資系企業から 50％ 以上の出資を受け入れている企業は 20 社（全体の 35％）ある。そのうちシンガポールから出資を受け入れている企業が最も多く,6 社となっている。また,出資している外資系企業の業種も大半は環境企業（17 社,全体の 85％）であることに特徴がある（表 10-6）。

3-3 小 括

本節では,アジアの環境ビジネス企業に対する外資系企業の出資動向について論じた。アジア環境ビジネス企業に出資している企業数において,日本は欧米企業のみならずシンガポールや香港といった他のアジア企業よりも出遅れて

第10章 アジアにおける環境サービスと環境企業の現状と展望 205

表10-6 50％以上を外資系企業が出資を受け入れている企業

企業名	所在国	US SIC Primary code (s)	直近3ヵ年平均利益（千ドル）	総資産	出資国	出資企業名	出資企業業種US SIC. Core code	出資比率％
台州齐合天地金属有限公司	CN	4953	28,929	371,312	HK	HEFAST HOLDING CORPORATION LIMITED	615	100.00
武汉凯迪水务有限公司	CN	4952	51,483	313,890	SG	SIIC ENVIRONMENT HOLDINGS LTD.	358	100.00
大连东泰产业废弃物处理有限公司	CN	4953	6,825	68,948	US	CHINA INDUSTRIAL WASTE MANAGEMENT, INC.	737	90.00
苏州同和资源综合利用有限公司	CN	4953	444	20,182	JP	DOWA EOO - SYSTEM CO., LTD.	495	90.00
唐山海穆钢铁服务有限公司	CN	4953	1,825	11,875	NL	HEOKETT MULTISERV CHINA B.V.	505	100.00
上海青浦第二污水処理厂有限公司	CN	4952	13	38,717	HK	SJ. UNITED WATER HOLDINGS LIMITED	–	70.00
Ang Wei Environmental Ecological & Ensineerins (Shanghai) Co., Ltd	CN	4952	n.a.	n.a.	SG	ANXON ENVIRONMENTAL PTE. LTD.	–	60.00
Novo Envirotech (Guangzhou) Co. Ltd	CN	4952	n.a.	n.a.	SG	UNITED ENVIROTECH LTD	494	100.00
United Envirotech Water Treatment (Dafeng) Co., Ltd	CN	4952	n.a.	n.a.	SG	UNITED ENVIROTECH LTD	494	50.00
Torino Resources Ltd	CN	4953	n.a.	n.a.	US	SINO BIOENERGY CORP.	481	100.00
United Envirotech（Dafeng）Co., Ltd	CN	4952	n.a.	n.a.	SG	UNITED ENVIROTECH LTD	494	100.00
Heilongjiang Nexresource Envirotech (HU) Co., Ltd	CN	4952	n.a.	n.a.	SG	GLOBAL TECHNOLOGY SYNERGY PTE LTD	162	70.00
Kardex India Storage Solutions Private Limited	IN	4953	n.a.	n.a.	CH	KARDEX AG	355	99.00
Cadagua Ferrovial India Private Limited	IN	4953	n.a.	n.a.	ES	CADAGUA SOCIEDAD ANONIMA	179	95.00
Trishyiraya Recycling India Private Limited	IN	4953	n.a.	n.a.	AU	SIMS METAL MANAGEMENT LIMITED	331	100.00
베올리아워터코리아(주)	KR	4952	2,522	26,628	FR	VEOLIA WATER	494	100.00
EKO Microspheres KZ (ЭкоМикросфереКЗ)	KZ	4953	n.a.	n.a.	PL	EKO EXPORT SA.	495	51.00
QMR, Inc.	PH	4953	29	2,979	AU	ARRIUM LIMITED	331	100.00
Ecolab Philippines, Inc.	PH	4959	1,043	6,117	US	EOOLAB INC	284	100.00
Galaxy Newsprint PTE Ltd	SG	4952	n.a.	n.a.	JP	MITSUI & CO LTD	509	50.00

（注）出資受入国、出資国は表10-5と同じ。
（出所）ORBISより作成。

いる。特にシンガポール環境企業が他のアジアの環境企業に積極的に出資し、その出資額は過半数を超えていることが多いことは特筆すべき傾向と言える。

途上国での環境ビジネスマッチングは、一般のビジネスマッチングと異なり、①料金を負担するサービス需要者の技術ニーズと、②料金を徴収するサービス供給者の技術ニーズに大別できる（図10-6）。端的に言えば、これらの①

図 10-6　途上国での環境ビジネスマッチングの類型化

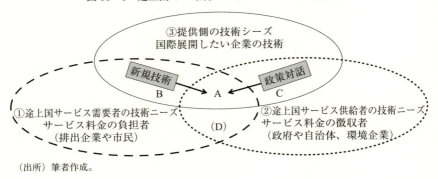

(出所）筆者作成。

と②の技術ニーズと，③提供側の環境技術シーズの 3 つの領域が重なった領域 A に位置する技術を導出するための入念な市場調査が求められる。

　この中でも領域 B の場合，アジア環境ビジネス市場においても，新規技術を現地資本の事業者に提供することや合弁企業を設立することで，外資系企業が相手国の既存の環境企業と領域 A で互恵的関係を構築し，競合を避ける手段として有効である（佐々木 2016）。つまり，シンガポール環境企業が他のアジアの環境企業に積極的に出資する進出戦略は，参入の遅れが指摘されている日本の環境企業にとって示唆に富む事例と言える。

4. おわりに

　本章では，まずアジアにおける環境サービスの現状を整理し，WTO での国際交渉が進展しない中で，アジアの地域経済連携交渉が進展していること，さらにアジアにおける環境サービスの自由化度の計測を試み，アジアにおける環境サービスの自由化は，他のサービス分野より進んでいることを明らかにした。

　次に，環境サービス貿易を把握するためには，海外現地法人の売上を把握することは有効な代替手段の 1 つであり，アジアにおける環境ビジネスの現状を外国資本の参入状況に着目し分析した。この結果，アジア環境ビジネス企業に出資している企業数において日本は，欧米企業のみならずシンガポールや香港

といった他のアジア企業よりも出遅れていること，特にシンガポール環境企業が他のアジアの環境企業に積極的に出資し，その出資額は過半数を超えていることが多く，外資系企業が相手国の既存の環境企業との競合を避ける有効な手段として，日本の環境企業の範となるのではないかと指摘した。

　アジアにおける環境サービスの自由化が進んでいても，それによってどの程度，外資系企業の参入に寄与しているか，現時点では定量的な把握は困難である。今後の課題として，既に参入している外資系企業の事業形態や出資経緯，提供している環境技術などをヒアリング調査によって深堀りすることや，受入国側の環境技術や外資系環境企業に対する優遇策の経済効果なども合わせて把握することが必要である。

　アジア地域については，首相官邸が作成した「インフラシステム輸出戦略」において『日本にとって「絶対に失えない，負けられない市場」』と位置付けられている。また，冒頭で指摘した通り，アジア地域は環境問題など地球規模の課題解決に貢献が求められている国々である。環境ビジネスは外資参入規制も影響するが，それよりも相手国の環境規制によって大きく左右されるビジネスである。アジア地域の環境規制はカンボジア・ラオス・ミャンマーなどの後発国を除いて，既に細則や環境基準が整備されているが，その執行能力に課題があることが多数の先行研究で指摘されている。したがって，環境サービスの自由化交渉の中で，市場アクセスを求めるだけでなく，公害を克服した日本の経験を伝え，執行能力の改善を図ることは，健全な環境ビジネス市場を創出し，結果的に日本の環境企業の進出を支援する有効なアプローチとなる。

　他方で，経済産業省や環境省，JICA等が数多く実施してきた市場可能性調査や実証事業等が事業化まで結実した事例が少ない現状に対して，環境サービスの自由化と外資参入規制の関係や優遇策の活用方策，連携可能なアジア環境企業の抽出することなど，経済分析に裏付けられた具体的な改善方策を提案することが求められている。

追記　本稿は JSPS 科研費 25870745「環境サービス貿易に着眼した国際環境ビジネスの経済分析とその促進策の導出」による成果の一部である。環境サービスの論考では，元同僚の三菱 UFJ リサーチ＆コンサルティング・小沼深雪氏から有益な示唆を頂いた。また，アジア環境ビジネス企業の分析ではビューロー・ヴァン・ダイク社・増田歩氏にご協力頂いた。ここに記して，感謝の意を表す。

参 考 文 献

Hoekman B. (1995), "Assessing the General Agreement on Trade in Services", Martin W. and Winters L. A. (eds) *The Uruguay Round and the Developing Economies*, World Bank Discussion Paper 307, Washington DC : World Bank, pp. 327–364.

UN (United Nations) (2015 a), *The Millennium Development Goals Report 2015*, UN.

―― (2015 b), *Transforming our world : the 2030 Agenda for Sustainable Development*, UN A/70/L. 1.

WTO (World Trade Organization) (2010), *BACKGROUND NOTE ON ENVIRONMENTAL SERVICES*, Council for Trade in Services Special Session, S/C/W/320, 20 August 2010.

―― (2015), *Environmental Goods Agreement*, Statement by the Chair, Nairobi, Kenya, 14 December 2015.

渥美利弘（2014）「サービス貿易の自由化：現状と課題」（馬田啓一・木村福成編『通商戦略の論点―世界貿易の潮流を読む』）文眞堂，111-124 ページ。

石戸光（2013）「APEC のサービス貿易自由化」（山澤逸平・馬田啓一・国際貿易投資研究会編『アジア太平洋の新通商秩序　TPP と東アジアの経済連携』）勁草書房，178-191 ページ。

伊藤恵子・石戸光（2014）「サービス貿易」（黒岩郁雄編『東アジアの統合の経済学』）日本評論社，53-82 ページ。

井上博（2006）「サービス多国籍企業の諸特徴」（関下稔他編『サービス多国籍企業とアジア経済』）ナカニシヤ出版，41-66 ページ。

佐々木創（2014）「国際機関における環境サービス貿易に関する議論の進展状況―グローバル環境ビジネスの国際比較に向けて」（『経済学研究』第 63 巻第 2 号）北海道大学，123-132 ページ。

――（2016），「環境ビジネスの国際展開に資する行政組織の役割と政策」（シンポジウム研究叢書編集委員会編『東京・多摩地域の総合的研究（中央大学学術シンポジウム研究叢書 10)』）中央大学出版部，371-394 ページ。

執筆者紹介 (執筆順)

長谷川聰哲 　研究員（中央大学経済学部教授）

馬田啓一 　客員研究員（杏林大学名誉教授）

石川幸一 　客員研究員（亜細亜大学教授）

大木博巳 　客員研究員（国際投資貿易研究所事務局長）

前野高章 　客員研究員（敬愛大学経済学部講師）

羽田　翔 　（日本大学経済学部助手）

徐　　贇 　客員研究員（上海社会科学院部門経済研究所助理研究員）

岡本信広 　客員研究員（大東文化大学国際関係学部教授）

助川成也 　客員研究員（日本貿易振興機構（JETRO）海外地域戦略主幹（ASEAN））

石川利治 　研究員（中央大学経済学部教授）

佐々木創 　研究員（中央大学経済学部准教授）

アジア太平洋地域のメガ市場統合　　　　中央大学経済研究所研究叢書　69

2017 年 3 月 20 日　発行

編著者　長谷川　聰　哲
発行者　中央大学出版部
代表者　神　﨑　茂　治

東京都八王子市東中野 742-1
発行所　中央大学出版部
電話 042(674)2351　FAX 042(674)2354

Ⓒ 2017　長谷川聰哲　　ISBN 978-4-8057-2263-3　　藤原印刷㈱

本書の無断複写は，著作権法上の例外を除き，禁じられています。
複写される場合は，その都度，当発行所の許諾を得てください。

中央大学経済研究所研究叢書

6. 歴史研究と国際的契機 　　中央大学経済研究所編　A5判　1400円
7. 戦後の日本経済——高度成長とその評価—— 　　中央大学経済研究所編　A5判　3000円
8. 中小企業の階層構造 ——日立製作所下請企業構造の実態分析—— 　　中央大学経済研究所編　A5判　3200円
9. 農業の構造変化と労働市場 　　中央大学経済研究所編　A5判　3200円
10. 歴史研究と階級的契機 　　中央大学経済研究所編　A5判　2000円
11. 構造変動下の日本経済 ——産業構造の実態と政策—— 　　中央大学経済研究所編　A5判　2400円
12. 兼業農家の労働と生活・社会保障 ——伊那地域の農業と電子機器工業実態分析—— 　　中央大学経済研究所編　A5判　4500円〈品切〉
13. アジアの経済成長と構造変動 　　中央大学経済研究所編　A5判　3000円
14. 日本経済と福祉の計量的分析 　　中央大学経済研究所編　A5判　2600円
15. 社会主義経済の現状分析 　　中央大学研究所編　A5判　3000円
16. 低成長・構造変動下の日本経済 　　中央大学経済研究所編　A5判　3000円
17. ME技術革新下の下請工業と農村変貌 　　中央大学経済研究所編　A5判　3500円
18. 日本資本主義の歴史と現状 　　中央大学経済研究所編　A5判　2800円
19. 歴史における文化と社会 　　中央大学経済研究所編　A5判　2000円
20. 地方中核都市の産業活性化——八戸 　　中央大学経済研究所編　A5判　3000円

中央大学経済研究所研究叢書

21.	自動車産業の国際化と生産システム	中央大学経済研究所編 A5判	2500円
22.	ケインズ経済学の再検討	中央大学経済研究所編 A5判	2600円
23.	AGING of THE JAPANESE ECONOMY	中央大学経済研究所編 菊判	2800円
24.	日本の国際経済政策	中央大学経済研究所編 A5判	2500円
25.	体制転換——市場経済への道——	中央大学経済研究所編 A5判	2500円
26.	「地域労働市場」の変容と農家生活保障 ——伊那農家10年の軌跡から——	中央大学経済研究所編 A5判	3600円
27.	構造転換下のフランス自動車産業 ——管理方式の「ジャパナイゼーション」——	中央大学経済研究所編 A5判	2900円
28.	環境の変化と会計情報 ——ミクロ会計とマクロ会計の連環——	中央大学経済研究所編 A5判	2800円
29.	アジアの台頭と日本の役割	中央大学経済研究所編 A5判	2700円
30.	社会保障と生活最低限 ——国際動向を踏まえて——	中央大学経済研究所編 A5判	2900円 〈品切〉
31.	市場経済移行政策と経済発展 ——現状と課題——	中央大学経済研究所編 A5判	2800円 〈品切〉
32.	戦後日本資本主義 ——展開過程と現況——	中央大学経済研究所編 A5判	4500円
33.	現代財政危機と公信用	中央大学経済研究所編 A5判	3500円
34.	現代資本主義と労働価値論	中央大学経済研究所編 A5判	2600円
35.	APEC地域主義と世界経済	今川・坂本・長谷川編著 A5判	3100円

中央大学経済研究所研究叢書

36.	ミクロ環境会計とマクロ環境会計	A5判	小口好昭編著 3200円
37.	現代経営戦略の潮流と課題	A5判	林・高橋編著 3500円
38.	環境激変に立ち向かう日本自動車産業 ——グローバリゼーションさなかのカスタマー・サプライヤー関係——	A5判	池田・中川編著 3200円
39.	フランス―経済・社会・文化の位相	A5判	佐藤 清編著 3500円
40.	アジア経済のゆくえ ——成長・環境・公正——	A5判	井村・深町・田村編 3400円
41.	現代経済システムと公共政策	A5判	中野 守編 4500円
42.	現代日本資本主義	A5判	一井・鳥居編著 4000円
43.	功利主義と社会改革の諸思想	A5判	音無通宏編著 6500円
44.	分権化財政の新展開	A5判	片桐・御船・横山編著 3900円
45.	非典型労働と社会保障	A5判	古郡鞆子編著 2600円
46.	制度改革と経済政策	A5判	飯島・谷口・中野編著 4500円
47.	会計領域の拡大と会計概念フレームワーク	A5判	河野・小口編著 3400円
48.	グローバル化財政の新展開	A5判	片桐・御船・横山編著 4700円
49.	グローバル資本主義の構造分析	A5判	一井 昭編 3600円
50.	フランス―経済・社会・文化の諸相	A5判	佐藤 清編著 3800円
51.	功利主義と政策思想の展開	A5判	音無通宏編著 6900円
52.	東アジアの地域協力と経済・通貨統合	A5判	塩見・中條・田中編著 3800円

中央大学経済研究所研究叢書

53.	現代経営戦略の展開	A5判	林・高橋編著 3700円
54.	ＡＰＥＣの市場統合	A5判	長谷川聰哲編著 2600円
55.	人口減少下の制度改革と地域政策	A5判	塩見・山﨑編著 4200円
56.	世界経済の新潮流 ――グローバリゼーション，地域経済統合，経済格差に注目して――	A5判	田中・林編著 4300円
57.	グローバリゼーションと日本資本主義	A5判	鳥居・佐藤編著 3800円
58.	高齢社会の労働市場分析	A5判	松浦　司編著 3500円
59.	現代リスク社会と3・11複合災害の経済分析	A5判	塩見・谷口編著 3900円
60.	金融危機後の世界経済の課題	A5判	中條・小森谷編著 4000円
61.	会計と社会 ――ミクロ会計・メソ会計・マクロ会計の視点から――	A5判	小口好昭編著 5200円
62.	変化の中の国民生活と社会政策の課題	A5判	鷲谷　徹編著 4000円
63.	日本経済の再成と新たな国際関係 (中央大学経済研究所創立50周年記念)	A5判	中央大学経済研究所編 5300円
64.	格差対応財政の新展開	A5判	片桐・御船・横山編著 5000円
65.	経済成長と経済政策	A5判	中央大学経済研究所経済政策研究部会編 3900円
66.	フランス―経済・社会・文化の実相	A5判	宮本　悟編著 3600円
67.	現代経営戦略の軌跡 ――グローバル化の進展と戦略的対応――	A5判	高橋・加治・丹沢編著 4300円
68.	経済学の分岐と総合	A5判	益永　淳編著 4400円

＊価格は本体価格です．別途消費税が必要です．